本书是中国博士后科学基金项目（2017M620026）、中央高校基本科研业务费专项资金资助项目（310422107）、国家社会科学基金重点项目（18AJY010）、教育部人文社会科学研究一般项目（17YJA790025）的阶段性成果。

Green Growth of China's Industry:
Theoretical Research and Empirical Analysis

中国工业绿色增长：
理论研究与实证分析

陈超凡 著

经济日报出版社

图书在版编目（CIP）数据

中国工业绿色增长：理论研究与实证分析／陈超凡著. -- 北京：经济日报出版社，2019.1

ISBN 978-7-5196-0483-7

Ⅰ.①中… Ⅱ.①陈… Ⅲ.①工业经济－绿色经济－经济发展－研究－中国 Ⅳ.①F424

中国版本图书馆 CIP 数据核字（2019）第 019885 号

中国工业绿色增长：理论研究与实证分析

作　　者	陈超凡
责任编辑	陈礼滟
责任校对	薛银涛
出版发行	经济日报出版社
社　　址	北京市西城区白纸坊东街 2 号 A 座综合楼 710
邮政编码	100054
电　　话	010-63567683（编辑部）
	010-63538621　63567692（发行部）
网　　址	www.edpbook.com.cn
E-mail	edpbook@sina.com
经　　销	全国新华书店
印　　刷	北京九州迅驰传媒文化有限公司
开　　本	710×1000 毫米　1/16
印　　张	16.375
字　　数	240 千字
版　　次	2019 年 3 月第一版
印　　次	2019 年 3 月第一次印刷
书　　号	ISBN 978-7-5196-0483-7
定　　价	49.00 元

导 言

20世纪七八十年代，在世界资源与环境问题日益突出的背景下，可持续发展理念诞生并逐步流行。可持续发展是人类社会实现长期永续发展的远大理想，达到这一目标的过程充满着困难和挑战。2000年，联合国制定了可持续发展中短期的千禧发展目标，并提出至2015年经济、社会和环境三方面的众多具体目标，而这些目标的完成情况并不理想。2008年金融危机后，全球经济面临艰难复苏和深度调整，联合国环境规划署（UNEP）发起了“绿色经济”和“绿色新政”倡议，提出至2030年的中短期时间里将当前褐色经济向绿色经济转型，实现绿色增长，该倡议得到了众多发达国家以及中国等发展中国家的积极响应。2016年，联合国通过《2030年可持续发展议程》，新议程制定了17个可持续发展目标，其中一半以上与绿色增长相关。可以说，绿色增长这一新理念与可持续发展是一脉相承的，其来源于可持续发展，可以将其视为实现可持续发展目标重要的中短期战略或工具。

对于中国而言，绿色增长更是一个具有时代性、紧迫性和战略性的命题。2016年3月，《中华人民共和国国民经济和社会发展第十三个五年规划纲要》发布，绿色发展被列为“五大发展理念”之一，上升为国家战略。2017年10月，党的十九大报告再次强调绿色发展，提到环境、绿色等相关词语的次数，多达89次。作为驱动中国经济增长的主体产业，改革开放40年来，中国工业粗放型和外延式的扩张方式使得资源消耗、环境恶化、结构失衡等问题日益突出。在经济新常态下，中国工业发展面临着内外两方面的约束和挑战，从内部来看，工业发展的资源环境承载力已经逼近极限，工业增长模式及动能亟待转换；从外部来看，中国工业正面临全球绿色工业革命所带来的新竞争和新挑战。因此，要想破解中国工业发展的资源环境约束并提升工业可持续的竞争力，本质上要求形成工业绿色增长的模式。工业绿色增长是经济绿色转型并最终走向可持续发展的有效切入点和推动力量，它顺应了新一轮工业革命下重振实体经济的世界潮流和全球低碳竞争，对于培育工业增长的新动能，促进工业增长迈向“高水平高质量高效益”的新均衡，最终实现中国工业“由大变强”的战略目标具有重要意义。

本书立足新时代背景，抓住中国工业绿色增长这一核心问题，搭建了理论、实证及对策相结合的系统性研究框架，对工业绿色增长的内在机理，以及中国工业绿色增长的进程、动力因素、未来前景、机制对策进行深入考察与分析。

具体而言，理论研究围绕两个基本问题展开，即什么是工业绿色增长？工业绿色增长能否实现？本书认为，工业绿色增长是指在不以牺牲自然体系和人类健康为代价的前提下，以技术创新和制度创新为核心，在实现工业增长的同时显著改善资源效率、持续提升环境绩效、不断增进社会福利的可持续发展模式。进一步地，本书将内生增长框架对可持续发展问题的讨论引至工业领域，将环境污染和不可再生资源纳入了一个基于熊彼特产品垂直创新框架的内生增长模型，论证了在资源和环境成为内生要素条件下，工业增长是否可持续以及实现稳态优化的条件。本书构建的绿色内生增长模型明确区分了智力资本和物质资本，突出了创新在可持续增长中的作用。本书的研究论证了尽管存在资源和环境约束，但在稳态均衡条件下，存在工业增长率为正、污染排放及资源消耗增长率为负的工业绿色增长最优路径。

既然工业绿色增长在理论上能够实现，那么中国工业在实践中是否已经走向了绿色增长的道路？在此过程中，驱动中国工业绿色增长的因素有哪些？在未来更长的时期内，中国工业绿色增长的前景如何？为了对理论进行验证和补充，在实证分析中，本书首先从绿色全要素生产率的视角出发，利用方向性距离函数及 GML 生产率指数对工业各行业的绿色增长水平及其收敛效应进行了测度与评价。其次，本书从制度创新、技术创新和结构优化三方面确定工业绿色增长的动力因素，并采用面板 ECM 模型、GMM 动态面板模型和面板门槛模型深入分析了各动力因素对工业绿色增长的驱动效应。最后，本书基于节能减排行为分析模型，通过设计多样化的节能减排情景与路径，对 2015—2050 年中国工业绿色增长前景进行模拟预测。

在总结理论和实证研究的基础上，本书基于博弈分析，系统设计了多主体参与的中国工业绿色增长实践机制，并从推进制度改革与建设、增强自主创新能力、优化工业内部结构、培育绿色发展理念、深化全球合作五大方面提出了新时期中国工业绿色增长的战略对策。

本书的亮点在于，将内生增长框架对可持续发展问题的讨论引至工业领域，论证了工业增长、资源环境约束和社会效用“三位一体”的工业绿色增长实现的可能性及其条件，丰富了工业绿色增长的理论基础；以绿色全要素生产率贯穿实证研究的始终，通过严谨的实证逻辑和先进的实证方法为中国工业绿色增长提供科学的经验依据，解决了传统生产率研究忽视资源环境要素的缺憾；通过长周期模拟预测找寻中国工业最优节能减排路径并判断双赢发展前景，是对着眼于历史或当前研究的有效拓展，将为中国工业绿色增长战略的制定提供重要参考。

目 录
CONTENTS

第一章　绪论

本章为全书的开篇章节，主要包括研究背景、研究意义、研究内容与研究思路、研究的主要方法、研究可能的创新点五大方面的内容。

第一节　研究背景

改革开放以来，中国经济以年均10%左右的速度保持高速增长，并于2010年超越日本成为世界第二大经济体。在近40年的高速增长中，作为改革力度最大和外向型程度最高的产业部门，工业一直是驱动经济增长的引擎，工业增加值占国内生产总值的比重保持在37%~45%，工业对经济增长的贡献率在40%以上。毫无疑问，我国已成长为名副其实的工业大国。图1.1显示，自1978年以来，中国工业增长大体可分为四个波动周期，这四个周期与经济波动周期基本保持一致，且在每一个周期中，工业整体增长幅度强于宏观经济。当前，中国工业正处在始于2007年的第四个周期中，在整个“十二五”期间，工业经济平均增速虽然实现了8%的预期目标，但增

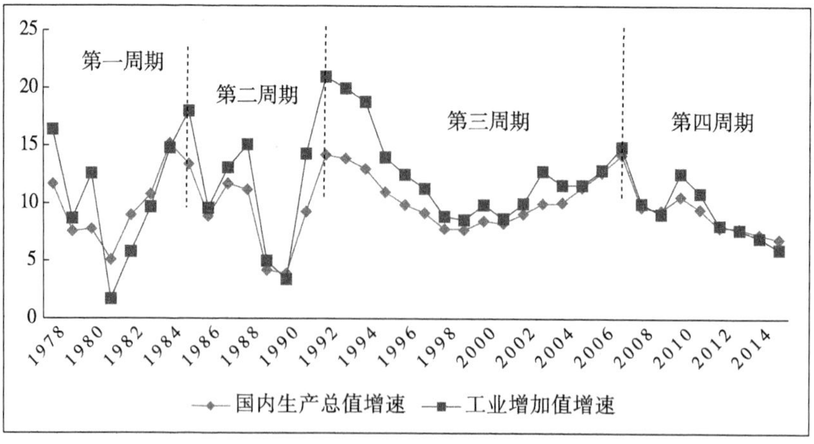

图1.1　国内生产总值与工业增加值增速

速在整个期间内逐年下滑，2015 年，工业增速跌至 1992 年以来的最低点，工业增加值增速仅为 6%，连续 5 年放缓。这意味着当经济完成从高速增长到中高速增长的阶段性转换后，中国工业也进入了增速换挡与转型升级的新阶段。在这一阶段中，中国工业呈现出增速企稳、结构趋优、技术提升、节能减排初见成效等积极变化，而这些变化正是中国经济新常态的重要体现。然而，由于工业多年粗放型和外延式的增长道路积累了许多深层的矛盾和问题，在国内、国际环境和条件发生深刻变化的新时期，工业发展仍将面临重重考验。

长期以来，“高投入、高消耗、高排放”和“先污染、后治理”是中国快速推进工业化的主要模式，这不仅使工业自身面临结构失衡、质量与效益不高、竞争力不强等问题，同时也造成了资源耗竭和生态环境恶化，即“大而不强”是中国工业必须面对的基本事实。当前，中国工业经济主要面临着内外两方面的约束和挑战：从内部来看，一方面，随着要素和投资的边际报酬递减，中国工业迫切需要从依赖劳动力、投资、资源等的“要素驱动”模式向依靠技术创新和效率提升的“创新驱动”模式转型，如果继续以粗放扩张模式维系发展，经济增长的源泉将会逐步枯竭。另一方面，尽管在“十一五”和“十二五”两个五年计划的节能减排强制约束下，工业能耗及污染排放强度呈下降趋势，但现阶段工业发展的资源环境承载能力已逼近极限，如果继续以损害生态环境为代价发展工业，经济增长的可持续性将面临重大挑战。例如，作为能源消费主体产业，工业能源消费量占全国消费总量的 70% 以上，排放的二氧化碳占全国 80% 以上，能源消费造成的环境压力不容小觑。在 2015 年通过的《巴黎协定》中，中国提出力争在 2030 年左右使二氧化碳排放达峰，且二氧化碳排放强度较 2005 年下降 60%～65% 等自主贡献目标，这不仅是一份庄严承诺，更需要为此付出艰苦努力。从外部来看，后危机时代，全球经济面临艰难复苏，发达国家回归实体经济，推出了“工业 4.0”“再工业化”等一系列工业发展战略，并通过实施“绿色新政”挖掘新的增长点，可以说，一场以绿色发展为核心的产业革命已经出现，中国工业还将面对来自全球产业的新竞争和新挑战。

在经济发展的新阶段，要破解发展难题，实现经济转型升级，必须形成绿色发展的新方式。因此，自经济新常态被正式提出后，生态共融、低碳循环、节能环保等“绿色”理念频繁出现在中央各类重要会议和文件中。2015 年 3 月，中央政治局会议在十八大“新四化”的基础上又增加了“绿色化”。2015 年 10 月，党的十八届五中全会提出“创新、协调、绿色、开放、共享”五大发展理念，并将其作为新时期的指导方针纳入中国“十三五”发展规划中，绿色发展被提升到了国家战略高度。在行业层面，《“十三五”国家战略性新兴产业发展规划》《“十三五”节能环保产业发展规划》《中国制造 2025》等系列政策的出台，为中国工业绿色增长提供了新方向和新动力。2016 年 7 月，我国发布首个工业领域的绿色发展综合规划《工业绿色发展规划（2016—2020 年）》，成为系统指导新常态下中国工业绿色增长的纲领性文件。由此可见，绿色发展是新常态的题中之意，而工业绿色增长则是实现经济绿色发展的重要途径。中国工业只有通过绿色增长才能在与自然系统的良性互动中实现竞争力提升与可持续发展的双赢。工业绿色增长是对体制机制、组织管理、技术创新、生产方式、资源利用、要素配置等方面的一次全面深刻的变革，有助于提升资源利用效率、降低对生态环境的负面影响，进而改善工业整体质量和效益（工业和信息化部节能与综合利用司，2016）。同时，工业绿色增长顺应了新工业革命下重振实体经济的世界潮流和全球低碳竞争，对于培育工业增长新动能，促进工业增长迈向“高水平高质量高效益”的新均衡，最终实现中国工业“由大变强”的目标具有重要意义。作为中国经济的产业主体，工业部门率先实现绿色增长不仅具有现实的可能性，同时也能通过示范效应促进其他行业绿色增长、引导社会消费模式变革。基于这样的时代背景，本书力图对中国工业绿色增长进行全局描绘：通过理论分析解释工业绿色增长内涵和本质，探讨工业绿色增长实现的可能性和条件；通过经验分析测度及评价中国工业绿色增长的状况，挖掘中国工业绿色增长的动力；通过模拟预测展望中国工业绿色增长的前景；通过机制设计与战略对策为新时期中国工业绿色增长提供有针对性的政策建议。

第二节　研究意义

（1）理论意义。借鉴产业经济学、发展经济学、资源与环境经济学、经济增长、绿色经济等相关理论，厘清可持续发展、绿色增长、工业绿色增长之间的关系，明确工业绿色增长的内涵与本质，进一步丰富了可持续发展理论、绿色经济理论，拓展了相关交叉学科领域的研究空间；对工业绿色增长的内在机理进行深入研究，通过构建基于熊彼特产品垂直创新框架的绿色内生增长模型，并将其运用于工业领域，系统考虑了在环境污染、不可再生资源成为内生要素条件下，创新（知识、技术）驱动的工业增长是否可持续以及实现稳态优化的条件，丰富了工业绿色增长的理论基础；系统设计中国工业绿色增长的实践机制，将丰富科学发展观指导下的中国工业化战略理论及机制设计理论。

（2）现实意义。采用方向性距离函数（DDF）及 GML 生产率指数对中国工业绿色全要素生产率进行测度，基于面板因果检验模型、动态面板模型及面板门槛模型，从制度创新动力、技术创新动力、结构优化动力三方面实证分析中国工业绿色增长的动力因素，能够为评判中国工业绿色增长的成就与不足、挖掘中国工业绿色增长的新动力提供经验数据支撑；设计可替代的政策组合模拟预测中国工业绿色增长的前景，找寻在不同节能减排方案下中国工业增长的最优路径，将为新时期中国工业绿色增长战略的制定提供重要依据；结合经验分析结论，从制度改革、自主创新、结构优化、绿色理念、全球合作等多个层面提出中国工业绿色增长的战略对策，有助于明确新常态下中国工业的使命和地位，从而为培育中国工业增长新动能、促进工业可持续发展和国际竞争力的提升提供可资借鉴的政策参考。

第三节　研究内容与研究思路

本书力图从理论和实证两方面对中国工业绿色增长进行全局研究，全书共七章。第一章为绪论，第二章为国内外文献综述，第三章为工业绿色增长的理论与模型，第四章为中国工业绿色增长的测度与评价，第五章为中国工业绿色增长的动力因素研究，第六章为中国工业绿色增长的模拟预测，第七章为中国工业绿色增长的机制设计与战略对策。

第一章，绪论：交代本书的研究背景、研究意义、研究内容、技术路线、研究方法、研究可能的创新点。

第二章，国内外文献综述：将从四大方面对国内外有关工业绿色增长的文献进行系统归纳、梳理，在此基础上进行评述，以期为后续篇章的研究提供相应的理论依据并找寻可能拓展的研究空间。

第三章，工业绿色增长的理论与模型：什么是工业绿色增长？工业绿色增长和绿色增长、可持续发展之间有什么关系？资源与环境成为内生要素条件下，创新驱动的工业增长是否可持续？实现持续增长的条件有哪些？针对以上问题，本章将收集整理国内外关于工业绿色增长的研究成果，尝试界定工业绿色增长，以进一步明晰工业绿色增长的内涵和本质。在此基础上，本章将建立一个考虑环境污染和不可再生资源的绿色内生增长模型，并将其运用于工业领域，对工业实现绿色增长的可能性及达到稳态优化的条件进行分析。

第四章，中国工业绿色增长的测度与评价：如何科学测度与评价中国工业的绿色增长状况？资源环境约束下的工业真实的生产率增长了多少？工业各行业的绿色增长是否存在异质性？绿色生产率对工业产出的贡献度有多大？随着时间推移，哪些工业行业的绿色增长具有收敛性？哪些具有发散性？针对以上问题，本书将利用方向性距离函数（DDF）以及 GML 生产率指标测度考虑能源投入及环境非期望产出情况下 2000—2014 年中国工业 36 个行业的绿色全要素生产率，并以此作为判断中国工业绿色增长的依据，同时进一步对测度结果进行收敛检验，以分析不同工业行业之间的绿色增长是否存在“俱乐部现象”和追赶现象。

第五章，中国工业绿色增长的动力因素研究：中国工业绿色增长的动力包含哪些层面？如何客观科学地衡量不同的动力因素？不同的动力因素对工业绿色增长的影响有差异吗？是否存在非线性特征？各动力因素在不同行业间的激励效应有何差异？针对以上问题，本书将从制度创新动力、技术创新动力和结构优化动力三方面研究中国工业绿色增长的各个动力因素，在理论分析和科学测算的基础上，首先运用面板 ECM 模型对各动力因素与绿色增长的关系进行因果检验，然后建立 GMM 动态面板模型及面板门槛模型，从实证角度出发对影响工业绿色增长的各动力因素进行实证分析和非线性效应检验，以期为挖掘新时期工业绿色增长的新动力提供经验佐证。

第六章，中国工业绿色增长的模拟预测：不同的节能减排情景对中国工业潜在产出和损失的影响有何不同？中国工业是否存在节能减排的最优路径？最优路径下各行业的产出增长和生产率增长有何差异？至新中国成立 100 周年之际，中国工业能否实现双赢发展的局面？针对以上问题，本书将通过构建基于 DDF 的节能减排行为分析模型（AAM），设计 5 种节能情景和 9 条二氧化碳减排路线，共计 45 种可替代的政策组合模拟节能减排行为对 2015—2050 年中国工业潜在产出和损失的影响，以此找寻工业节能减排的最优路径。在此基础上，评估最优路径对全行业、分行业、各大类行业产出增长和生产率的不同影响，最终形成对中国工业绿色增长前景的科学判断。

第七章，中国工业绿色增长的机制设计与战略对策：在中国工业绿色增长实践中有哪些参与主体？各主体之间如何形成行之有效的合作？中国工业绿色增长的实践机制是怎样的？如何有针对性地提出工业绿色增长的战略对策？针对以上问题，本书将从合作博弈及多方博弈视角出发，考察在工业绿色增长实践中不同利益主体之间的博弈问题，厘清不同主体之间的利益关切及深化合作的约束激励机制，并系统设计多主体参与的中国工业绿色增长实践机制。结合全书理论、实证及机制设计结论，最终从制度改革、自主创新、结构优化、绿色理念、全球合作等多个层面提出中国工业绿色增长的战略对策，以期为国家及地方的相关行业及部门提供有价值、可操作、前瞻性的决策参考。

本书以中国工业绿色增长为研究主线，遵循“提出问题→分析问题→解决问题”的基本思路，理论与实证相结合。基于新常态下中国工业发展所面临的增速换挡、动力转换、资源消耗、环境恶化、结构失衡等系列考验，提出工业绿色增长对于破除资源环境约束，塑造工业可持续竞争力的重要意义。而要想在实践层面深入推动工业绿色增长，亟待完善相应的理论支撑，故本书首先明确了工业绿色增长的理论内涵，并通过理论模型解释了在资源环境成为内生要素条件下，依靠创新驱动的工业增长能否达到稳态优化及实现的必要条件。既然工业绿色增长在理论上是可行的，那么测度与评价 21 世纪以来中国工业绿色增长的水平无疑能为理论分析提供更好的经验佐证，故本书接着对工业各行业的绿色生产率进行测度并进行收敛检验。而要想进一步探讨如何提升绿色全要素生产率这一工业增长的质量贡献，就需要对动力因素进行分析，本书提出了制度创新、技术创新和结构优化三大动力，并基于这三个维度设计了环境规制指数、技术创新指数、禀赋结构、资本结构、产权结构、能源结构指标，综合运用面板因果检验、动态面板模型、面板门槛模型深入分析了各动力因素对工业绿色增长的驱动效应。立足眼前并展望未来，节能减排约束下的中国工业能否实现双赢发展对于战略制定有重要意义。故本书运用节能减排行为分析模型和情景模拟的方式对 2015—2050 年中国工业的绿色增长前景进行模拟预测。最后，本书系统设计了新时期中国工业绿色增长的实践机制和战略对策。全书研究的技术路线如图 1.2 所示。

第四节　研究的主要方法

（1）文献调研与理论分析法。查阅收集产业经济学、发展经济学、环境经济学、新制度经济学、经济增长、绿色经济等相关理论，梳理及评述国内外最新研究成果，在总结现有研究成果的基础上，对工业绿色增长的理论内涵和本质要求进行论述，对工业绿色增长理论模型进行解释；构建基于制度创新动力、技术创新动力以及结构优化动力的工业绿色增长动力因素分析框架，并对三个维度内的动力因素进行深入分析，为实证检验工业绿色增长的动力因素奠定理论基础。

（2）数理建模法。在借鉴内生经济增长模型的基础上，构建了一个基于熊彼特产品垂直创新框架的绿色内生增长模型，并将其运用于工业领域进行分析，从数理模型角度解释工业绿色增长的内在机理。本书模型明确

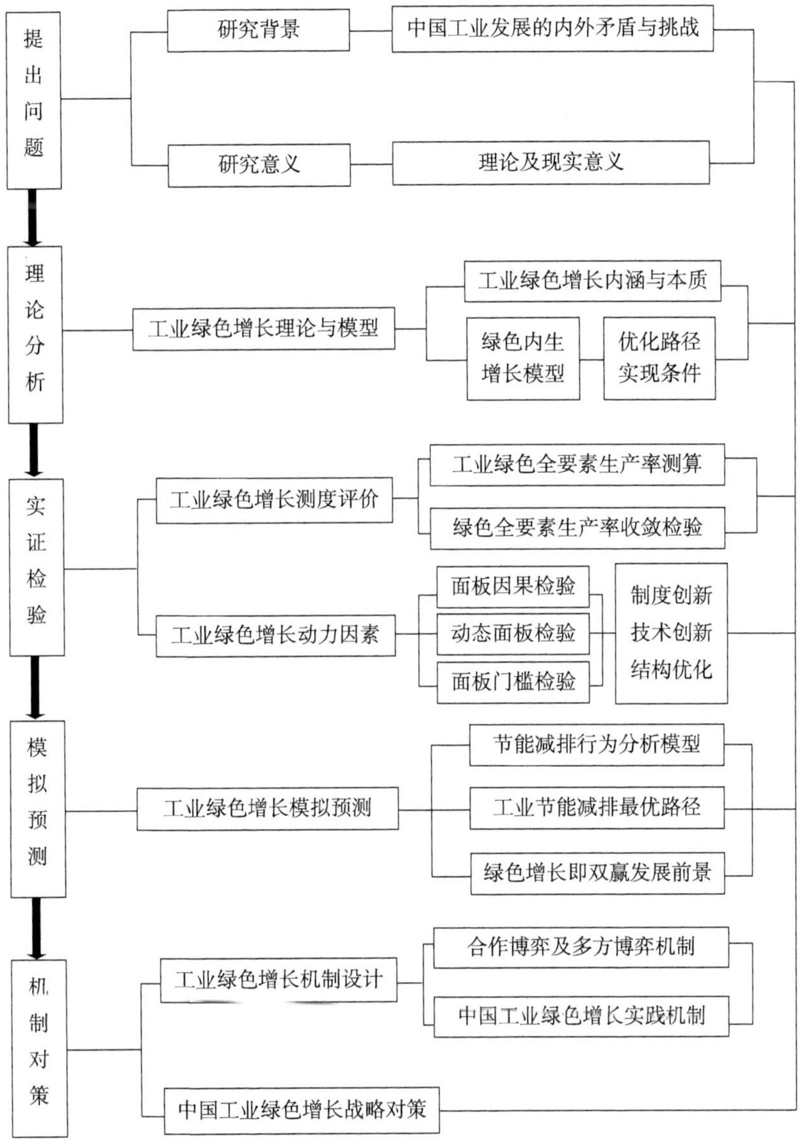

图 1.2 技术路线图

区分了智力资本和物质资本，承认了生产知识的技术比生产物质的技术更加清洁，突出了创新在绿色增长中的作用，系统考虑了在环境污染、不可再生资源成为内生要素条件下，工业增长是否可持续以及实现可持续增长的条件；构建了多主体参与的合作博弈模型及多方博弈模型，考察工业绿色增长中不同主体之间的博弈机制及各自的利益诉求，并基于博弈结论设计中国工业绿色增长的实践机制。

（3）统计测度与实证研究法。利用方向性距离函数（DDF）以及GML生产率指标，在考虑了能源投入及环境非期望产出的情况下对中国工业绿色全要素生产率进行测度，并将测度出的绿色全要素生产率作为评价中国工业绿色增长水平的标准，在此基础上，对中国工业绿色全要素生产率进行σ收敛、绝对β收敛和条件β收敛检验；建立面板误差修正模型、GMM动态面板模型及面板门槛模型，从实证角度出发对影响工业绿色增长的各动力因素进行检验和分析；通过构建基于DDF的节能减排行为分析模型，设计5种节能情景和9条二氧化碳减排路线，共计45种可替代的政策组合对2015—2050年中国工业整体及分行业的双赢发展前景进行模拟预测。

（4）系统归纳法。系统总结前文理论分析及经验研究结果，从制度改革、自主创新、结构优化、绿色理念、全球合作等多个层面系统提出中国工业绿色增长的战略框架，依据战略框架，有针对性地提出中国工业绿色增长的政策建议。

第五节　研究可能的创新点

（1）对中国工业绿色增长问题进行全局探讨是本书在研究视角上的创新。随着中国经济步入新常态，增长动力、结构矛盾、要素配置、资源环境等一系列问题接踵而至，特别是随着供给侧结构性改革的推进以及“十三五”规划各项战略任务的开展，亟待学术界增强理论创新为新常态下的中国经济发展提供良策。在新常态推进的各项改革中，绿色增长无疑是浓墨重彩的一笔，而学术界对绿色增长的研究尚处起步阶段，特别是对作为中国经济主体的工业部门的绿色增长研究更为匮乏，缺乏理论、实证及战略对策相结合的系统性研究。本书立足新时代背景，深入探究中国工业绿色增长的相关问题，具有创新的研究视角，能够为工业实现“增长”与“绿色”贡献智慧。

（2）运用内生增长模型论证工业绿色增长的机理和条件是本书在理论研究上的创新。经济增长理论和模型源远流长，成果颇丰，随着全球资源环境问题的凸显，也有不少学者将资源环境要素纳入传统的经济增长模型，但由于资源环境问题的复杂性，至今也没有形成相对统一的理论模型与分析范式，特别是对于工业增长而言，将资源环境要素纳入工业增长的框架中进行模型构建和机理分析的研究更为稀缺。因此，本书在界定工业绿色增长内涵与本质的基础上，通过构建包含环境污染与不可再生资源的绿色内生增长模型，并将其运用于工业领域进行分析，从理论上论证了创新驱动下工业绿色增长实现的可能性及达到稳态优化的条件，能够弥补现有研究的不足。

（3）以绿色全要素生产率作为评价工业绿色增长的依据并采用多种量化方法检验工业绿色增长的动力因素是本书实证研究的特色与创新。有别于传统全要素生产率测度框架，本书将资源投入和环境非期望产出纳入全要素生产率的测度模型中，通过采用生产前沿的先进分析工具即方向性距离函数和 GML 生产率指标对中国工业 36 个行业的绿色全要素生产率进行测度并将其分解，能够得到中国工业真实的生产率水平，有助于科学定位中国工业绿色增长的进程；为了更加准确检验各个动力因素对工业绿色增长的影响，本书不仅将传统的静态面板模型拓展至动态，同时还利用面板门槛模型进一步检验了环境规制对工业绿色增长的非线性影响；此外，本书在实证变量的处理方面体现了“综合指数”思想，即采用熵值法合成了环境污染综合指数、环境规制综合指数、自主创新指数、技术引进指数等，避免了只考虑单一变量的局限性，又使数据具有平稳性。因此，严谨的实证逻辑和先进的实证方法能够为中国工业绿色增长提供更好的经验依据。

（4）通过长周期模拟预测来找寻中国工业最优节能减排路径并判断双赢发展前景是本书模拟预测上的创新。节能减排和工业增长这一两难命题向来就是学术界和理论界争论的焦点，至今也未形成一致性结论。而在新的发展时期，工业仍是中流砥柱，节能减排与工业增长能否实现双赢格局仍有待检验。因此，本书尝试通过经验研究结合情景模拟，将视线从当前一直延伸至 2050 年，通过设计不同的节能情景和减排方案找寻未来中国工业绿色增长的最优路径，在最优路径下探讨全行业及分行业生产率提升的主要驱动力和绿色增长前景，最终以最优路径下的绿色生产率变化作为判断双赢发展是否实现的依据，是对相关着眼于历史或当前研究的有效拓展。

第二章　工业绿色增长：国内外文献综述

为了对工业绿色增长的内在机理进行深入分析、对中国工业绿色增长状况进行科学测度与评价、对中国工业绿色增长的动力因素进行检验、对中国工业绿色增长的前景进行模拟预测、对中国工业绿色增长的机制对策进行设计，有必要对国内外相关研究进行梳理与总结，从而为后续篇章的研究探明理论脉络并提供理论依据。同时，通过对国内外最新研究进展的分析可以为本书进一步探寻现有研究不足及挖掘潜在研究空间提供思路。本章将从四大方面对国内外有关工业绿色增长的文献进行梳理及归纳。

第一节　工业绿色增长的缘起及内涵

（1）绿色增长的缘起：可持续发展范式。工业化在成就现代物质文明、累积国家财富的同时也带来了资源耗竭、生态环境破坏等一系列问题。20世纪五六十年代，工业化国家的生态环境问题日益严重，人们在对工业化弊端进行深刻反思的同时，开始逐步探索经济、资源与环境协调发展之路。1962年，Rachel Carson的代表作《寂静的春天》问世，这部人类环保事业史上里程碑式的著作唤起了人们的环境意识，开启了人们对环境破坏的深刻反思。1972年，环境保护运动先驱组织罗马俱乐部出版《增长的极限》研究报告，被认为是以科学的方式对待环境问题的重要著作。该书是“热增长”下的“冷思考”，对西方工业化国家依靠资源消耗、生态环境破坏的不可持续发展模式提出了严重质疑，并预言继续维持传统增长模式经济增长不仅无法持续还将产生灾难性后果。此后，环境问题伴随着其复杂性和跨国性，开始走向国际舞台。1980年，世界自然保护联盟（IUCN）发布《世界自然保护战略》，首次提出“可持续发展”的理念，1987年，世界环境与发展委员会（WCED）在《我们共同的未来》报告中，首次对“可持续发展”进行正式界定，即“在满足当代人需要的同时，又不损害人类后代满足其自身需要的能力”，这一概念在 1989 年联合国环境规划署（UNEP）通过的《关于可持续发展的声明》中得到接受和认同。1992 年，联合国环境与发展大会（UNCED）通过了《里约热内卢环境与发展宣言》和《全球 21 世纪议程》等文件，将可持续发展从理论推向实践。21 世纪以来，人们意识到，片面追求资源节约和环境保护的“唯环境论”是不现实的，因此，2002 年可持续发展世界首脑会议将经济、社会和环境确定为可持续发展的三大支柱，并强调这三者全面协调发展才是可持续发展的核心要义。由此，以经济为切入点，在可持续发展研究框架下涌现出环境经济（Tietenberg and Lewis，2016）、生态经济（Constanza，1992；Daly，1992）、循环经济（王国印，2012；王茂祯和冯之浚，2012）、低碳经济（Stern，2006）、绿色经济（Milani，2000；诸大建，2012）、绿色增长（Janicke，2012）等一批理论范式。这些范式之间存在各自的侧重点但也相互关联，例如环境经济侧重强调环境价值及环境保护的经济手段；生态经济重视生态资本，侧重从动态角度探索生态系统与经济系统的协调发展；循环经济侧重研究人类的经济活动如何遵循生态规律，但相比生态经济更具可操作性；低碳经济的目标则更加明确，即以低能耗和低排放的经济发展方式有效应对全球气候变暖问题。

（2）绿色增长的内涵研究。与可持续发展框架内的其他经济范式相比，绿色经济和绿色增长在视野上更具广泛性、在内涵上更具丰富性。“绿色经济”一词可追溯到 1989 年英国环境经济学家皮尔斯（Pearce）所出版《绿色经济的蓝图》一书，而“绿色增长”一词最早可追溯到 Colby（1991）关于环境管理模式的演进一文中。此后，Goodstein（1996）、Barnes（1998）等学者也都在研究环境问题时提到“绿色增长”，但并未得到足够的关注和重视。事实上，绿色经济和绿色增长基本可以作为同一概念使用，它们仅有语义表述上的细微不同，这种细微差异主要体现在不同国家在实际政策执行中可能根据自身的发展需求强调的重点略有差异，而它们的目标是一致的，都强调经济增长与资源环境的双赢（Green Economy Coalition，2012）。2005 年，联合国亚太经社会（ESCAP）环境与发展部长会议首次对绿色增长的概念进行界定，即“为推动低碳、惠及社会所有成员的发展而采取的环境可持续的经济过程”。2007 年，联合国环境规划署（UNEP）将绿色经济定义为“重视人与自然、能创造体面高薪工作的经济”。真正推动绿色增长内涵极大发展的是经济合作与发展组织（OECD），从 2009 年开始，经济合作与发展组织（OECD）积极研究以“绿色”为导向的“增长”概念，并将绿色增长定义为“在防止代价昂贵的环境破坏、气候变化、生物多样化丧失和以不可持续的方式使用自然资源的同时，追求经济增长和发展”，但这一概念仍然缺乏全局观和公平观。2011 年，经济合作与发展组织（OECD）进一步修正和深化了绿色增长概念，认为绿色增长是指“在确保自然资产持续提高人类社会所依赖的资源和环境服务的同时，促进经济增长和发展”。这一论述较好诠释了绿色增长的内涵和本质，成为目前影响力最大的绿色增长定义。2012 年，世界银行将绿色增长定义为“在经济增长不放缓的前提下，实现生产过程高效、清洁和弹性化”。除了国际组织外，绿色增长也得到了国内外学者的重视。Jacobs（2012）认为绿色增长的核心是在促进经济增长的同时，实现有效的环境保护。Meyer et al.（2012）的研究认为，绿色增长是一套旨在实现经济增长与资源消耗之间绝对脱钩的环境政策战略。Hallegatte et al.（2012）将绿色增长定义为在不降低经济增长的同时实现资源有效利用、清洁和更有弹性的生产。胡鞍钢和周绍杰（2014）认为绿色增长是绿色发展的经济子系统，其内涵主要包含两个方面：一是经济增长与能源资源的消耗脱钩；二是促进绿色财富的积累和绿色福利的提升。

（3）工业绿色增长的内涵研究。工业增长带来对资源环境问题的反思最早产生于西方工业化国家的环境治理实践中，但传统工业化理论重点探讨的是工业化与经济增长的关系，对工业可持续发展问题的研究较为零散，并没有形成系统的理论体系（Panayotou，1993；Grossman and Krueger，1995；Bradbury et al.，1996；赵跃龙和刘燕华，1996；Slotkin，1998）。2008 年联合国环境署（UNEP）发起了绿色新政倡议后，美国、欧盟、日本等国家率先开展了对产业绿色发展问题的探索，力图通过制造业绿色转型挖掘新的经济动力。对于发展中国家而言，工业化产生的资源环境问题日益严重，也亟待实现工业增长与资源环境的协调发展。随着绿色增长研究的蓬勃兴起，工业绿色增长作为绿色增长的重要组成部分，得到了理论界的关注和实务界的重视，由此产生了与绿色经济、绿色增长相对应的绿色工业、工业绿色增长等类似的概念和表述。2009 年，联合国工业发展组织（UNIDO）提出了绿色工业倡议，指明了工业“绿色增长”是一条与传统“灰色增长”截然不同的路径，能降低环境影响和资源消耗，是制造业及其相关部门实现绿色经济的战略途径，在内涵上，联合国工业发展组织（UNIDO）将其定义为“不以牺牲自然系统和人类的健康为代价，实现工业增长的过程”。2012 年，联合国工业发展组织（UNIDO）围绕发展中国家的需求定义工业绿色增长，即“在工业规模扩张以消除贫困和创造就业的过程中，使生产和消费模式具有可持续性”。在学术研究领域，单独对工业绿色增长的内涵进行界定和研究的文献尚少，多数研究认为工业绿色增长是实现经济绿色增长的一种途径或手段，是一种通过能源资源高效利用、环境损害持续减少，实现工业增长的同时达到保护生态环境的可持续发展模式。在此基础上，学者们对工业绿色增长的某一方面如资源效率、绿色技术、清洁生产、绿色制造等进行探讨（Von Weizsacker et al.，2009；Zeng et al.，2010；Dornfeld et al.，2013）。Machiba（2010）在研究生态创新促进资源高效利用和绿色增长时认为，工业绿色增长是一个整合多种生态创新元素从而促进环境福利最大化的过程。李平（2011）对工业绿色增长的体制障碍、成本效益、政策体系等进行研究后认为，工业绿色转型的内涵是动态的，是工业迈向资源高效利用、环境影响持续下降、生产率和可持续发展能力显著增强的过程。苏利阳等（2013）认为，工业绿色增长包括绿色生产、绿色产品和绿色产业三个方面，是在促进工业较快增长和创造更多社会福利及就业的同时，降低工业发展带来的资源和环境风险的一种绿色低碳、资源节约和环境友好的工业发展模式。傅志寰等（2015）认为，工业绿色发展是指通过科技和管理创新，提高资源能源利用效率及降低污染排放，最终实现生产绿色化、产品绿色化和企业绿色化的过程。

第二节　工业绿色增长的评价与测度研究

（1）基于指标体系的工业绿色增长评价研究。从现有研究成果来看，国内外对于工业绿色增长评价指标体系及测度方法的研究尚少，多数研究集中在对可持续发展的评价与测度上，这些丰富的研究成果为绿色增长及工业绿色增长的评价与测度提供了有价值的借鉴（OECD，1993；UNCSD，1996；GRI；2006；Kerk and Manuel，2008；Emerson et al.，2012）。2009年以来，经济合作与发展组织（OECD）不仅在绿色增长的内涵上进行了深入探索，同时也通过一系列报告和论著推动了绿色增长由概念向体系转变。为此，经济合作与发展组织（OECD）提出了“绿色增长战略”，建立了一个涵盖经济、环境和社会的综合性绿色增长评估框架，以环境和资源生产率、自然资产基础、生活质量及政策相应4类关联核心要素为一级指标，下设14个二级指标和23个三级指标对绿色增长进行评价。与此类似，2012年，联合国环境规划署（UNEP）提出的绿色经济衡量框架也涉及了经济、社会和环境领域，评价体系主要包括3方面内容即经济转型、资源效率、社会进步与人类福祉。国际组织发布绿色增长评估框架的主要目的是为各国特别是发展中国家和新兴市场国家的政策制定者提供实用性指导，因此所提出的评价体系多为定性描述，缺乏量化测评。国内外学者受此启发在构建绿色增长评价体系方面展开了丰富研究，同时也运用建立的指标体系对区域或行业的绿色增长进行了实际测度。国内率先在绿色增长的评价指标体系方面展开系统性研究的是李晓西等（2010）发布的国内第一套绿色发展的监测指标体系和指数测算体系，经过历年不断完善，目前该指标体系共包括经济增长绿化度、资源环境承载潜力和政府政策支持度3个一级指标、9个二级指标和62个三级指标（城市为45个），对全国30个省及全国100个城市的绿色发展水平进行测度与排名。郭玲玲等（2016）从社会经济、资源环境、自然资产、生活质量与政策支持5个方面构建中国绿色增长的评价指标体系，并通过相关分析及变精度粗糙集对指标进行筛选，在此基础上采用2001—2012年的数据进行实证测度。

在绿色增长的评估框架内，学者们结合工业部门的要素和技术特征，将绿色增长的评价研究延伸到工业领域。谢红彬等（2006）借鉴经济合作与发展组织（OECD）的“压力—状态—响应”模型，构建了工业绿色化的评价指标体系。卢强等（2013）以脱钩理论为核心构建的工业绿色发展评价指标体系包括资源环境压力、资源环境弹性脱钩和工业发展绿化度 3 个维度，在此基础上以广东省 21 个城市为样本进行了实证测度。Digalwar et al.（2013）构建了一个包含技术、环境、资源、能源、经济和社会在内的 37 个指标组成的制造业绿色增长评价体系，对印度制造业的绿色绩效进行了测评。张彩霞和麻东露（2014）设计了一个由经济、环境、能源和社会 4 个一级指标、10 个二级指标和 26 个三级指标组成的工业绿色增长指标体系。Meng and Chi（2017）基于最大信息原则和剔除冗杂原则，构建了由绿色生产、绿色消费和绿色环境准则层组成的绿色工业评价指标体系，对中国大连市的绿色工业发展水平进行了测度与评价。Chen et al.（2016）构建了包含工业绿色产出、工业绿色效率、工业绿色创新、工业绿色政策 4 个层面共 32 个指标组成的工业绿色发展评价体系，并运用层次分析法确定指标权重及属性，对中国 30 个省际单位的工业绿色发展水平进行了测算与比较。此外，学者们还从绿色供应链、绿色物流、绿色交通、绿色园区等方面对工业或其子行业的绿色增长实践进行了评价测度（Zhu et al.，2007；Lai and Wong，2012；Trappey et al.，2012；Tian et al.，2014；Govindan et al.，2015），使用的测度方法主要集中在层次分析、模糊数学、灰色关联、熵值法、人工神经网络等方面。

（2）基于生产率视角的工业绿色增长测度研究。构建一个相对完善的工业绿色增长指标体系涉及对众多指标的选择和量化，容易出现指标选择偏差、数据获取难度大等问题。因此，学术界涌现更多的是基于生产率视角对工业绿色增长进行评价，而这种评价的优势在于理论基础更加丰富、结论更加客观。生产率理论的深入发展得益于经济增长理论的不断完善，从古典增长理论开始，学者们就强调了劳动生产率的重要作用，到现代增长理论，生产率理论的发展大致经历了单要素生产率、全要素生产率和绿色全要素生产率三个阶段（Solow，1957；Koch and McGrath，1996；Prescott，1998；Pezzey and Withagen，1998；Cao，2007）。1957 年，著名经济学家罗伯特·索罗（Robert Solow）在柯布－道格拉斯生产函数的基础上引入了技术中性和规模报酬不变等假设，将经济增长中除劳动和资本之外的增长余值称为技术进步，即全要素生产率，较好解释了在传统投入要素之外技术创新对经济增长的贡献。而在全要素生产率理论提出之后，学术界围绕着如何度量这一余值展开了大量研究，所得到的结论也基本类似，不仅肯定了全要素生产率对经济增长的重要贡献，同时投入要素和全要素生产率对增长贡献的此消彼长更是成为判断经济发展方式转变的重要依据（Krugman，1994；Chen et al.，2011；张健华和王鹏，2012；蔡昉，2013）。在技术创新对经济持续增长作用日益突出的背景下，新时期资源环境对经济增长的刚性约束也愈发显著，不少学者开始关注资源、能源、环境对经济增长的影响，并试图将这些因素纳入经济增长的衡量框架中，展开了对绿色全要素生产率测度的广泛研究，以此作为判断经济增长与资源环境之间协调发展的依据（Glyfason，2001；王兵等，2008；王兵等，2010；陈诗一，2010；Ahmed，2012；Liu et al.，2016）。

自从 Chen et al.（1998）开启了中国工业生产率研究的先河，该领域生产率研究的文献大量涌现。Cao et al.（2009）测度了中国工业 1982—2000 年 33 个行业的生产率，研究表明，工业产出增长主要得益于资本积累，工业全要素生产率年均增长 2.5% 且呈现出明显的行业差异。Chen et al.（2011）测算了 1981—2008 年中国工业 38 个部门的全要素生产率，研究发现工业生产率总体增长 6.7% 且轻工业及高技术行业的全要素生产率增长迅速。尽管以全要素生产率来解释工业的可持续发展问题有一定合理性，但传统全要素生产率无法反映工业生产中的资源投入成本与环境负外部性。作为国民经济的主体产业，工业不仅是推动技术进步和创新的重要力量，同时也是资源消耗和环境破坏的大户，因此研究工业绿色全要素生产率不仅能作为评价工业增长模式转变的依据，且对评价经济整体发展方式的转变也具有参考意义。在技术层面，由于传统的索罗残差法、CD 生产函数法、随机前沿分析、数据包络中的 CCR 和 BCC 模型等无法将非期望产出纳入全要素生产率的核算框架，直到 Chambers et al.（1996）、Chung et al.（1997）、Fare et al.（2001）相继建立了方向性距离函数，才使得学术界涌现出大量对工业绿色效率、绿色全要素生产率的研究成果。陈诗一（2010）基于方向性距离函数对改革开放以来中国工业全要素生产率进行了重新估算，研究发现绿色全要素生产率明显低于传统全要素生产率，但中国工业的节能减排政策有效推动了绿色全要素生产率的改善，预计中国即将迎来新一轮的绿色工业革命。李玲和陶锋（2011）运用SBM方向性距离函数和Luenberger生产率指数测度了中国工业部门的19个污染密集型行业的绿色全要素生产率，研究发现规模效率对绿色全要素生产率的贡献大于技术效率和纯技术效率。李斌等（2013）基于中国工业36个行业的投入产出数据，采用非径向非角度SBM模型和ML生产率指数对绿色全要素生产率进行测度，研究表明中国工业发展方式具有粗放外延式特征，工业绿色全要素生产率出现倒退。Chen and Golley（2014）采用方向性距离函数和ML指数测度了中国38个工业部门1980—2010年的绿色全要素生产率，研究表明中国工业并未走在可持续的、低碳的发展路径上。Ghosal（2014）采用序列ML指数并基于企业样本测度了考虑大气污染和水污染的瑞典造纸行业的绿色全要素生产率。Ananda and Hampf（2015）运用GML指数对澳大利亚城市水生产部门的绿色生产率变动趋势进行了测度与分析。陈超凡（2016）以中国工业2004—2013年行业面板历史数据为基础，运用方向性距离函数和ML指数测算工业绿色全要素生产率，研究表明绿色全要素生产率明显低于传统全要素生产率，但由于绿色技术进步的推动，仍有一半左右的工业部门实现了绿色全要素生产率的提升。

第三节　工业绿色增长的动力因素研究

（1）工业绿色增长动力因素的理论探讨。在传统的经济增长理论框架内，推动增长的劳动力、土地、资本、技术进步等因素也被认为是实现工业增长的重要动力，因而在工业化前期和中期，高投资、高消耗、高排放的重化工业往往成为经济增长的主导产业（Young，1994；林毅夫和刘明兴，2004；唐浩，2014）。在工业化后期，由于资源环境问题的凸显，中国等发展中国家短期内累积了许多结构型、复合型和复杂型的深层矛盾，而这些矛盾恰是西方国家在工业化进程中分阶段出现的问题。因此，工业绿色增长被认为是提升经济增长质量和促进工业经济转型升级的关键，而要探讨如何促进工业绿色增长，就必须重新审视工业增长的动力因素。

近年来，不少学者开始对资源环境约束下的工业增长动力因素进行研究（Kumar，2006；Smulders，2014；Zhang et al.，2015；修静，2015），使其在框架上得到完善、在理论上得到拓展。然而，由于资源环境对工业增长的作用机制非常复杂，目前学术界关于工业绿色增长的动力因素研究尚未形成完整的理论体系，相关研究仍需不断深入和拓展。

当然，已经有不少学者将资源环境因素纳入现代经济增长模型并对其进行了不同层面的拓展，以分析绿色增长的内在驱动因素。世界银行（2012）在《包容性绿色增长》报告中提出了一个包含资本、劳动力、环境（自然资本）、效率和政策在内的绿色增长框架，以此解释绿色增长的动力因素。Smulders and Withagen（2012）通过将自然资源、环境污染以及技术进步纳入扩展的拉姆齐模型研究绿色增长的实现条件，结论表明清洁技术的支撑是绿色增长的重要动力因素。Reilly（2012）通过考虑资源和环境投入产出的一般均衡模型分析了经济系统与环境系统的相互作用，研究表明，政府的环境政策和环保投入对于推动绿色增长至关重要。对于工业绿色增长而言，多数学者仍然是基于某一特定角度研究资源环境约束下的工业增长动力。王宜虎和陈雯（2007）构建了工业绿色化发展的动力机制模型，认为推动工业绿色发展的动力因素包括内外两方面，外部即政府驱力、社会驱力和市场驱力，内部即企业自身的经济绩效驱力和绿色价值驱力。Sarkar（2013）研究认为，生态创新可以实现工业产出增长和绿色发展的双赢，而生态创新对绿色增长的驱动主要表现在通过生态技术和生态研发推动生态产业的快速发展。Bohringer et al.（2012）研究了德国在绿色增长刺激计划中各动力因素的影响情况，研究表明环境投资对于推动工业绿色增长具有明显的积极效果，由此强调应当采取与产出增长相适应的环境规制来促进环境投资。李君安（2014）的研究认为，创新驱动是中国工业绿色增长的核心动力，在创新驱动下形成的重要推动因素包括创新要素、制度激励、科技进步、人才培养和国际合作等。修静（2015）认为，在不考虑节能减排的情况下，工业增长的动力因素主要包括物质资本、人力资本、技术进步和政府规制，而当考虑节能减排后，绿色信贷支持、技术进步的偏向性及政府合理的环境规制将成为工业增长和节能减排的重要推动因素。此外，学者们还认为大力发展清洁能源和技术、积极推动工业结构升级、增加政府财政投入、完善资源价格机制、深化全球环境治理合作等也是工业绿色增长的动力因素（Vogler，2005；蓝庆新和韩晶，2012；Lewis，2013；彭星，2015；Aguirre and Ibikunle；2014）。

（2）工业绿色增长动力因素的实证分析。由于工业绿色增长动力因素理论框架尚未形成，多数实证研究都是在测度工业绿色增长水平的基础上展开的辅助性研究。基于对现有研究的梳理，学者们在资源环境约束下实证分析工业增长的动力因素主要集中在传统动力、技术进步、环境制度等方面。从传统动力来看，物质资本、人力资本和自然资源仍然是工业增长的动力因素，虽然投入要素的边际报酬在不断递减、人口红利在逐步下降，但通过改进要素效率，如优化劳动力结构、资本结构、能源结构等方式仍然可以发挥传统要素的动力作用。诚如张军等（2009）在实证研究中指出的，投入要素将从直接和间接两方面影响工业增长的质量。直接渠道指的是数量效应如资本积累对产出的影响，而间接渠道则是结构调整与改革，能够提升要素的配置效率，使要素从低生产率行业流向高生产率行业，这对工业增长质量的提高起到了重要作用，可称之为“结构红利”。与此类似，不少学者在实证研究中检验了教育水平、资本深化、所有制结构、能源结构、外商投资等传统动力对工业绿色增长的影响（Eskeland and Harrison，2003；魏楚和沈满洪，2008；Albornoz et al.，2009；李玲，2012；赵文军和于津平，2012；周五七，2014；林伯强和李江龙，2015）。

从技术进步来看，其微观基础主要包括技术创新、技术扩散和技术引进等方面，它不仅是传统工业增长的核心动力，同时也是工业绿色增长和可持续发展的关键（金碚，2004；杨振兵等，2016）。吴延兵（2006，2008）运用中国四位数制造产业数据及大中型工业企业行业面板数据对自主创新、技术引进与工业生产率的关系进行实证研究，研究表明自主研发与生产率之间具有显著的正相关性。何小钢和张耀辉（2012）采用中国36个工业行业数据，实证检验了技术进步对工业节能减排的影响，结论表明，技术进步显著推动了工业节能减排且科技进步的贡献力度强于纯技术效率和规模效率。张江雪等（2015）实证分析了自主创新、国内外技术引进等方面对工业绿色增长的影响，研究表明自主创新对工业绿色增长的影响大于技术引进，但呈现明显的行业异质性。万伦来和朱琴（2013）的研究表明，自主研发和国外技术引进分别通过改善绿色技术效率和绿色技术进步显著提升了工业绿色生产率，而国内技术转移对工业绿色生产率的影响较弱。在技术进步内生于工业增长过程中，先后朝着劳动偏向性、资本偏向性、能源偏向性等方向演进，因此在节能减排视角下，体现绿色特征的偏向性技术进步将是工业绿色增长的重要动力（Sanstad et al.，2006；Kander and Schon，2007；Acemoglu et al.，2012；钟世川，2014；何小钢和王自力，2015）。鄢哲明等（2016）基于面板数据采用系统广义矩估计等方法证明了偏向于节能减排和清洁生产的绿色技术进步是产业低碳化的重要推动力。

从环境制度来看，多数实证研究着眼于考察环境规制因素。在波特（Porter）提出环境规制能够激发企业的“创新补偿效应”进而实现经济效益提升与环境保护的双赢后，虽存在反对或质疑（Jaffe and Palmer，1997；Boyd et al.，1999），但大量学者在经验研究中证实了“波特假说”（Porter et al.，1991；Porter and van der Linde，1995；Domazlicky et al.，2004；Hamamoto，2006；屈小娥，2015）。多数实证结论表明，环境规制能激发技术创新或直接提升绿色全要素生产率实现工业绿色增长。Lanjouw and Mody（1996）考察了美、日、德等发达国家和巴西等发展中国家环境规制和技术创新的关系，研究表明环境规制有利于环境专利研发，能显著推动自主创新和技术扩散。Brunnermeier and Cohen（2003）实证研究了1983—1992年美国制造业环境创新的决定因素，研究表明随着污染治理投入的增强，体现为环境专利形式的技术创新成果显著增加，且环境创新更易于发生在具有国际竞争力的行业中。Telle and Larsson（2007）运用面板数据分别检验了环境规制强度与传统全要素生产率和绿色全要素生产率的关系，结论表明，环境规制强度与绿色全要素生产率具有显著的正相关关系，而与传统全要素生产率的关系不显著。彭星和李斌（2016）通过动态面板模型进一步检验了不同类型的环境规制对推动绿色技术创新及工业绿色转型的影响，研究表明相比命令控制型环境规制，经济激励型和自愿意识型环境规制的增强可明显提高绿色技术创新水平及促进工业绿色转型。

第四节　工业绿色增长的路径、机制及战略对策研究

（1）资源环境约束下的工业增长路径研究。工业绿色增长意味着工业发展需要实现“增长”和“绿色”双重目标，而在资源环境约束下实现产出增长本来就是一个两难命题。一方面，不论对于发达国家还是发展中国家而言，节能减排是一国工业长期发展战略的重要内容，是提升工业竞争力和推动经济转型升级的关键，而另一方面，节能减排将会不可避免地消耗原本可以用来提升产出的有限资源，也会给工业带来较大的环境治理成本，从而对产出带来负面影响。因此，如何破除资源环境约束下的工业增长瓶颈，并试图寻找节能减排与工业增长的最优路径是学者们关注的焦点之一。对于这一问题的破解思路，尽管有反对的声音（傅京燕和李丽莎，2010），但如前文所言，世界竞争战略之父波特（Porter）已经通过“波特假说”给出了多数学者认可的答案，他的核心观点可以理解为在动态条件下，由于创新和改进的空间无限，最终企业能够实现环境质量提升与竞争力增强的双赢，因此，节能减排约束的重点不在过程而在结果（Ambec and Barla，2002；Mohr，2002；原毅军和谢荣辉，2016）。例如，Beaumont and Tinch（2004）认为节能减排曲线是一个有效治理环境的方法，有助于企业获得经济和环境双赢的局面或至少不造成损失。国务院发展研究中心课题组（2009）认为，如果各国排放权得到明确地界定和保护，那么节能减排将是有利可图的，能为低碳经济模式替代高耗能高排放模式提供强大动力。王兵和刘光天（2015）研究表明，节能减排对绿色生产率增长的贡献高达 90.23%，节能减排能够通过绿色技术进步改善绿色生产率，进而实现经济与环境的双赢。

将此思路延伸到现实层面，不同的节能减排路径方案对经济的影响是不同的（Kuosmanen et al.，2009；Alton et al.，2014；Liu et al.，2015）。国内外学者采用历史经验数据对资源环境约束下的工业增长前景进行预测，以期在验证“波特假说”的同时找寻工业增长的最优路径。Lee et al.（2007）基于模糊规划法和灰色关联分析，通过采用瑞典、芬兰和欧盟的不同方案对台湾地区石化行业 2020 年产值和减排进行模拟预测，以期寻

找台湾石化行业减排与增长的最优路径，研究表明上游行业实现了增长与减排目标而下游行业没能实现该目标，瑞典的节能减排情景运用于台湾地区是相对最优的。陈诗一（2010）设计了一个基于方向性距离函数的动态行为分析模型，基于5种节能情景和9种减排路径，对中国工业38个行业2009—2049年节能减排的损失和收益进行了模拟预测，研究表明，尽管节能减排初期会造成一定损失，但到2049年，工业全行业的潜在产出损失和收益将分别达到 –25.55% 和 34.97%，故从整个预测期间来看工业实现了绿色增长。Ozer et al.（2013）基于长期能源替代系统模型，通过设置正常情景和减排情景对土耳其电力行业2006—2030年的增长和减排前景进行预测，研究表明，在正常情境下，土耳其电力行业产值年均增长6.8%，二氧化碳排放年均增长7%，但在减排情境下，产值年均增长6.6%，二氧化碳排放年均增长5.8%，这说明节能减排计划是具有潜力和效率的。Selvakkumaran et al.（2014）基于动态优化模型，通过设置两组节能减排情景即基准情景和低碳社会情景，预测2010—2050年泰国9个工业部门的增长和节能减排潜力，研究表明低碳情景相比基准情景，累计能源消费下降12.8%，累计减排多19.5%，对能源安全度的贡献多20%。梁俊（2014）基于一个非径向DEA模型框架并采用37个工业行业数据对2012—2050年中国工业双赢发展进行预测，研究表明，在4条节能路径和6种减排路径下，未来39年工业难以取得双赢发展，但仍然存在一条产出增速为6%，2020年达到二氧化碳排放峰值的相对较优路径。Chen and Han（2016）采用了中国工业2003—2012年的历史数据，建立了一个基于方向性距离函数的MDI分析框架，通过设计4种节能情景和9条二氧化碳减排路径共计36种可替代的政策组合预测2013—2050年节能减排约束下的工业增长的最优路径，研究表明产出增长6%、能源消耗增长2.8%以及二氧化碳于2040年达到排放峰值是最优的工业增长路径。

（2）工业绿色增长的机制设计研究。机制设计理论由赫维茨（Hurwicz，1960）开创。他把机制定义为一种信息系统，参与者相互或向信息中心传递信息。20世纪70年代，“显示原理”的提出使得机制设计理论获得重大进展。运用显示原理，可以把注意力限制在机制的一个小子集里，即“直接机制”，一旦一个最优直接机制被找到，研究者就能够把这个机制转化成更符合现实的机制。但“显示原理”不能解决多重均衡问题，为此，Marshak and Radner（1972）的“团队理论”实现了更为一般性的解决方案，构成了现代机制设计的关键部分。在此基础上，Hurwicz（1972）引入了“激励相容”的关键概念，使机制设计理论获得了广泛应用，在此基础上，Myerson（1989）、Maskin（2002）等进一步发展了机制设计理论。经济机制理论的核心是讨论对于任意给定的一个经济或社会目标，在自由选择、自愿交换的分散化决策条件下，如何通过一个经济机制使得参与者的个人利益和设计者既定的目标一致。机制设计理论面临两个主要问题，一是信息成本问题，二是机制的激励问题。国内部分学者已经将机制设计理论引入绿色经济研究：卜国琴（2010）采用规范的实验经济学研究方法建立起排污权交易市场机制设计实验研究的理论模型，研究发现双向拍卖与分散交易两种不同交易制度对排污权交易市场效率高低存在差异。王明荣和王明喜（2012）把帕累托最优概念引入碳排放许可证拍卖和交易框架并设计出一个新的碳排放许可证拍卖机制。杨果和陈瑶（2016）对新型农业经营主体参与低碳农业发展的激励机制设计进行了研究。

随着工业绿色增长研究的兴起，学者们对中国工业绿色增长中的机制设计问题展开了一些研究。总体来看，对于工业绿色增长机制设计研究偏重于概念与政策层面（金碚，2011；胡鞍钢，2012）。钟伟（2004）认为，就外部环境来说，中国工业绿色化发展的策略是建立有效的约束激励机制。例如，可建立绿色经济效益评价体系，政府通过政策引导来启动、培育和规范市场，以机制作保障，才能更好地发挥宏观调控的作用。王建敏（2009）着重从理论角度分析了绿色工业的发展机制，强调通过市场资源配置手段实现创新、市场化、生态化融合的工业绿色发展机制。郑国诜（2009）从多层次、多维度视角较为全面地论述绿色工业的发展机制。作者首先分析了促进绿色工业发展的政府、媒体、社区、消费者、绿色工业企业和传统工业企业六方激励与监督机制；其次，通过合作与信息共享机制、信任机制、协调机制、风险管理机制和演化与创新机制五个方面对绿色工业运行机制进行了分析。中国社科院工经所课题组（2011）的研究表明，工业绿色转型的效益远高于成本，这将成为工业绿色转型的根本动力，为此要建立环境规制、节能减排机制、绿色技术研发和产业化应用机制、国际合作与协调机制、创新机制等。张亮（2012）认为，在资源环境的双重约束下，促进中国工业绿色转型必须建立有效的政策保障体系，加快形成绿色金融、绿色产业、科技创新、资源价格、财税调控等全方位的保障机制。景维民和张璐（2014）运用2003—2010年中国33个工业行业的面板数据，考察了环境管制及对外开放影响工业绿色创新的机制，研究表明，技术进步具有路径依赖性，合理的环境管制能够转变技术进步方向，有助于中国工业绿色创新；FDI促进工业绿色创新机制的正向效果有赖于环境管制的加强和政策上的合理引导。

（3）工业绿色增长的战略及对策研究。体制、制度、政策因素对经济发展至关重要，中国工业经济的改革与发展很大程度上是由政府引导和推动的，政府宏观战略的制定能够创造出“制度红利”，深刻影响微观主体的实践（林毅夫和刘明兴，2004；辜胜阻等，2013；周阳敏和韩玉，2015）。从联合国环境规划署（UNEP）发起“绿色经济和绿色新政”倡议后各国政府的积极实践，到经济合作与发展组织（OECD）的“绿色增长战略”为各国提供绿色增长的实用性指导，从美国、英国、德国、日本、欧盟等发达国家和地区一系列节能减排、清洁生产、绿色发展法案的出台，到“绿色发展”被正式列入中国“十三五”发展规划，说明绿色增长已经得到了战略层面的高度重视，也使得一系列制度创新成果层出不穷。工业不仅是经济增长的重要引擎，也是节能减排的主力军，工业绿色增长亟须战略层面的引领，只有完善战略及政策手段，才能充分调动各方积极性，才能明确不同实践主体的目标和任务。近年来，国内外学者不仅注重在理论和经验层面研究工业绿色增长有关问题，也注重为国家、区域、行业、企业的绿色增长战略及政策的制定提供有价值的建议和对策。

国外研究方面，如经济合作与发展组织（OECD）（2011）在《走向绿色增长》报告中提出了通过两大政策集合实现绿色增长，第一大政策集合包括促进经济增长和节约自然资本的系列政策，核心是财政政策和规制政策，第二大政策集合旨在激励资源的有效利用和使环境污染变得更加昂贵，其中包括一系列以价格为导向的政策和工具。世界银行（2012）在《包容性绿色增长：走向可持续发展之路》报告中为各国政府提供了一套分阶段分步骤进行的绿色增长战略指导，第一步是在绿色增长框架内鉴别经济和社会的主要目标，第二步是鉴别环境目标及锁定风险，第三步是综合考虑 6 种类型的政策干预（财税政策、规制政策、创新政策、教育和劳动政策、自然资本和生态服务管理、基础设施和交通能源）并增强协调，第四步是确定优先发展领域，第五步是在战略框架内系统分析各项政策及目标。联合国工业发展组织（UNIDO）（2013）在《绿色增长：从劳动到资源生产率》报告中，从宏观层面为各国提供了绿色增长战略及政策指导，重点包括提高资源生产效率、增加人力资本投资、完善市场化规制工具、改革绿色财税制度、增强金融支持、灵活使用全球碳交易工具、维护绿色环境规制体制、创造绿色就业机会等方面。Jones and Yoo（2011）研究了韩国的绿色增长战略，在推动绿色工业发展方面，主要的政策建议包括进一步完善碳税制度、削减化石能源补贴、重新优化配置劳动力和资本、刺激技术创新、降低绿色低碳产品的进口障碍等。Pegels et al.（2014）的研究旨在为新兴市场国家实现经济与环境之间的协调与权衡提供政策参考，研究认为市场难以为绿色工业发展提供足够的激励，因此要充分发挥政府的政策引导，鼓励绿色项目投资、减少污染投资。此外，政府不仅应当关注首次引入的绿色工业政策，还应当对现有的政策进行改革。国内研究方面，中国社科院工经所课题组（2011）认为，应当制定中国工业绿色转型的战略框架和国家绿色创新路线图，在战略规划的指导下协调各地区与各行业的工业绿色转型责任与义务，构建以政府法规为支撑，以市场化推进为手段，产业、企业和公众广泛参与的战略网络。在战略网络内，应着重完善绩效考评、环境规制、节能减排、绿色技术研发及应用、绿色信贷、人才培养等各方面的政策措施。蓝庆新和韩晶（2012）认为，中国工业绿色转型面临着体制障碍、技术障碍和阶段障碍，因此，应从发达国家科技进步推动产业绿色转型、开发利用新能源、建立生态园区、完善财税激励等方面吸取经验，采取完善绿色政策体系、推动技术升级、发展集聚经济和促进产业融合等战略对策。傅志寰等（2015）在对中国工业绿色发展的内涵、问题及挑战等进行研究的基础上提出工业绿色发展的战略对策，主要包括宏观、中观和微观三个层面，宏观层面应完善法律法规政策体系、加强政府调控和监管，中观层面应建立严格的环保标准体系、完善工业绿色发展的市场机制，微观层面则强调建立以企业为主体的技术创新体系。

在经济发展的新时期，绿色增长是解决发展问题与环境问题的内在要求，能够在与经济新常态的互动中助力经济转型，因此部分国内学者针对新常态下的中国工业战略进行了相关研究，这些研究有助于我们更好地把握新时期中国工业绿色增长的方向和重点。如黄群慧（2014）着重研究了新常态、工业化后期与工业增长的新动力，研究认为，在新常态下，应当通过来自工业化深化的推动力和来自城市化的拉动力以及来自改革的原动力共同推动新阶段的工业增长，并从完善基本经济制度、构建竞争有序的市场体系、深化财税制度改革、健全城乡一体化体制机制、构建开放经济体制、推进教育科研改革创新以及加快生态文明建设等方面提出了相关对策。苗圩（2015）认为，作为国民经济的根基，新常态下中国经济提质增效的主战场仍在工业领域，面对经济新常态，应从结构优化、创新驱动、智能制造、绿色发展、深化改革与开放等方面打造中国工业的升级版。就绿色发展而言，应当推动工业形成绿色、低碳、循环发展的新模式，在支持绿色工业产品开发、加快绿色新能源产业发展、研发绿色低碳技术、推动低碳工业园建设等方面着力。金碚（2015）分析了经济发展新常态下的工业使命，研究认为我国仍处工业化时代，与发达国家的工业化水平还有较大差距，在新常态下的工业经济呈现出工业增长减速、产能过剩、环境约束增强等问题，为此中国工业发展的方向是在绿色、精致、高端、智能、服务等方面进行全方位的创新。

第五节　文献评述

综上分析，国内外对于经济增长、工业增长、可持续发展、绿色经济等方面的研究是丰富且深入的，给本书提供了重要的理论支撑和参考借鉴。但由于绿色增长及工业绿色增长的研究方兴未艾，现有研究不成体系，因而不可避免地存在一些不足和提升的空间。整体而言，关于中国工业绿色增长的研究需要在以下几方面进行深入挖掘和拓展。

首先，从工业绿色增长的理论来看，虽然国内外有关绿色经济、绿色工业方面的研究成果较多，但这些成果主要以相关国际组织的研究报告为参考，因而多停留在探讨定义、特征、途径、政策等层面，学术界尚未形成统一的绿色增长特别是工业绿色增长的理论内涵。同时，至今鲜有针对工业绿色增长内在机理进行论证的理论模型，这使资源环境约束下工业增长的可持续性和实现的条件无法得到理论佐证。因此，如何借鉴国内外相关研究成果，明确工业绿色增长的内涵和本质，建立工业绿色增长的理论模型，并用此模型深入探究工业绿色增长的内在机理是本书在理论研究上的重点。

第二，从工业绿色增长的评价来看，国内外通过构建评价指标体系对工业绿色增长进行评价的文献以定性框架居多而定量测度为少，即使是在评价体系的基础上进行量化测度，也容易产生指标缺乏代表性、权重确定主观性等问题，故结论往往缺乏说服力。通过绿色全要素生产率对工业绿色增长进行评价在学术研究中无疑更加客观、科学。而事实上，没有综合考虑资源环境问题对工业全要素生产率进行测度的研究仍占多数，而在采用绿色全要素生产率作为评价工业绿色增长的研究中，多数针对的是国家、区域或某一特定行业展开，以工业行业样本为依据进行评价的研究相对较少，且相关测度方法仍有改进空间。因此，如何准确测度中国工业绿色全要素生产率并以此作为评价工业绿色增长的依据，在此基础上深入解析中国工业各行业的绿色增长状况是本书的研究重点。

第三，从工业绿色增长的动力因素来看，尽管国内外对工业绿色增长动力因素的探讨较多，但缺乏理论和实证相结合的系统性分析。在理论方面，缺乏一个工业绿色增长动力因素的综合性框架，多数动力因素分析属于附带性研究，故选择的因素呈现零散性特点，因而不能准确反映中国工业绿色增长各方面动力；在实证方面，多数研究基于静态数据或线性模型，较难深入刻画各动力因素对工业绿色增长的动态和非线性影响，故实证方法的先进性也仍有提升空间。为此，本书旨在构建一个包含制度创新、技术创新、结构优化三个维度的工业绿色增长动力因素框架，并以此为标准，通过动态面板模型和面板门槛模型对筛选出的主要动力因素进行实证检验和分析。

第四，从工业绿色增长的路径、机制和战略对策来看，一方面，模拟预测中国工业绿色增长前景的文献尚少，特别是对工业各行业的绿色增长进行长周期预测的经验研究更为匮乏，而对资源环境约束下的工业增长前景进行预测不仅能为新常态下的工业增长路径选择提供客观依据，更能为未来工业绿色增长的战略提供量化参考；另一方面，虽有不少学者关注中国工业的转型升级问题，但针对工业绿色增长的机制设计和战略对策研究并不多见，特别是基于博弈论视角对中国工业绿色增长实践机制进行设计的研究更为缺乏，这也是本书可以进一步完善和拓展的地方。

第三章　工业绿色增长的理论与模型

工业绿色增长既是破除能源、资源、环境瓶颈的必由之路，也是工业提质增效、强占发展先机、提升全球价值链地位的必然选择。然而遗憾的是，到目前为止，工业绿色增长的理论基础仍然较为薄弱，这往往容易形成政策实践背后的“理论真空”。为此，本章将在现有工业绿色增长相关文献及研究成果的基础上，对工业绿色增长的内涵及本质进行阐述，进而构建工业绿色增长理论模型，揭示工业绿色增长的优化路径，指明资源环境约束下工业经济实现持续增长的可能性及其条件，以期为后续篇章的研究提供理论佐证。

第一节　工业绿色增长的内涵及本质

在社会科学研究领域，解决问题的基本前提是对研究主体的内涵进行明确界定，这是后续研究的基础和保证。有关绿色增长、工业绿色增长的定义近年来逐步深化和完善，但学术界尚未形成统一标准。为此，本节将对相关代表性定义进行总结，进而尝试对工业绿色增长的内涵进行界定，在此基础上揭示工业绿色增长的本质，从而为后文理论模型的构建以及经验研究分析奠定基础。

一、工业绿色增长的内涵

工业化是过去200年间发达国家经济增长和生活水平迅速提高的主要驱动因素，而工业化造成的资源耗竭和环境损害也曾使发达国家付出沉重代价。从世界范围来看，各国工业化发展阶段并不相同，发达国家基本上在19世纪至20世纪初完成了工业化，当前已经步入后工业化时代，而多数发展中国家工业化从20世纪中后期才开始起步，当前处于工业化中期或后期阶段。由于经济起点低、人口增速快，发展中国家仍然亟须工业增长以缓解贫困、提供产品和服务、创造就业和提高生活水平（Reinert，2008；Chang，2008；Dasgupta，2011）。然而不得不承认的是，发展中国家的工业扩张方式存在严重缺陷，长期以来，通过大规模扩张工业和承接来自发达国家污染产业的转移获得了较快的经济增长，在产业转移过程中，以发达国家为主导的全球价值链既充分利用和整合了全球资源、技术、资本生产出更多的产品、创造出更多的价值。同时，全球价值链也是发达国家对发展中国家生态掠夺的一种方式。尽管当前各国对工业扩张的内在风险和权衡的认识与日俱增，但无节制的工业增长仍是众多发展中国家的目标。在绝对量方面，《联合国千年生态系统评估》表明，资源利用、环境污染和退化的现象有增无减。时至今日，在全球范围内，稀缺资源激烈竞争、淡水短缺、生物多样性丧失、森林锐减、土地荒漠化、气候变暖、大气污染日益严重等问题都与工业生产消耗大量资源及破坏环境有关。这些问题就像高悬在人类头顶的达摩克利斯之剑，不断警示我们可持续发展已刻不容缓。

可持续发展的进步取决于经济发展、社会进步和环境保护的齐头并进与平衡协调，尽管可持续发展的概念在政策领域已存在了数十年之久，但将此概念付诸实践实属不易（UNIDO，2011）。为了推动可持续发展在全球范围内实施，理论和实务界相继提出了一系列可持续发展范式，绿色增长就是其中最具代表性的理念与政策主张。在文献综述部分，本书已经提及了几种具有代表性的定义，如联合国环境规划署（UNEP，2011）“改善人类福利和社会公平，同时极大降低环境危害和生态稀缺性的经济发展模式”以及经合组织（OECD，2011）“在确保自然资产持续提高人类社会所依赖的资源和环境服务的同时促进经济增长和发展”。虽然绿色增长并未形成国际统一的定义，但我们看到，相关定义大都强调了绿色增长是一种致力于提升人类福祉，同时降低资源稀缺和环境危害的包容性可持续发展模式。结合国内外理论研究成果，本书对绿色增长的定义是：通过制度与技术创新带动生产和消费模式变革，在资源承载力及环境容量的约束下，创造出资源效率、环境友好、社会包容与和谐的经济增长模式。也就是说，绿色增长不简单等同于环境保护或环境友好，而是指在发展的同时环境得到保护或者改善，即经济增长与自然环境损害脱钩。这既排除了经济发展造成环境损害的挂钩情形，也排除了通过经济下滑带来的环境压力缓解效应，更排除了经济下滑的同时环境仍旧受到损害的双负效应（潘浩然，2017）。当然，绿色增长不仅关注可持续发展的环境方面，同时还注重经济与环境双赢的社会效果。在这方面，绿色增长扩展包含诸如社会福祉的改善、社会质量的提高等社会进步的内容。因此，绿色增长是“绿色”与“增长”的有机统一，“绿色”即是还原自然生态的底色，强调资源与环境问题，而“增长”即是经济有质量的增长和社会进步。要想实现二者的融合，在新时代背景下，需要依靠创新驱动。

绿色增长战略延伸至工业领域，即工业绿色增长，是确保社会、关键生态资本和全球气候免受不断恶化的环境风险和自然资源稀缺问题影响的必经之路。因此，工业绿色增长是经济绿色转型并最终走向可持续发展的有效切入点和推动力量，它注重在不增加或最小化资源消耗和污染负担的前提下实现工业增长和产业升级。图 3.1 反映了可持续发展、绿色增长与工业绿色增长的内在关联。在内涵层面，联合国工业发展组织（UNIDO）（2011）认为工业绿色增长是“不以牺牲自然体系和人类健康为代价的工业生产和发展模式”。联合国工业发展组织（UNIDO）（2011）进一步指出，工业绿色增长在提升经济竞争力和增进社会福利方面有两大意义，其一是资源效率的提升意味着工业发展将更具竞争力，其二是工业绿色增长通过促进能源安全、人类健康、创造就业进而在减少贫困方面扮演着重要角色。与此对应，工业绿色增长应当包括两个层面的战略，即“绿化”传统工业以及建设新型“绿色”工业。首先，使传统工业从依赖资源与环境的线性增长模式转变为资源节约与环境友好的循环发展模式，核心是通过技术升级持续提升生产过程和产品的资源效率与环境绩效，实现工业结构调整与升级，以此最大限度地降低健康风险、增进社会福利。其次，把握全球绿色经济发展机遇，培育及壮大智能、清洁、循环、低碳、环保等新兴绿色产业如高端装备制造业、新能源与可再生能源产业、新材料产业、电动汽车、新一代信息技术产业等，创造新的经济增长点，培育经济新动能。例如，为推动工业绿色增长，中国相继出台了《“十三五”国家战略性新兴产业发展规划》《“十三五”节能环保产业发展规划》《中国制造 2025》

《工业绿色发展规划（2016—2020年）》等一系列规划政策，为中国绿色工业的发展提供新方向和新动力。在联合国工业发展组织（UNIDO）（2011）的基础上，结合工业部门的要素和技术特征，本书认为工业绿色增长是指在不以牺牲自然体系和人类健康为代价的前提下，以技术创新和制度创新为核心，在实现工业经济增长的同时显著改善资源效率、持续提升环境绩效、不断增进社会福利的可持续发展模式。以下我们将对工业绿色增长的内涵作进一步分析。

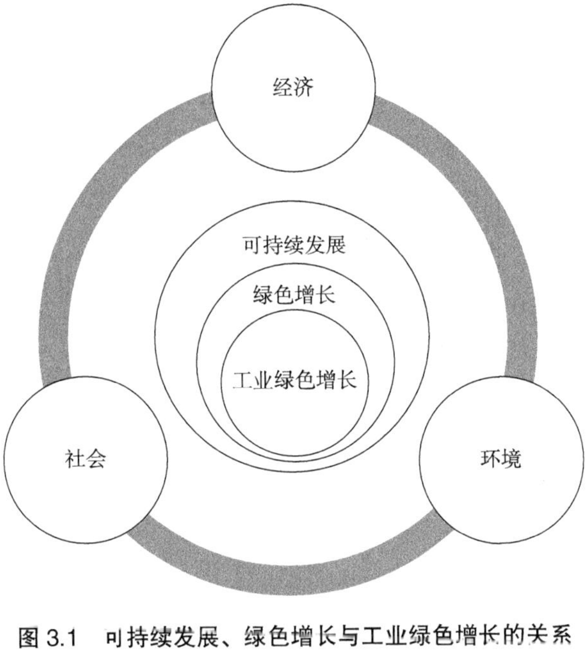

图3.1　可持续发展、绿色增长与工业绿色增长的关系

首先，工业增长的前提是资源环境承载力及人类健康。资源环境承载力是指在可预见的时期内，自然体系所能承受的工业活动的阈值，这个阈值既包括自然资源对工业发展支持能力的限度，也包括环境对工业所产生的各种污染及废弃物的负荷量，在这个阈值允许的区间内，资源与环境系统才具有自我调整与恢复的能力。例如，工业占全球能源消耗总量的30%及二氧化碳排放量的40%左右，根据《地球生命力报告2016》数据，目前人类已消耗了相当于地球生物承载力1.6倍的自然资源和服务，而其中碳足迹占比60%，进一步说明消耗化石燃料造成的碳排放已将自然承载力逼至极限（WWF，2016）。自然资产是人类生存和发展的基础，如果工业增长超过了自然体系限度，导致严重的资源和环境危机，不仅当代人类的健康安全得不到保障，还将危及后代人的可持续发展。因此，工业绿色增长首先应当强调底线思维即资源与环境承载力界限，是对不顾底线的黑色工业发展模式的彻底否定。

其次，工业绿色增长的核心动力是创新，包括制度创新与技术创新。工业绿色增长的推进有赖于一系列制度引领和支撑，具体表现为一系列体制机制、法律法规、政策条例的改革和创新。如绿色财税金融制度、节能减排规制、价格导向的激励政策和工具、绿色投资与贸易政策、教育培训与就业政策、自然资本和生态服务管理制度等皆可在引导绿色转型的过程中进一步激发工业增长的潜力。同时，技术创新也是工业绿色增长的核心要义。技术创新不仅能够推动传统产业改造升级，降低资源漏损率和环境负效应，实现生产全流程的绿色化，还能通过培育和发展以绿色技术为核心的新兴绿色产业创造就业并繁荣绿色消费市场。特别是对于发展中国家而言，工业绿色产品具有广阔的市场空间，不仅可以为国内经济发展创造绿色内需，还将为全球推动可持续发展提供长期动力。简言之，技术创新对于全面提升全要素生产率、持续改善资源利用效率、降低环境影响、增强工业竞争力具有重要意义（UNIDO，2011）。

第三，工业绿色增长的最终目标是通过资源效率和环境绩效的提升实现工业增长与资源消耗及环境污染的绝对脱钩。Voet et al.（2004）、Stamm（2009）、Smith et al.（2010）等学者对实现脱钩的可能性和方式进行了论述，但得出的结论并不一致。诚然，长远来看工业绿色增长的唯一途径是绝对脱钩，但由于资源消耗和环境危害事态正在不断加剧，短期内通过技术驱动实现相对脱钩即工业增长的速度超过资源消耗及污染增长是易于实现的。而绝对脱钩，即真正意义上的绿色增长是令人向往的，因为它能够在生产增长的同时带来环境污染和资源消耗的持续减少，而推动工业环境治理模式由控制型的末端治理走向预防型的清洁生产，无疑是实现从相对脱钩到绝对脱钩转变的重要途径。相比底线思维，绝对脱钩更强调在底线之上的累积、创造和深层变革，不仅通过提升资源生产率及环境绩效创造生态盈余，还应当通过刺激绿色技术革新推动生产和消费模式的全面变革，才能最终实现工业价值创造与生态环境改善的和谐统一。

第四，工业绿色增长致力于增进社会福利。工业绿色增长旨在实现经济绩效与环境绩效双赢的同时为社会创造更多的福利。随着人们对稀缺环境资源的需求不断提升，人类的生活质量不单取决于收入水平和对工业产品的消费，还取决于良好的环境质量。而一个运作良好的环境系统将为社会提供健康、安全和令人愉悦的环境产品，这已经构成了社会效用函数的重要组成部分。只有工业实现绿色增长，才能还原环境系统的底色并创造更多的生态系统服务及功能，才能更好地增进社会福利。同时，绿色技术与绿色产业的发展能够创造更多的新兴业态和就业机会，降低贫困率及减小贫富差距，增进人类的财富和福利。例如，通过提供技术技能对非正式部门活动进行更新，绿色产业部门的成长将为贫困和边缘化群体创造巨大的就业机会并有效改善工作环境（UNDP，2008）。通过全球绿色工业合作，能够为广大的发展中国家由传统工业化模式向新型工业化模式转变提供支持，为发展中国家实现跨越式发展提供新机遇。

二、工业绿色增长的本质

与工业绿色增长的内涵相对应，工业绿色增长本质上是一种“绿色”与“增长”相互融和及协同提升的全新发展方式，是人类对传统工业增长模式的否定之否定，是工业在创新驱动下迈向“资源集约高效利用、污染物排放减少、环境影响降低、全要素生产率提升、可持续发展能力增强”的必然选择。以下将从六个方面进一步解读工业绿色增长的本质。

第一，从驱动模式来看，本质上要求工业增长从要素驱动和投资驱动向创新驱动转变，不断提高由全要素生产率所代表的增长中的质量贡献。创新驱动主要包括技术创新和制度创新。就技术创新而言，工业绿色增长不仅加强对传统工业绿色化改造的关键技术研发，同时也注重以技术创新培育新兴绿色产业。在绿色工业革命的推动下，以创新为支点，绿色工业将与移动互联、云计算、大数据等现代信息技术深度融合，从而提升能源、资源、环境的智慧化管理水平，实现工业生产方式的绿色精益化。就制度创新而言，其意义在于发挥改革红利的作用，政府顶层设计及管理体制的创新为工业绿色增长的实施创造了良好的政策环境，系列财税、金融、保险、投融资及产业制度的创新为工业绿色增长提供了重要保障和强力支撑，市场层面的要素价格形成机制、资源使用权交易制度、排污权交易制度等改革进一步激发了微观企业对实践工业绿色增长的热情。

第二，从主导能源及产业来看，本质上要求绿色能源占比提升以及新兴绿色产业成为主导。当前全球能源结构仍以化石能源为主，而工业部门能耗占全球能源供应的 1/3 以上，超过其他任何终端使用部门。尽管在未来相当长的时间内，以煤炭、石油和天然气为主导的传统能源仍是工业生产的主要动力，但在工业绿色增长过程中，能源结构将进一步优化，清洁能源和可再生能源比重将大幅上升，进一步减少了化石能源消耗对环境系统的负面影响。主导产业方面，传统工业将通过工艺流程升级、产品和功能升级、价值链升级提升整体质量，更重要的是，以知识技术密集、资源消耗少、环境影响低、成长潜力大、综合效益高为特征的新兴绿色产业将不断发展壮大，如节能环保、新能源、新能源汽车、新材料、再生资源循环利用、先进装备制造等产业将成为未来工业增长的重要驱动力量。绿色产业有利于提升资源生产率和环境绩效，对于增强工业竞争力和可持续发展能力意义重大。

第三，从资源节约及利用效率来看，本质上要求资源消耗强度的下降以及资源利用效率的提升。联合国工业发展组织（UNIDO）（2010）的预测表明，从当前至 2050 年全球工业生产将增长四倍，而全球能源供应超过 30%、水资源消耗近 20% 以及大部分原材料消耗均来自工业，与此对应的是，当前工业生产对能源、水资源及原材料的使用效率普遍低下。长期以来，人们对资源有效利用的绿色技术关注十分有限，随着资源体制改革的加速，价格信息对资源配置的作用日益显著，将促进更多资源节约型及资源综合利用技术的发展，由此形成资源消耗总量有效控制、资源消耗强度持续下降、废物综合利用率不断提高、再生资源回收利用率显著上升、工业再制造及循环生产有序推进等资源利用新局面。因此，通过工业绿色增长这一全新发展模式，将有利于从根本上缓解工业增长与自然资源之间的矛盾，这不仅得益于技术上的革命与创新，也是制度与管理创新的结果。

第四，从环境质量来看，本质上要求工业增长与污染排放彻底脱钩，同时累积和创造生态盈余。环境质量的改善与工业环境治理模式密切相关。发达国家最初应对工业污染主要采取末端治理，并通过向发展中国家转移高排放、高污染行业实现产业调整与升级，而多数发展中国家在工业急剧扩张过程中也采取的是“先污染，后治理”方式，从而导致污染的全球化和生态环境质量的严重恶化。末端治理无法根治工业污染，绿色增长要求的是清洁生产，即实行以源头削减为主要内容的预防型环境政策才能有效提升环境质量。工业绿色增长是一次绿色工业的革命，催生了全新的绿色技术与绿色产业，发达国家率先实现了工业增长与污染排放的全面脱钩，发展中国家也逐渐意识到生态资产的价值，并致力于改善环境质量，低碳经济、生态经济、循环经济、清洁生产机制等新生产方式开始在发展中国家广泛运用，进一步提升了资源利用效率并大幅减少了主要污染物排放，环境质量有了显著改善。

第五，从参与国家来看，本质上要求全球范围的协同合作。可以说，工业绿色增长是全球对传统黑色工业增长模式的集体反思，它不仅带领全球有效面对生态环境挑战，同时也带给了面临经济艰难复苏的世界各国新的机遇。2009 年，联合国工业发展组织（UNIDO）将工业可持续发展置于全球可持续发展挑战背景之下，提出了全球开展“绿色工业”的倡议。因此，只有全球特别是发展中国家坚持工业绿色增长，才能避免重走粗放低效型的工业增长之路，从长期来看，如果发展中国家的工业化战略不是环境意义上可持续的，那么他们生活质量的任何真正改善都不可能发生。同时，也只有把握了全球绿色工业革命的机遇，才有可能在新一轮国际竞争中占据先机。美国、欧盟、日本等发达国家纷纷探索工业绿色转型和低碳发展的新方向，发掘新的经济增长点，从而重振实体经济。对广大发展中国家而言，通过工业绿色增长能够实现工业经济绩效与环境绩效的双赢，在工业可持续发展能力显著增强的同时，为全球生态安全做出贡献。

第二节　工业绿色增长的理论模型

在前文的分析中，我们已经明确了工业绿色增长的内涵和本质，但尚未涉及理论模型，而将理论概念进一步深化为更具说服力的数理模型，能够为中国工业绿色增长提供更好的学术指导。基于此，为了揭示工业绿色增长的优化路径，阐明实现工业绿色增长的必要条件，本节将构建一个基于熊彼特产品垂直创新框架的绿色内生增长模型，并将其延伸至工业领域进行分析。该模型是对 Aghion and Howitt（1998）建立的可持续发展的新熊彼特模型的丰富和完善，模型系统考虑了在环境污染、不可再生资源成为内生要素条件下，创新（智力资本）驱动的工业增长是否可持续以及实现可持续增长的条件。以下我们将首先介绍模型的理论溯源，接着构建理论模型并推导主要结论。

一、模型的理论溯源

工业生产是物质财富积累的主要来源，而工业化则是推动工业增长从而实现国民经济非农化的结构转变过程。工业化对于提高国民收入和增进社会福利具有重要意义，是一国现代化不可逾越的发展阶段（Lau and Park，2003；霍文慧和杨运杰，2010）。自 20 世纪 40 年代发展经济学诞生起，工业化一直是其研究的核心内容，发展经济学旨在通过对发达国家工业化理论和经验的总结，为广大发展中国家工业化实践提供指导，由此形成了流派众多、观点各异的工业化理论。具体内容涉及工业化的内涵及特征、工业化的阶段和类型、工业化的决定因素、工业化战略等诸多方面（Rostow，1956；Chenery，1960；Kuznets，1973；张培刚等，2002；张培刚，2008）。而事实上，不论是从哪个角度研究工业化，工业化始终与经济增长紧密相连（Chenery et al.，1986）。Lall（2000）指出，在短期内，成功的工业化表现为物质创造和生产能力的提升，而在长期中，由于生产率的提高和竞争力的增强，增长是持续的。在国家层次上，激励、制度和能力（体现为物质资本、人力资本和技术）的结合是工业化成功的重要原因。这意味着工业与经济之间是相互影响、互为关联的，研究经济如何实现持续增长的问题在宏观层面为工业实现持续增长奠定了理论基础。

从经济增长理论的演进历程来看，先后大致经历了古典增长、新古典增长和新经济增长（内生经济增长）三个阶段。以亚当·斯密、马尔萨斯和大卫·李嘉图为代表的古典经济增长理论，从资本积累、劳动分工等角度论述了决定总产出的各项因素。新古典增长理论的起点以 Harrod-Domar 模型的诞生为标志，该模型的基本思想是经济增长率取决于储蓄率和资本产出比。而真正意义上推动新古典增长理论发展的是索罗和斯旺（Solow，1956；Swan，1956），他们修正了 Harrod-Domar 模型中资本产出比不变的假设，代之于生产要素之间可以充分替代的新古典生产函数，创立了 Solow-Swan 模型。Solow-Swan 模型针对 Harrod-Domar 模型中刚性生产函数引起的问题，即生产要素之间不能彼此替代，故采用新古典生产函数取代了固定系数生产函数，使生产函数更加灵活并允许要素替代。该模型认为由于投入要素具有边际报酬递减特征，因而长期经济增长由外生技术进步所决定。此后，卡斯和库普曼斯通过把拉姆齐的研究引入到新古典经济增长模型中，将 Solow-Swan 模型中的储蓄率内生化，但并没有消除索罗模型的固有局限，长期经济增长仍取决于外生技术进步（Cass，1965；Koopmans，1965）。

20 世纪 80 年代中期以来，以罗默和卢卡斯为代表的内生增长理论在修正新古典关于外生技术进步假定的基础上逐步发展（Romer，1986、1990；Lucas，1988）。该理论的核心观点认为，经济增长并非受制于外生因素，而是经济系统内生因素共同作用的结果，具体而言，内生技术进步是推动经济长期增长的决定因素。1986 年，罗默在其开创性成果《收益递增和长期增长》一文中提出了内生经济增长模型，他认为由于知识的生产率不断递增，且可以抵消甚至超过物质资本递减的生产率，因而在知识边际生产率递增的情形下，经济具有长期增长的可能性。1988 年，卢卡斯在论文《论经济发展机制》中建立了另一个重要的内生增长模型，他用人力资本的溢出效应解释技术进步，论证了经济增长是人力资本不断积累的结果。简言之，以内生增长模型为代表的新经济增长理论描绘了一幅全新的增长图景：人均产出可以无限增长，且随时间变化呈现单调递增。尤为重要的是，技术不再是外生变量和“索罗残值”，它是人类处于自利而进行投资的产物，因此政府政策变得有效，可通过增加教育投入积累人力资本，增强研发投入、补贴研究和开发活动、保护知识产权累积知识资本和推动技术进步，而这些政策都可以促进长期经济增长。然而，内生增长理论虽摆脱了新古典增长模型中长期增长率被外生技术进步所限定的束缚，但在关注技术、知识、人力资本等要素对经济增长贡献的同时，却忽视了资源与环境对经济增长的影响。20 世纪 80 年代开始，为了对全球气候变化和《我们共同的未来》报告做出反应，经济学家把上述问题引入了内生增长框架中，而同时期发展经济学也开始对工业化问题进行深刻反思，认为工业化在以不计环境成本的方式制造出过剩私人物品的同时，也把整个经济系统所赖以生存的自然资源和环境公共物品导向了枯竭之路（Perman，2003）。Aghion and Howitt（1998）指出，相比起新古典增长理论而言，内生增长理论更擅长于解释可持续发展问题。当前代表性模型主要分为两大类，即将自然资源引入内生增长框架以及将环境因素引入内生增长框架。

（1）将自然资源引入内生增长模型。具有代表性的模型是：Aghion and Howitt（1998）在熊彼特“创造性破坏”模型的基础上将不可再生自然资源引入了生产函数，研究了在资源约束下实现经济稳态增长的可能性和对应的临界条件。该模型的贡献是，相较于 AK 模型等传统内生增长模型对各类资本进行加总处理，熊彼特模型能够明确区分两种不同类型的资本，即物质资本和智力资本，而一旦对这两种资本进行区分，就肯定了创新在可持续增长中所起到的重要作用。作者将最终产品的生产函数定义为式（3–1），模型假设最终产品是由劳动和连续的专业化中间产品生产而成。其中，$x(i)$代表中间品的数量，Y代表产出，K和B分别代表有形资本和智力资本，L为劳动力数量。R为资源开采流量，与不可再生资源存量的变化呈负相关，即$\dot{S}=-R$。在给定知识状态的条件下，资本、劳动力和资源投入的规模报酬不变，即$\alpha+\beta+v=1$。

$$Y=L^{\beta}\int_0^{\infty}x(i)^{\alpha}diR^{v}=K^{\alpha}B^{1-\alpha}L^{\beta}R^{v} \tag{3–1}$$

社会效用函数可用式（3–2）表示，最大化的汉密尔顿函数为式（3–3），求解该函数得到的平衡增长路径为式（3–4）。其中，$L+n=1$为劳动力出清条件，c代表消费，ρ为折现率，ε为边际效用弹性，它是跨期替代弹性的倒数，$\eta\sigma$表示知识的生产效率，λ、μ、ξ分别为物资资本、智力资本和自然资源的影子价格。

$$\int_0^\infty e^{-\rho t}U(c)dt \tag{3-2}$$

$$H = u(c) + \lambda[K^\alpha B^{1-\alpha}(1-n)^\beta R^\nu - c] + \mu\eta\sigma Bn - \xi R \tag{3-3}$$

$$\begin{cases} \dfrac{\dot{c}}{c} = (1/\varepsilon)(\alpha\dfrac{Y}{K} - \rho) \\ g = \dfrac{\dot{K}}{K} = \dfrac{\dot{c}}{c} = \dfrac{\dot{Y}}{Y} = (1/\varepsilon)(\eta\sigma - \rho) \end{cases} \tag{3-4}$$

研究结论表明，在稳定状态下，如果智力资本的累积速度超过物质资本且能抵消对自然资源利用的不可逆转的下降，那么当产出和有形资本以同样的速率增长时，资本的社会边际产出就可以保持不变，从而实现可持续增长。进一步证明显示，如果条件式（3–5）能够满足，那么在这个考虑有限且不可再生资源条件的熊彼特模型中，存在一个具有正增长速度的最优均衡增长路径。这意味着，对于任何初始的自然资源和知识资本存量，存在资本存量K_0，能够很快使得经济从初始状态达到最优均衡增长路径，而此时消费的增长是无限的。当然，诚如作者所言，这些分析揭示了当满足一定条件时，资源约束下的增长是能够持续的，但模型并没有涉及一个更加关键的问题，即采用什么样的政策能够实现已被发现的最优可持续发展路径（陶然等，2004）。

$$0 < \eta\sigma - \rho < \varepsilon\eta\sigma \tag{3-5}$$

（2）将环境污染引入内生增长模型。代表性的模型是：Bovenberg and Smulders（1995，1996）在一个包含了污染推动技术进步的内生增长模型中研究了环境质量和经济增长的关系，检验了可持续增长的实现条件和最优路径。该模型的主要贡献有三方面：一是模型探讨了与一个具有稳定质量自然环境相协调的物质产出实现可持续增长的条件。作者基于新增长理论，假定可再生的自然环境要素是规模报酬不变的，因此长期的增长率由内生偏好、技术和政策决定；二是模型在探讨增长和环境问题中包括了内生的污染推动技术进步。作者考虑了新技术的发展能够使得污染排放更少且资源利用更有效率；三是模型分析了在达到均衡增长的条件下，一个更加积极的环境政策如何影响长期均衡。作者分析了环境政策对经济增长、公共部门的收入份额以及技术进步的长期影响。

在模型中，效用函数 $U(c(t),N(t))$ 包括了消费 c 和环境质量 N（环境资本），代表性个体在无限时域上的消费函数如式（3–6）所示。环境质量作为公共物品影响生产率，而投资于减少环境污染的技术也具有公共物品的特点，作者采用了类似于 Romer（1986）模型中 R&D 部门的方式来定义污染技术研究部门，生产函数用式（3–7）表示。

$$\int_0^{\infty} e^{-\theta t}U(c(t),N(t))dt \tag{3–6}$$

$$\begin{aligned} &Y = A(N)F(K_Y,Z_Y) = C+\dot{k} \\ &H = A(N)G(K_H,Z_H) = \dot{h} \\ &K_Y + K_H \le K \\ &Z_Y + Z_H \le Z = hP \end{aligned} \tag{3–7}$$

其中，N 是环境资本的存量，Y 是最终产品部门的生产函数，H 是研究部门的产出函数，研究部门生产关于减少污染的技术。模型中包含三种类型的资本，分别是环境资本 N、物质资本 K 以及污染推动型的知识资本 h。Z 代表有效的污染水平，它是污染排放水平 P 和污染推动型技术 h 的乘积。环境资本存量用式（3–8）进行定义。

$$\dot{N} = \frac{dN}{dt} = E(N,P), \quad \begin{aligned} &E_P < 0, E_{PP} < 0 \\ &E_{NN} < 0, E_{NP} > 0 \\ &E(\bar{N}(P),P) = 0 \end{aligned} \tag{3–8}$$

研究发现，在给定污染税和对研究部门补贴的情况下，可持续发展不仅可以实现同时也存在最优解。污染推动型技术进步的存在使得消费和人造资本（知识和物资资本）具有正的增长率。在稳态增长路径上，由于污染影子价格随时间增长，环境资本 N 和污染排放 P 均是常量。平衡增长路径如式（3–9）所示。在对环境政策的讨论中，作者指出私人部门无法内化污染排放的负效应，因此政府税收十分重要，同时政府还应当提供具有公共物品性质的污染推动型的知识。在更加积极的环境政策下，如果更低的污染有利于在长期内显著影响环境资本存量，同时自然和物质资本在生产中的份额更大，那么长期增长率将得到提高。

$$\frac{\dot{K}}{K}=\frac{\dot{h}}{h}=\frac{\dot{c}}{c}=\frac{\dot{Y}}{Y}=\frac{\dot{q}_N}{q_N}=g,\qquad N=P=q_h=0 \tag{3-9}$$

以上仅是介绍了考虑资源和环境要素的两个具有代表性的内生增长模型，而事实上，诚如 Dasgupta（1994）所言，一个解释可持续发展问题最好的理论框架就是将可耗竭自然资源的作用和环境污染成本纳入到具有代表性的社会福利效用函数中。基于此思路，除了上述两个模型之外，其他相关代表性研究还有：Grimaud and Rouge（2003）在新熊彼特模型的基础上考察了不可再生资源约束对经济增长的影响；彭水军和包群（2006）通过扩展 Romer（1990）模型分析了在资源约束条件下长期经济增长的动力机制；Gradus and Smulders（1993）、Ligthhard and van der Ploeg（1994）、Stokey（1998）扩展了 Barro（1990）的 AK 模型，研究了环境污染与经济持续增长问题；Hung et al.（1994）将环境因素引入罗默的产品水平创新模型；彭水军和包群（2006）在生产和效用函数中同时纳入了内生环境要素，通过吸收 Cass（1965）、Lucas（1988）、Grossman and Helpman（1991）、Aghion and Howitt（1998）等思想，构建了三个带有环境污染约束的内生经济增长模型；黄茂兴和林寿富（2013）构建了一个考虑环境污染损害、环境管理等要素在内的五部门内生增长模型。

我们知道，工业绿色增长是实现经济绿色增长的重要内容，其本质是工业增长模式的转变，其目标是在资源有效利用和环境污染持续减少的同时实现工业增长和创造社会福利。由于工业是技术创新、资本积累、资源消耗和环境污染的主要载体，因此，我们可以将丰富的内生增长理论用于工业经济的分析中，并将内生增长框架对可持续发展问题的讨论引至工业领域。基于此思路，并考虑新常态下中国工业增长的新旧动能转换，本书认为，熊彼特模型对于创新的重视更加适合分析中国工业绿色增长问题，特别是熊彼特提出的通过“创造性破坏”实现经济增长的思路对于中国工业未来发展具有重要的理论借鉴价值。而将熊彼特理论在内生增长框架下进行深入拓展的是 Aghion and Howitt（1992），他们在《一个创造性破坏产生的增长模式》一文中，考察了以产品质量提高为主要内容的产业创新过程，研究表明厂商的垂直产品创新是经济增长的源泉。此后，Aghion and Howitt（1998）基于熊彼特产品垂直创新框架，将环境污染和不可再生资源引入内生增长模型中，研究了内生增长与可持续发展的关系（贺俊，2007）。本节的研究正是在此框架和思路下展开，即将一个考虑环境污染和不可再生资源的新熊彼特内生增长模型引入到工业增长的分析中，构建工业绿色增长模型，并在该模型的基础上分析工业经济实现持续增长的可能性及其条件。

二、基础模型及生产技术

根据 Aghion and Howitt（1998）建立的基于熊彼特产品垂直创新框架下的简化模型，得到如式（3–10）的生产函数。

$$Y = L^{1-\alpha}\int_0^1 B(i)x(i)^{\alpha}di \tag{3–10}$$

借由式（3–10），我们对模型的基本假设和各参数进行说明。本模型假定工业经济是一个完全竞争系统，工业最终产品是由劳动与最新技术的一系列连续统一为 1 的中间产品生产，技术创新是推动中间产品更新换代的决定因素。每一种中间产品都可以独立用于生产最终产品，在中间产品之间不存在互补性。L 为劳动供给数量，$x(i)$ 表示第 i 种中间产品的数量，$x(i)=K(i)/B(i)$，表明中间产品由资本 $K(i)$ 和中间产品 i 的生产力所决定，故 $B(i)$ 在此表示用质量参数衡量的中间品的生产力（即第 i 种中间产品部门的生产率，或技术参数）。进一步地，我们可以得到对每个 $x(i)$ 的最优条件，如式（3–11）所示。

$$\alpha B(i)L^{1-\alpha}x(i)^{\alpha-1} = \psi B(i) \tag{3–11}$$

在式（3–11）中，ψ 为拉格朗日乘数，可得 $x(i)=(\psi/\alpha)^{1/(\alpha-1)}L=x$，且 $x\int_0^1 B(i)di = K$，因此，$x(i)=x=K/B$，表明每种中间品生产数量相同是最优的，B 代表平均质量。由于 $\int_0^1 B(i)x(i)^{\alpha}di = x^{\alpha}\int_0^1 B(i)di = x^{\alpha}B = (K/B)^{\alpha}B$，故具有柯布－道格拉斯形式的生产函数可以写为式（3–12）。

$$Y = F(K, BL) = K^{\alpha}(BL)^{1-\alpha} = K^{\alpha}B^{1-\alpha}(1-n)^{1-\alpha} \tag{3–12}$$

在式（3–12）中，n 表示用于研发部门的劳动力数量，当 n 个独立从事研发的个人都以不变的泊松抵达速度 η 进行技术创新时，就整个工业经济系统而言，泊松抵达率也就是预期创新数目的抵达率为 ηn。在此，η 表示正的研究技术参数，即对单个研究个体而言创新发生的泊松抵达率。进一步地，用 B^{max} 表示已有的 $B(i)$ 中最大的数值，也称为前沿技术参数，意味着每一个创新都允许创新者在最开始时使用最先进的技术进行生产，这个创新将产生新一代的中间品，而以前的生产者现在不再处于技术前沿，将被取代。由于创新促进了知识的长期积累，因而技术前沿参数 B^{max} 是逐渐增长的，如果 ηn 表示创新流的数量，那么可用 v 表示创新流推进经济的技术前沿速率，则有：$dB^{max}/dt = v\eta nB^{max}$。假设每一个创新在工业各部门中发生的概率是一样的，与已有中间品的质量无关，那么从长期来看，前沿技术参数与平均技术参数呈现比例关系：$B^{max} = (1+v)B$，则可以得出式（3–13），其中 B 上的点表示该变量关于时间的导数，即 $dB(t)/dt$。

$$\dot{B} = v\eta nB \tag{3–13}$$

三、环境质量与不可再生资源

完成了对基于熊彼特方法的内生增长模型生产函数的定义，我们需要将环境质量和不可再生资源纳入到上述框架中。首先，我们考虑环境因素，在工业绿色增长的范畴中，环境质量 E 应当作为一种资本品，而这种资本品的变化将会受到两方面的影响：其一是工业污染排放，污染排放将会使环境消耗殆尽，由于污染排放表现为流量特征，因此，污染流 P 为工业产出与污染强度 z 的函数，即 $P(Y,z) = Yz^{\gamma}$，其中污染程度指数 $\gamma > 0$，可以将其理解为环境标准的严厉程度，γ 越大说明在生产技术一定的条件下实际污染排放越小。$z \in [0,1]$ 表示污染强度（也可称为技术清洁指数），z^{γ} 描述了已有技术的污染效应。显然，工业生产中使用清洁技术的不断提高可以降低产出中的污染比例。其二是环境的自净能力，也就是说环境系统在可承受范围之内能够实现自我修复，θ 表示环境系统对工业污染物的自净能力（或者称为环境可能的最大再生速度），且 $\theta > 0$，模型假定环境系统自净的部分可以从环境污染中扣除。

按照 Aghion and Howitt（1998）的假设，我们规定一个环境质量的上限，这个上限是所有工业生产活动均无限期停止时环境质量能够达到的最高值。由于现实中工业生产不可能无限期停止，因而实际环境质量与环境质量上限的差值 E 恒为负。我们可以通过式（3–14）来表示环境质量随时间变化的运动方程。这个方程正是前述的环境质量变化由工业污染物排放和环境系统自净能力两部分构成。

$$\dot{E} = -P(Y,z) - \theta E = -Yz^{\gamma} - \theta E \tag{3–14}$$

不仅如此，环境质量还存在一个下限 $E^{\min}$，这个下限可认为是生态阈值，低于这个阈值限度，环境系统将遭遇不可逆的恶化和灾难性损失，根据 E 的非正特点，假设 E 要遵循如式（3–15）的约束条件。该条件说明，为了不产生环境灾难，污染速度不能够高于 $-\theta E^{\min}$。

$$E^{\min} \le E(t) \le 0\text{，对于所有 } t \tag{3–15}$$

我们知道，在自然资源层面，工业产出的增长依赖的多是化石能源、矿产资源等可耗竭资源，因此按照工业绿色增长的定义，在本模型中，我们暂不考虑可再生资源，而仅考虑不可再生资源在工业增长中的作用。在资源部门中，沿袭 Stiglitz（1974）的方法，假定可耗竭自然资源的初始存量为 S，$S(0) > 0$，同时由于存量变化需要靠流量特征来体现，即资源开采变化率与资源开采流量之间呈负相关，我们设定资源开采的流量为 R，得到 $\dot{S} = -R$。

在上述分析的基础上，我们可以将污染强度 z 及资源流量 R 作为内生要素纳入到生产函数式（3–12）中，以反映环境及资源要素对工业增长的影响，因此，工业最终产品的生产函数可以表示为式（3–16），我们可以用更加具体的形式表示，如式（3–17），其中，α、β 和 δ 均为正，且 $\alpha + \beta + \delta = 1$，这说明在给定规模报酬不变的假设下，资本、劳动力和资源三种投入的规模报酬保持不变。

$$Y = F(K, B, R, z) \tag{3–16}$$

$$Y = K^{\alpha} B^{1-\alpha} (1-n)^{\beta} R^{\delta} z \tag{3–17}$$

四、物质资本与社会福利

通过上述分析，我们已经建立了考虑资源与环境要素的总生产函数，为了简化模型，我们假设在一个时点上，工业总产出 Y 与总消费 C 的差值等于工业物质资本存量的变化，可用式（3–18）表示物质资本（有形资本）的变化方程。

$$\dot{K} = Y - C \tag{3–18}$$

最后我们来看社会福利方程，基于熊彼特产品垂直创新框架，不考虑资源与环境的社会效用函数可以用式（3–19）表示，也就是说，社会福利主要取决于对工业产品的物质消费。然而，当我们将环境质量视为一种生态资本时，消费者的福利就不单单取决于当前的物质消费水平，还与生态环境质量密切相关，因此，我们需要在式（3–19）的基础上考虑环境质量问题，这也符合工业绿色增长理念中经济效益、环境效益与社会效益的统一。

$$U(C) = \frac{C^{1-\sigma}}{1-\sigma} \tag{3–19}$$

假定代表性消费者在无限时域上的效用取决于物质消费 C 和环境质量 E，那么，在式（3–19）的基础之上，可以构建一个具有标准固定弹性及加性可分的效用函数，如式（3–20）所示。其中，我们用 $U(C,E)$ 来定义消费者每时刻福利的瞬时效用函数，用 σ 表示边际效用弹性，它是跨期替代弹性的倒数，用 ω 代表社会对环境质量的偏好程度，即环境意识参数。

$$U(C,E) = \frac{C^{1-\sigma}-1}{1-\sigma} + \frac{-\left[(-E)^{1+\omega}-1\right]}{1+\omega} \quad \sigma > 1,\ \omega > 0 \tag{3–20}$$

五、工业绿色增长的优化路径

在上述分析中，本书已经结合工业部门的特点，构建了绿色内生增长模型的整体框架，从此框架出发，可以探究工业绿色增长的优化路径。在模型中，我们可以通过最大化理性社会计划者的效用函数来求解工业绿色增长的优化路径。为此，根据式（3–20）及对应的约束条件，建立式（3–21）的工业绿色增长模型。其中，$e^{-\rho t}$ 为折现因子，ρ 为正的时间偏好率或折现率。消费（C）、研究（n）、污染强度（z）和资源开采（R）为模型的控制变量；有形资本（K）、智力资本（B）、环境质量（E）和自然资源初始条件（S）为模型的状态变量。

$$\begin{cases} \max\int_0^{\infty} e^{-\rho t}U(C,E)dt \qquad U(C,E)=\dfrac{C^{1-\sigma}-1}{1-\sigma}+\dfrac{-\left[(-E)^{1+\omega}-1\right]}{1+\omega} \\ s.t. \quad \dot{K}=Y-C \qquad Y=K^{\alpha}B^{1-\alpha}(1-n)^{\beta}R^{\delta}z \\ \dot{B}=v\eta nB \\ \dot{E}=-Yz^{\gamma}-\theta E \\ \dot{S}=-R \\ \alpha+\beta+\delta=1 \end{cases} \tag{3-21}$$

根据式（3–21），利用庞特里亚金（Pontryagin）极大值法，构建最优增长路径的现值汉密尔顿（Hamilton）函数为式（3–22）和式（3–23）。

$$H=U(C,E)+\lambda_1\dot{K}+\lambda_2\dot{B}+\lambda_3\dot{E}+\lambda_4\dot{S} \tag{3-22}$$

$$H=U(C,E)+\lambda_1(Y-C)+\lambda_2(v\eta nB)+\lambda_3(-Yz^{\gamma}-\theta E)+\lambda_4(-R) \tag{3-23}$$

在工业绿色增长的最优路径下，控制变量 C、n、z、R 在任何时刻的取值都要最大化当前的 Hamilton 函数。在式（3–23）中，λ_1、λ_2、λ_3、λ_4 分别为物资资本、智力资本、环境质量和不可再生自然资源的影子价格。我们对 Hamilton 函数分别求控制变量的一阶导数，并令其等于 0，得到式（3–24），进一步将式（3–24）进行归类整理，得到式（3–25）。

$$\begin{cases} \dfrac{\partial H}{\partial C}=0 \Rightarrow C^{-\sigma}-\lambda_1=0 \\ \dfrac{\partial H}{\partial n}=0 \Rightarrow \dfrac{Y\beta}{1-n}\lambda_1-v\eta B\lambda_2-\dfrac{z^{\gamma}Y\beta}{1-n}\lambda_3=0 \\ \dfrac{\partial H}{\partial z}=0 \Rightarrow \dfrac{Y}{z}\lambda_1-\dfrac{(1+\gamma)z^{\gamma}Y}{z}\lambda_3=0 \\ \dfrac{\partial H}{\partial R}=0 \Rightarrow \dfrac{\delta Y}{R}\lambda_1-\dfrac{z^{\gamma}\delta Y}{R}\lambda_3-\lambda_4=0 \end{cases} \tag{3-24}$$

$$\begin{cases} \lambda_1=C^{-\sigma} \\ \lambda_2=\dfrac{Y\beta\gamma}{(1-n)(1+\gamma)v\eta B}\lambda_1 \\ \lambda_3=\dfrac{1}{(1+\gamma)z^{\gamma}}\lambda_1 \\ \lambda_4=\dfrac{\delta\gamma Y}{R(1+\gamma)}\lambda_1 \end{cases} \tag{3-25}$$

进一步地，状态变量 K、B、E 和 S 的欧拉（Euler）方程为式（3–26），进一步将式（3–26）进行归类整理，得到式（3–27），横截性条件为式（3–28）。

$$\begin{cases} \dot{\lambda}_1=\rho\lambda_1-\dfrac{\partial H}{\partial K}=\rho\lambda_1-\dfrac{\alpha Y}{K}\lambda_1+\dfrac{z^{\gamma}\alpha Y}{K}\lambda_3 \\ \dot{\lambda}_2=\rho\lambda_2-\dfrac{\partial H}{\partial B}=\rho\lambda_2-\dfrac{(1-\alpha)Y}{B}\lambda_1-v\eta n\lambda_2+\dfrac{z^{\gamma}(1-\alpha)Y}{B}\lambda_3 \\ \dot{\lambda}_3=\rho\lambda_3-\dfrac{\partial H}{\partial E}=\rho\lambda_3+(-E)^{\omega}+\theta\lambda_3 \\ \dot{\lambda}_4=\rho\lambda_4-\dfrac{\partial H}{\partial S}=\rho\lambda_4 \end{cases} \tag{3–26}$$

$$\begin{cases} \dot{\lambda}_1=\left[\rho-\dfrac{\alpha Y\gamma}{K(1+\gamma)}\right]\lambda_1 \\ \dot{\lambda}_2=\left[\rho-v\eta n-\dfrac{v\eta(1-\alpha)(1-n)}{\beta}\right]\lambda_2 \\ \dot{\lambda}_3=\left[\rho+\theta-\dfrac{(-E)^{\omega}}{\lambda_3}\right]\lambda_3 \\ \dot{\lambda}_4=\rho\lambda_4 \end{cases} \tag{3–27}$$

$$\begin{cases} \lim\limits_{t\to\infty}\lambda_1Ke^{-\rho t}=0 \qquad \lim\limits_{t\to\infty}\lambda_2Be^{-\rho t}=0 \\ \lim\limits_{t\to\infty}\lambda_3Ee^{-\rho t}=0 \qquad \lim\limits_{t\to\infty}\lambda_4Se^{-\rho t}=0 \end{cases} \tag{3–28}$$

接下来，我们可以通过递归方法来定义工业绿色增长的路径。设定前文中各变量的增长率为 $g_X=\dot{X}/X$，该增长率是变量比例性的变化率，利用式（3–25）中的一阶条件、式（3–27）中的第一个欧拉方程可以得到式（3–29）。

$$\begin{aligned} g_C=\frac{\dot{C}}{C}&=(-\frac{1}{\sigma})*\frac{\dot{\lambda}_1}{\lambda_1}=\frac{1}{\sigma}\left[\frac{\alpha Y\gamma}{K(1+\gamma)}-\rho\right] \\ &=\frac{1}{\sigma}\left[\frac{\alpha\gamma}{K(1+\gamma)}K^{\alpha}B^{1-\alpha}(1-n)^{\beta}R^{\delta}z-\rho\right] \end{aligned} \tag{3–29}$$

根据新经济增长理论，长期经济增长过程具有稳态特征，因而在均衡增长路径上，经济增长率为常量，根据式（3–29）及工业产出、资本与消费的关系式 $\dot{K}=Y-C$ 可知，变量 K、Y、C 的增长率相同且皆为常量，即 $g_Y=g_K=g_C=constant$。同时在该路径上，模型中的其他变量的增长率也均为常量。式（3–29）表明了在稳态条件下的消费增长率可能为正，在一定条件下，$[\alpha\gamma / K(1+\gamma)]K^{\alpha}B^{1-\alpha}(1-n)^{\beta}R^{\delta}z$ 可以保持永远不变，我们将在后文中进一步解释。

将式（3–25）中的各个方程两边取对数后求导，得到式（3–30），同时，由式（3–27）中的各个方程可以推出式（3–31）。

$$\begin{cases} g_{\lambda_1} = -\sigma g_C \\ g_{\lambda_2} = g_{\lambda_1} + g_Y - g_B - g_n \\ g_{\lambda_3} = g_{\lambda_1} - \gamma g_z \\ g_{\lambda_4} = g_Y + g_{\lambda_1} - g_R \end{cases} \tag{3–30}$$

$$\begin{cases} g_{\lambda_1} = \rho - \dfrac{\alpha Y \gamma}{K(1+\gamma)} \\ g_{\lambda_2} = \rho - v\eta n - \dfrac{v\eta(1-\alpha)(1-n)}{\beta} \\ g_{\lambda_3} = \omega g_E \\ g_{\lambda_4} = \rho \end{cases} \tag{3–31}$$

由前文的工业生产函数 $Y = K^{\alpha}B^{1-\alpha}(1-n)^{\beta}R^{\delta}z$，可得式（3–32）。再根据最优化的约束条件 $\dot{B} = v\eta nB$，可以得到：$g_B = v\eta n$，由于 g_B 为常数，故 $g_n = 0$；由约束条件 $\dot{E} = -Yz^{\gamma} - \theta E$，可得：$g_E = g_C + \gamma g_Z$；由约束条件 $\dot{S} = -R$，可得：$g_S = g_R$。

$$g_C = \alpha g_C + (1-\alpha)g_B + \beta g_n + \delta g_R + g_z \tag{3–32}$$

结合以上推导及分析，可得式（3–33）至式（3–36）。

$$\begin{cases} g_{\lambda_1} = -\sigma g_C \\ g_{\lambda_3} = g_{\lambda_1} - \gamma g_z \quad \Rightarrow \omega g_E = -\sigma g_C - \gamma g_z \\ g_{\lambda_3} = \omega g_E \end{cases} \tag{3–33}$$

$$\begin{cases} g_{\lambda_1} = -\sigma g_C \\ g_{\lambda_4} = g_Y + g_{\lambda_1} - g_R \quad \Rightarrow g_R = (1-\sigma)g_C - \rho \\ g_{\lambda_4} = \rho \end{cases} \tag{3–34}$$

$$\begin{cases} g_C = \alpha g_C + (1-\alpha) g_B + \beta g_n + \delta g_R + g_z \\ g_n = 0 \\ g_B = v\eta n \\ g_R = (1-\sigma) g_C - \rho \\ g_z = -\dfrac{(\omega+\sigma)}{\gamma(1+\omega)} g_C \end{cases} \tag{3–35}$$

$$\Rightarrow (1-\alpha) g_C = (1-\alpha) v\eta n + \delta\left[(1-\sigma) g_C - \rho\right] - \frac{(\omega+\sigma)}{\gamma(1+\omega)} g_C$$

$$\begin{cases} g_{\lambda_1} = -\sigma g_C \\ g_{\lambda_2} = g_{\lambda_1} + g_Y - g_B - g_n \\ g_{\lambda_2} = \rho - v\eta n - \dfrac{v\eta(1-\alpha)(1-n)}{\beta} \end{cases} \tag{3–36}$$

$$\Rightarrow g_C = \frac{1}{1\text{-}\sigma}\left[\rho - \frac{v\eta(1-\alpha)(1-n)}{\beta}\right]$$

通过前文论证及式（3–33）至式（3–36）的推导结果，最终，我们得到了各变量的均衡增长率，如式（3–37）所示。

$$\begin{cases} g_n = 0 \\ g_C = g_Y = g_K = (v\eta - \rho)\left[\sigma + \dfrac{(\sigma+\omega)/(1+\omega)}{\gamma(1-\alpha)}\right]^{-1} \\ g_E = g_C + \gamma g_Z = \dfrac{1-\sigma}{1+\omega} g_C \\ g_z = -\dfrac{(\omega+\sigma)}{\gamma(1+\omega)} g_C \\ g_B = \left[1 + \dfrac{(\sigma+\omega)/(1+\omega)}{\gamma(1-\alpha)}\right] g_C \\ g_S = g_R = (1-\sigma) g_C - \rho \\ g_{\lambda_1} = -\sigma g_C \\ g_{\lambda_2} = (1-\sigma) g_C - g_B \\ g_{\lambda_3} = \omega\left(\dfrac{(1-\sigma)}{1+\omega}\right) g_C \\ g_{\lambda_4} = \rho \end{cases} \tag{3–37}$$

六、工业绿色增长的必要条件及比较静态分析

回忆式（3–29），前文中我们提到，从长期来看，在稳态条件下，由于方程允许有形资本 K 和产出 Y 以相同的速度增长，只要智力资本 B 的积累速度快过有形资本 K 且足以抵消 z 的下降以及对资源利用的不可逆转下降，那么消费的增长将是可持续的，即 C 的增长率为正，因此在资源与环境约束下，工业经济的长期增长有可能实现。然而，上述假设并非能保证工业绿色增长，这仅是一种可能，更具体地，如果式（3–38）中的临界条件能够成立，那么对于任何初始水平的环境质量 E_0 和自然资源 S_0，存在假设的有形资本 K_0 和智力资本 B_0 初始值，使得从该初始状态到均衡状态的最优增长路径可以达到，且在该路径下，工业增长将不受限制。

$$\begin{cases}(v\eta-\rho)>0\\(\sigma-1)>0\\(1-\sigma)(v\eta-\rho)\left[\sigma+\dfrac{(\sigma+\omega)/(1+\omega)}{\gamma(1-\alpha)}\right]^{-1}-\rho<0\\(\sigma-1)(v\eta-\rho)<\theta\left[\sigma(1+\omega)+\dfrac{\sigma+\omega}{(1-\alpha)\gamma}\right]\end{cases}\tag{3–38}$$

通过对式（3–37）及式（3–38）的综合分析，我们可以将工业绿色增长最优路径界定为：$g_Y=g_K=g_C>0$，$g_E<0$，$g_S<0$，在该路径下，工业增长率为正，且污染排放及资源消耗的增长率为负。为了达到这一最优均衡状态，应该满足以下四点条件：第一，$(v\eta-\rho)>0$，当这一条件达到时，产出、消费和资本的增长是可持续的，该条件说明，只要研究技术 $v\eta$（创新、智力资本）的生产率大于时间贴现率 ρ，即充分发挥创新对绿色增长的促进效应，那么沿着最优增长路径，就能实现工业的长期增长。第二，$(\sigma-1)>0$ 即 $1/\sigma<1$，这是环境质量不断改善的必要条件，该条件保证了 $g_E<0$，即理性的消费者不会将环境质量破坏到环境灾难的阈值之下。第三，$(1-\sigma)(v\eta-\rho)<0$，该条件可以由前两个条件得出，其保证了 $g_S<0$，意味着不可再生资源消耗速度为负，有利于资源的节约与保护。第四，当环境系统对工业污染物的自净能力或再生速度 θ 足够大，且能满足式（3–28）中最后一个方程时，就可以避免污染相对环境再生能力的过快

增长。当然，在现实中，环境系统的自净能力与其自身的损耗程度有关，如果工业增长是以对环境的损害为代价的，我们将无法确保一个可以一直维系可再生能力的环境系统。彭水军和包群（2006）、贺俊（2007）、邹庆等（2014）在研究中也得到了类似结论。

综上所述，整体而言，基于熊彼特产品垂直创新框架的包含环境质量和不可再生资源的绿色内生增长模型表明，尽管存在资源和环境约束，但在稳态均衡条件下，存在工业增长的最优路径，在该路径下的工业经济具有无限持续增长的可能，这意味着，工业经济持续增长与环境污染减少及资源消耗下降是可以同时实现的。接下来，我们对模型推导出的关键参数进行比较静态分析，即进一步考察研究技术参数、消费偏好参数和污染程度指数对最优均衡增长路径的影响，以探究工业在绿色内生增长条件下的动力机制。通过求解偏导 $\partial g_Y/\partial\mu$、$\partial g_E/\partial\mu$ 和 $\partial g_R/\partial\mu$，得到表3.1的结果。

表 3.1　最优均衡增长路径的比较静态分析

	$\mu=v$	$\mu=\eta$	$\mu=\rho$	$\mu=\sigma$	$\mu=\omega$	$\mu=\gamma$
$\partial g_Y/\partial\mu$	$\partial g_Y/\partial\mu>0$	$\partial g_Y/\partial\mu>0$	$\partial g_Y/\partial\mu<0$	$\partial g_Y/\partial\mu<0$	$\partial g_Y/\partial\mu>0$	$\partial g_Y/\partial\mu>0$
$\partial g_E/\partial\mu$	$\partial g_E/\partial\mu<0$	$\partial g_E/\partial\mu<0$	$\partial g_E/\partial\mu>0$	$\partial g_E/\partial\mu>0$	$\partial g_E/\partial\mu<0$	$\partial g_E/\partial\mu<0$
$\partial g_S/\partial\mu$	$\partial g_S/\partial\mu<0$	$\partial g_S/\partial\mu<0$	$\partial g_S/\partial\mu>0$	$\partial g_S/\partial\mu>0$	$\partial g_S/\partial\mu<0$	$\partial g_S/\partial\mu<0$

首先，在其他参数不变的条件下，如果要进一步促进稳态条件下增长率的提升，技术前沿速率 v 和研究技术参数 η 越大，则可获得的增长率将越高，越有利于知识积累和技术水平提升，也有利于进一步降低污染排放和资源消耗的速度，进而能更好地促进绿色增长。这是熊彼特模型区别于传统的内生增长模型的显著特点，诚如 Aghion and Howitt（1998）指出的那样，在运用内生经济增长理论对可持续发展问题进行分析时，熊彼特方法更有优势，因为熊彼特方法区分了智力资本和物质资本，从而承认了生产知识的技术比生产物质的技术更加清洁，突出了创新在可持续增长中的作用。在本书的模型中，由于智力资本是由清洁技术生产的，资本的社会边际产出下降趋势可以由智力资本的积累所抵消，因而能保证工业的长期增长。该结论的启示意义在于政府可以通过增加教育投入、建立人才储备、

提高研发投入、保护科技成果、提升知识转化力度，或通过补贴、税收优惠等方式激励企业增强创新能力，从而为工业绿色增长提供新动能。

其次，在其他参数不变的条件下，消费偏好参数即时间偏好率 ρ 越小、跨期替代弹性 $1/\sigma$ 越大（σ 越小）、环境意识参数 ω 越大，则稳态增长率越高。ρ 越小说明消费者的绿色发展意识越强，会更加愿意选择未来消费，因此将提升长期工业增长率，并降低对环境和资源的负面影响；ω 越大反映了社会对环境质量的偏好程度越大，有利于促进环境质量改善和产出增长，特别是随着环境资源稀缺性的不断上升，社会对优质环境的重视程度显著增强，这种非正式制度的影响力也是工业绿色增长的重要动力；σ 越小即 $1/\sigma$ 越大说明跨期替代弹性越大，体现了消费者具有较好的代际观念，与绿色增长理念中的社会发展观相一致，因此，能够促进稳态增长率的提升，且能减少环境质量下降、减少当前对不可再生资源的消耗速度，反之，则说明消费者缺乏耐心和代际公平观，从而降低长期增长率。这一结论的启示意义在于政府应当营造全民环保的观念，并增强公众对工业企业践行绿色增长的监督，提升公众的参与感和责任感，这将有利于新时期中国工业冲击更水平、高质量的增长。

第三，在其他参数不变的条件下，污染程度指数 γ 越大，稳态增长率越高，污染排放的增长速度和资源消耗速度越低。污染程度指数是反映环境标准的严厉程度，在实践中可以体现为环境规制等一系列环境监管手段，充分体现了正式制度对环境质量的重要影响。这一结论的启示意义在于，环境管制与工业增长的双赢是可期的，“波特假说”是可以得到理论验证的。因此，政府应当充分运用环境规制手段对工业节能减排进行管理，要灵活采用行政型、市场型以及公众参与型规制工具，避免盲目采用统一静态的规制标准，而应当根据不同行业发展的特点和实际，推出具有灵活和动态特点的组合型环境规制。例如，对高排放高污染行业来说，应考虑加强节能减排规制力度，并着重化解过剩产能、增强结构调整；对污染排放适中的行业来说，应考虑以调整环境规制手段和形式为重点，进一步激发行业活力；对污染排放较轻的行业来说，要适当提升环境规制的标准和强度，目标是让其成为技术创新、先进制造、绿色生产的创新者和领跑者。

第三节　本章小结

本章首先对工业绿色增长的内涵和本质进行分析，在此基础上将内生增长框架对可持续发展问题的讨论引至工业领域，构建了一个基于熊彼特产品垂直创新框架的绿色内生增长模型，并将其运用于分析工业绿色增长的内在机理。模型考察了在环境污染和不可再生资源成为内生要素条件下，创新驱动的工业增长是否具有可持续性以及实现稳态优化的必要条件，得出的主要结论如下：

第一，从内涵来看，工业绿色增长是指在不以牺牲自然体系和人类健康为代价的前提下，以技术创新和制度创新为核心，在实现工业经济增长的同时显著改善资源效率、持续提升环境绩效、不断增进社会福利的可持续发展模式。与工业绿色增长的内涵相对应，工业绿色增长本质上是一种“绿色”与“增长”相互融和及协同提升的全新发展方式，是人类对传统工业增长模式的否定之否定，是工业在创新驱动下迈向“资源集约高效利用、污染物排放减少、环境影响降低、全要素生产率提升、可持续发展能力增强”的必然选择。

第二，基于新熊彼特方法的绿色内生增长模型明确区分了智力资本和物质资本，突出了创新在可持续增长中的作用。在模型中，由于智力资本是由清洁技术生产的，物质资本社会边际产出下降趋势可以由智力资本的积累所抵消，因而能保证工业的长期增长。模型表明，尽管存在资源和环境约束，但在稳态均衡条件下，存在工业绿色增长的最优路径，在该路径下，工业增长率为正，且污染排放及资源消耗的增长率为负。为了达到这一最优均衡状态，应满足四个条件即：智力资本的生产率大于时间贴现率、消费的跨期替代弹性小于1、不可再生资源消耗速度为负、环境系统相对于工业污染物的自净能力足够大。

第三，比较静态分析为进一步探明工业绿色增长的动力机制提供了思路，研究表明：如果要进一步促进稳态条件下增长率的提升，技术前沿速率和研究技术参数越大，则可获得的增长率将越高，越有利于知识积累和技术水平提升，也有利于进一步降低污染排放和资源消耗的速度，进而能更好地促进绿色增长；时间偏好率越小（即消费者的绿色发展意识越强）、跨期替代弹性越大（即消费者的代际观念越强）、环境意识参数越大（即社会对环境质量的偏好程度越大），则稳态增长率越高；污染程度指数越大（即环境标准越严厉），污染排放的增长速度和资源消耗速度越低，稳态增长率越高。

第四章　中国工业绿色增长的测度与评价

第三章的理论分析表明，资源与环境是工业增长的内生变量，要想实现工业绿色增长，本质上要求转变传统工业发展模式，不断提高以全要素生产率为代表的工业增长中的质量贡献。因此，为了对中国工业绿色增长状况进行科学测度与评价，本章把资源投入和环境非期望产出纳入到全要素生产率的测度框架中，通过方向性距离函数（DDF）和 Global Malmquist-Luenberger 生产率指数科学测度 2000—2014 年中国工业 36 个分行业的绿色全要素生产率，并将其作为衡量中国工业绿色增长水平的标准。在此基础上对工业绿色全要素生产率进行收敛检验，以探究不同行业的绿色全要素生产率是否存在“俱乐部现象”和追赶现象。

第一节　全要素生产率及主流测度方法的演进

在前文对理论模型溯源的介绍中，我们提到了现代意义上的经济增长理论是由索罗开创的，而生产率理论正是伴随着经济增长理论而不断发展。索罗在柯布－道格拉斯生产函数的基础上引入技术中性、规模报酬不变、生产要素边际收益递减等假设，克服了哈罗德－多马模型中的“刀锋”现象，将除了劳动和资本以外对经济增长的贡献“余值”称为“广义技术进步”，即全要素生产率（TFP），它可以用来解释传统投入要素之外促进经济增长的技术创新、制度与管理创新、规模经济等因素（Solow，1957）。自从索罗的开创性工作以来，由于全要素生产率代表了经济增长中的质量贡献，因而成为判断经济发展方式转变的主要依据，在学术领域，学者们围绕如何度量这一“余值”展开了大量研究，这些研究认为，基于投入要素持续扩张的粗放型增长方式不可持续，只有全要素生产率不断提升的集约型增长模式才是长期可持续的（Kim and Lau，1994；Young，1995；Perkins and Rawski，2008；吴延瑞，2008）。作为国民经济的主体部门，工业全要素生产率在一定程度上决定了整个国民经济增长的速度和质量，因此不少学者将研究视角从一国全要素生产率转到了对工业部门全要素生产率的研究中，并基于不同角度对工业行业或工业企业的全要素生产率进行测度（涂正革和肖耿，2005；陈勇和唐朱昌，2006；谢千里等，2008；Jefferson et al.，2008）。

然而，遗憾的是，长期以来多数文献都是基于传统的资本和劳动要素对全要素生产率进行测度并对其增长特征进行分析，很少从可持续发展理念出发考虑资源和环境要素，而据此框架测度的全要素生产率往往不能反映自然资源的价值和环境负外部性，这使生产率度量的准确性和用于分析可持续发展的科学性受到挑战。事实上，资源和环境要素对产出的影响巨大，中国经济的快速发展很大程度上是以高强度的资源投入和高强度的环境污染为代价的，这在工业部门表现得尤为突出（陈诗一，2009）。图 4.1 显示，自 21 世纪以来，特别是 2002 年之后，随着工业重型化战略的再度推进，我国工业产出、能源消耗及主要污染物排放均呈现快速增长走势，直至 2010 年之后才开始呈现缓慢增长或一定程度的下降。这意味着资源和环境是经济增长的内生变量和刚性约束，如果仅以传统全要素生产率对现实经济进行指导，容易导致政策的偏差和失误。随着可持续发展理念逐步深化及绿色增长战略在全球推进，越来越多的学者将自然资源和环境要素纳

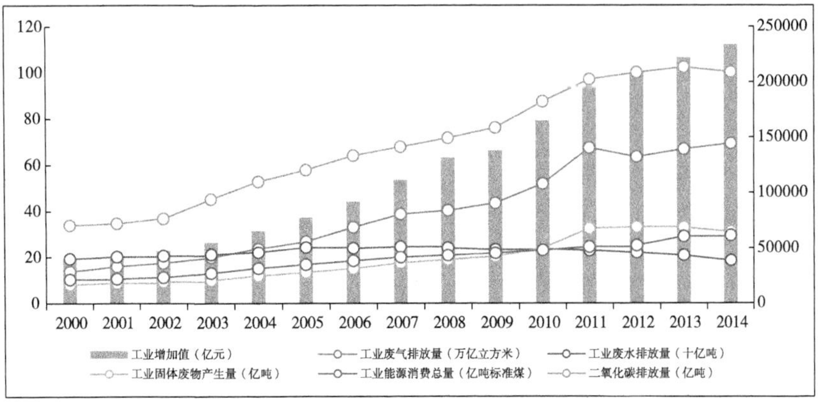

图 4.1　中国工业增长与主要污染物排放

注：根据历年《中国环境统计年鉴》、世界银行数据整理制作。

入全要素生产率的分析框架，从宏观、中观或微观视角出发，对国家、区域、产业或企业的绿色全要素生产率进行测度，并将其作为衡量真实增长质量的依据（Kaneko and Managi，2004；Managi and Kaneko，2006；Watanabe and Tanaka，2007；胡鞍钢等，2008；吴军等，2010；王兵等，2010；李玲和陶锋，2012；Ahmed，2012；Liu et al.，2016）。在工业领域，也涌现出大量关于工业绿色全要素生产率的研究成果（涂正革，2008；李玲，2012；李斌等，2013；Chen and Golley，2014；张江雪等，2015；Li and Lin，2016；陈超凡，2016）。

从测度全要素生产率的主流方法来看，大致可分为代数指数法、增长核算法（索罗余值法）、随机前沿生产函数法（Stochastic Frontier Analysis，SFA）以及数据包括分析法（Data Envelopment Analysis，DEA）四类（Coelli et al.，2005；吴军，2009）。代数指数法较为直观地体现了全要素生产率的内涵，它虽然不设定生产函数的具体形式，但由于隐含资本和劳动力之间可以完全替代、边际生产率恒定等假设，缺乏合理性，故在实证分析中应用较少（Caves et al.，1982）。增长核算法是一种在索罗余值基础上发展而来的全要素生产率测度方法，其关键在于合理确定资本和劳动的产出弹性，但由于存在完全竞争和利润最大化假设，且将全要素生产率完全归结为技术进步贡献，忽视了生产者技术与前沿效率的差距，因而在实证研究中受到一定限制。随机前沿分析（SFA）最早由 Aigner et al.（1977）和 Meeusen and Broeck（1977）分别独立提出，此后 Battese and Coelli（1995）等学者进一步对该方法进行了丰富和完善。该方法允许技术无效率的存在，并将全要素生产率的变化分解为生产可能性边界的移动和技术效率的变动，相比增长核算法等传统方法，它更加贴近经济现实，通过将影响全要素生产率的因素分解出来，从而能更加深入地研究经济增长的根源。但由于 SFA 方法必须确定具体的生产函数形式，一般适合多种投入和单一产出的生产方式，故在对包含非期望产出的分析中显得无力。数据包络分析（DEA）由 Charnes、Cooper 和 Rhodes 三人于 1978 年首次提出，因而后来将 DEA 的第一个模型称为 CCR 模型。CCR 模型基于的是规模报酬不变的假定，在此基础上，Banker et al.（1984）提出了规模报酬可变的 BCC 模型。由于 DEA 模型具有无需假定生产函数具体形式、可对样本进行跨期研究、可对生产率进行分解、适合多投入多产出分析等特点，自诞生后在学术领域得到了广泛运用。无论是 CCR 模型还是 BCC 模型测度的都是静态效率，当被评价的数据为包含多个时间点观测值的面板数据时，就可以采用 Malmquist 指数对生产率的变动、技术效率和技术进步各自对生产率变动所起的作用进行分析（Malmquist，1953）。Fare et al.（1992）最早采用 DEA 方法来计算 Malmquist 指数，他将 M 指数分解为技术效率变化和技术进步变化两部分，并进一步将技术效率变化分解为纯技术效率和规模效率（Kumbhakar et al.，2000）。

相比参数估计方法，DEA 方法具有较强的优势，特别是支持多投入多产出分析，因而有学者开始在传统生产要素基础上考虑资源和环境要素。陈诗一（2009）指出，将资源要素纳入生产函数相对容易实现，多数文献以能源消耗代表资源要素，将其作为具有中间投入性质的新投入要素进行处理。而对于环境要素的处理则复杂许多，早期研究也将其作为一种投入进行处理，后来学者们意识到环境污染应当作为一种产出而非投入，如 Fare et al.（1994）将生产中的污染排放作为产出要素，构建了基于 Shephard 距离函数的径向 DEA 模型。然而，这些研究仍未考虑到环境污染的负外部性，仅将其作为生产过程的副产品，这使得“好产出”和“坏产出”无法得到准确区分。与此同时产生的另一技术问题是 DEA 模型无法有效处理非期望产出，直到 Chambers et al.（1996）和 Chung et al.（1997）提出了方向性距离函数（Directional Distance Function，DDF），污染排放才被作为非期望产出进行处理，从而使得环境因素对生产过程的制约作用有了较为合理的拟合与解释。由于 DDF 模型既鼓励期望产出向生产前沿扩张，又鼓励污染排放向最小化前沿缩减，因而符合生产过程中的可持续发展理念，该方法提出后随即得到广泛运用（Boyd et al.，2002；胡鞍钢等，2008；陈茹等，2010；韩晶等，2014；Wang et al.，2016；Aghayi and Maleki，2016）。与此对应，Chung et al.（1997）将包含非期望产出的 DDF 应用于 Malmquist 模型，发展出基于 DDF 的 Malmquist-Luenberger 生产率指数，进一步突破了资源环境约束下测度生产率的技术瓶颈，采用该方法测度出的全要素生产率也被国内外学者广泛称之为绿色全要素生产率（GTFP），通过测度 ML 指数的变化得到的全要素生产率增长即是 GTFP 的增长。与传统全要素生产率的分解类似，绿色全要素生产率同样可以分解为技术效率变化和技术进步变化两部分。

然而，方向性距离函数（DDF）和 ML 生产率指数也存在一些不足，为了满足研究需要，各类改进和提升方法层出不穷，例如 Tone（2001）提出了基于松弛测度的 SBM 模型（Slack-Based Measure），该方法亦得到众多学者的推广（程丹润和李静，2009；Zhou et al.，2010；涂正革和刘磊珂，2011；李玲等，2013；Zhou et al.，2013）。而成刚（2014）的研究指出，SBM 模型虽然解决了径向模型对无效率测量没有包含松弛变量的问题，但 SBM 模型的目标是使投入和产出的无效率值最大化，而从距离函数的角度出发，被评价者希望的是能以最短的距离到达生产前沿，即希望获得的是效率最大值而非无效率最大值，故 SBM 模型提供的目标值与此违背，这是该模型明显的缺点。此外，其他的一些改进方法包括：非径向 DDF 模型（Non-radial DDF）、共同前沿 ML 指数（Metafrontier ML index）、全局 ML 指数（Global ML index）等（Oh，2010；Munisamy and Arabi，2015；Chung and Heshmati，2015；Wang et al.，2016）。应该说，每种改进方法各有自身优势但也存在某种程度的不足，其中，由 Oh（2010）提出的全局 ML 生产率指数（GML）不仅具备传递性和可累乘性，且能有效避免在测度跨期 DDFs 时可能出现的潜在线性规划无可行解问题，因而近年来在能源与环境约束下的生产率问题研究中得到广泛应用。例如，Fan et al.（2015）运用 GML 指数测算了中国上海 32 个工业分部门的全要素二氧化碳排放绩效。Wang and Feng（2015）运用 GML 指数分析了中国 2003—2011 年环境生产率的变化趋势及主要决定因素。Tao et al.（2017）运用 GML 指数测算了中国三大城市群 2003—2013 年的绿色生产率及其分解指数。

由于本书主要关注中国工业部门的绿色生产率测度，故将近年来采用 DDF 及其改进方法对中国工业部门绿色生产率进行测度的一些代表性文献整理在表 4.1 中。尽管我们对中国工业绿色全要素生产率的测度与现有研究存在一些共性，但仍可能存在如下方面的改进和提升：首先，Wang and Shen（2016）等学者的研究主要分析工业子行业或部门的绿色生产率，而本书的测度基本涵盖了中国工业所有部门，无疑能对工业绿色生产率的整体变动趋势进行更好地分析。其次，诚如前文提到的，基于 DDF 的 GML 指数是对 ML 指数的改进，我们的测度拓展了 Chen and Golley（2014）等学者的研究，使得测度出的工业绿色全要素生产率具备传递性和累乘性，且能避免“技术倒退”出现的可能性及线性规划无可行解问题。第三，相对于 Li and Lin（2015）等学者的研究，我们在测度过程中更好地识别了行业异质性且对工业绿色全要素生产率的收敛性进行了更为详尽的检验。

表 4.1　测算中国工业绿色生产率的代表性文献

文献	方法	样本和时期	GTFP 增长（%）	GTFP 增长的部门差异
李玲和陶锋（2011）	SBM-DDF 及 L 指数	19 个污染密集型部门；2004–2008	2.85	大多数污染密集型部门呈现负增长
李斌等（2013）	SBM 及 ML 指数	36 个工业部门；2001–2010	–1.7	有金矿采（0.8）、烟草制品（0.3）等增长迅速；黑金冶炼（–3.3）、有金冶炼（–3.5）等增长缓慢
Zhang and Choi（2013）	共同前沿非径向 M 指数	93 座化石燃料发电厂；2005–2010	0.38	64 座发电厂呈现增长（最高增长率为 6.2），然而 29 座发电厂呈现下降（最低增长率为 –0.86）
Chen and Golley（2014）	DDF 及 ML 指数	38 个工业部门；1980–2010	1.8	电子设备（8.4）、仪器仪表（5.4）等增长迅速；非金矿物（–0.1）、燃料加工（–2.4）等增长缓慢
Li and Lin（2015）	DDF 及 SS-ML 指数	36 个工业部门；1998–2011	3.18	增长率从 0.74（燃气生产）到 10.53（石油开采）；能源密集型部门有更高的增长率
Li and Lin（2016）	三阶段 DEA 及 ML 指数	28 个制造业部门；2006–2010	2.7	轻工业和高技术行业有更快的增长，增长率分别为 3.67 和 3.07；能源密集型和排放密集型行业增长缓慢，增长率为 1.38
陈超凡（2016）	DDF 及 ML 指数	36 个工业部门；2004–2013	–0.1	装备制造业增长最快，增长率为 1.9
Wang and Shen（2016）	GML 指数	36 个工业部门；2000–2012	–22.8	污染密集型行业和清洁生产行业差异显著：增长率在 –25.9 至 –15 之间
Zhu et al.（2018）	基于松弛的全局 DEA 及 GM 指数	5 个采矿和采石业部门；1991–2014	71.7	黑色金属矿采选业、有色金属矿采选业、非金属矿采选业增长迅速

第二节　中国工业绿色全要素生产率的测度方法

本书采用方向性距离函数（DDF）和GML生产率指数，在测度静态的中国工业绿色技术效率的基础上，通过求解方向性距离函数，进而获得动态的工业分行业的绿色全要素生产率及其分解值。以下将对测度模型及方法进行说明。

一、绿色生产函数

有别于传统的生产函数，工业绿色增长考虑了资源和环境因素，在资本、劳动和自然资源消耗下，工业生产活动将带来两种类型的产出，即期望产出（好产出）和非期望产出（坏产出）。期望产出指的是工业总产出的增长，而非期望产出则是工业污染物的排放。因此，我们参考Fare et al.（2007）的思路，构造了一个既包括好产出也包括坏产出的投入产出技术结构，称之为绿色生产技术，用式（4–1）表示生产可能性集合。其中，投入向量为$x=(x_1,...x_N)\in R_N^+$，期望产出向量为$y=(y_1,...y_M)\in R_M^+$，非期望产出向量为$b=(b_1,...b_W)\in R_W^+$。

$$P(x)=\{(y,b):x\text{能生产出的}(y,b)\},\quad x\in R_+^N,y\in R_+^M,b\in R_+^W \qquad (4\text{–}1)$$

在式（4–1）中，$P(x)$表示投入$x\in R_+^N$所能生产的好产出$y\in R_+^M$和坏产出$b\in R_+^W$的所有可能性集合。同时，根据Chung et al.（1997）提出的在方向性距离函数中对生产可能性集合的定义，绿色技术需要满足以下假设：第一，坏产出具有弱可处置性。这意味着如果要减少坏产出，好产出也必须减少，即减少坏产出是有代价的，在投入既定的条件下，如果$(y,b)\in P(x)$，则$(\theta y,\theta b)\in P(x)$，$0<\theta<1$，该假设保证了生产可能性边界的凸性。第二，投入要素x和好产出y均是强可处置的。即如果$x_1\geq x_2$，则有$P(x_1)\supseteq P(x_2)$；如果$(y_1,b)\in P(x)$且$y_1\geq y_2$，则有$(y_2,b)\in P(x)$。该假设保证了投入和好产出的自由处置性。第三，好产出与坏产出是"零和的"。该假设表明，如果坏产出为0，则好产出也为0，即如果$(y,b)\in P(x)$且$b=0$，则$y=0$。这说明好产出与坏产出是联合生产的，由此保证了生产可能性边

界经过原点。如图 4.2 所示，$P(x)$ 即为生产可能性边界，我们将进一步结合该图说明绿色生产技术的三大假设和方向性距离函数的基本思想。

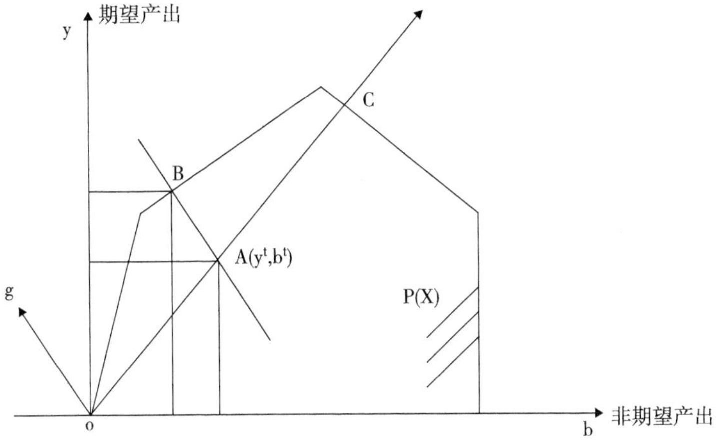

图 4.2　绿色生产技术模型

如图 4.2 所示，(y^t, b^t) 代表技术点 A 所属的生产可能性集 $P(x)$，根据非期望产出的弱可处置公理，如果不考虑环境污染，技术点 A 将同比例投射至 C，此时期望产出和非期望产出同时增加，即期望产出和非期望产出均是强可处置的。但事实上，在绿色生产技术中，技术点 A 将投射至 B，用方向向量 g 表示，这一过程即是对环境污染负外部性成本的模拟，虽然生产过程力图使工业总产值最大化和污染排放最小化，但减少非期望产出是有代价的，初始条件一定时，必须牺牲好产出的一部分来减少坏产出。根据投入和期望产出的强可处置公理，投入和产出是可自由处置的，即投入增加，产出一定不会下降，且产出的减少不需要以非期望产出的减少为代价。根据“零和性”公理，如果非期望产出为 0，则期望产出也为 0，那么生产可能性边界必经过原点。

根据上述假定，设在每一时期 $t = 1, 2 \ldots T$，第 $k = 1, 2 \ldots K$ 个工业行业（即 K 个决策单元）的投入和产出值为 (x^{kt}, y^{kt}, b^{kt})，每一横截面观测值的权重为 z_k^t，在对绿色生产技术进行分析的基础上，运用数据包络分析将上述模式转换为式（4–2）。

$$p^t(x^t)=\{(y^t,b^t):\sum_{k=1}^{K}z_k^t y_{km}^t \ge y_{km}^t,\forall m;\sum_{k=1}^{K}z_k^t b_{kw}^t = b_{kw}^t,\forall w;\\ \sum_{k=1}^{K}z_k^t x_{kn}^t \le x_{kn}^t,\forall n;\sum_{k=1}^{K}z_k^t=1,z_k^t\ge 0,\forall k\} \tag{4-2}$$

在式（4–2）中，用z_k^t表示每一工业行业的权重，如果生产过程是基于规模报酬不变（CRS）的假设，仅需要满足权重z_k^t的和为非负的假设，如果生产过程是基于规模报酬可变（VRS）的假设，那么还需要加上权重z_k^t的和为 1 这一约束。

二、方向性距离函数及 Global Malmquist–Luenberger 指数

绿色生产技术给出了考虑非期望产出后的生产可能性边界，这是测算绿色全要素生产率的基础。在此基础上，我们可以通过方向性距离函数（DDF）来计算每一个生产决策单元到生产可能性边界的距离，即相对效率。DDF 的具体形式可以用式（4–3）表示，它是对 Shephand 产出距离函数的改进。

$$\overrightarrow{D_0}(x,y,b;g)=\sup\{\beta:(y,b)+\beta g\in P(x)\} \tag{4-3}$$

在式（4–3）中，g为方向向量，对g的选择反映了对期望产出和非期望产出的不同效用偏好。例如，对重化工业等传统行业来说，可能会更加偏好期望产出而忽视污染排放，而对知识技术密集型等行业来说，污染排放则相对较少。根据 Chung et al.（1997）、吴军（2009）等的建议，将g设定为$g=(y,-b)$，表示期望产出和非期望产出在原有存量基础上，按照相同比例扩张和收缩，β就是好产出y增长和坏产出b减少的最大可能比例。由此，DDF 表示在既定投入向量x下，沿着方向向量g，产出向量(y,b)所能扩展的最大倍数，方向性距离函数可转换为式（4–4）。

$$\overrightarrow{D_0}(x,y,b;g)=\sup\{\beta:(y+\beta g_y,b-\beta g_b)\in P(x)\} \tag{4-4}$$

与传统技术效率的定义类似，DDF 和生产决策单元的绿色技术效率具有如式（4–5）的关系：

$$GTE(x,y,b;g)=1/(1+\beta)=1/[1+\vec{D}_0(x,y,b;g)]\text{，}\ GTE\in[0,1] \tag{4-5}$$

因此，方向性距离函数（DDF）衡量了生产者相对于前沿绿色技术水平，即非效率的大小程度。DDF 的值越小，表明越接近生产可能性边界，绿色技术效率值越高，DDF 的值越大，表明离生产可能性边界越远，绿色技术效率值越低。当 DDF 的值为 0 时，在包含资源投入和环境非期望产出的条件下，生产决策单元已经位于生产可能性边界之上，此时的绿色技术效率值为 1，意味着生产是完全有效率的。当存在两种以上产出时，可通过构造式（4–6）的线性规划进行求解。其中，N 为投入要素个数，M 为期望产出个数，W 为非期望产出个数，z_k^t 为每一横截面观测值的权重。

在对方向性距离函数进行定义和求解后，就可按照 Chung et al.（1997）的方法，构造与其对应的 ML 生产率指数来测度绿色全要素生产率。从产出的角度出发，t 到 t+1 期的 ML 生产率指数为式（4–7）。

$$\begin{aligned}
&\vec{D}_0^t\left(x^t, y^t, b^t; g^t\right) = \max \beta \\
&s.t.\quad \sum_{k=1}^{K} z_k^t y_{km}^t \geq (1+\beta)\, y_{km}^t \quad m = 1,2,\ldots M; \\
&\qquad\ \ \sum_{k=1}^{K} z_k^t b_{kw}^t = (1-\beta)\, b_{kw}^t \quad w = 1,2,\ldots W; \\
&\qquad\ \ \sum_{k=1}^{K} z_k^t x_{kn}^t \leq x_{kn}^t \quad z_k^t \geq 0,\ n = 1,2\ldots N,\ k = 1,2,\ldots K
\end{aligned} \tag{4–6}$$

$$ML_t^{t+1} = \left\{ \frac{\left[1+\vec{D}_0^t(x^t, y^t, b^t; g^t)\right]}{\left[1+\vec{D}_0^t(x^{t+1}, y^{t+1}, b^{t+1}; g^{t+1})\right]} \times \frac{\left[1+\vec{D}_0^{t+1}(x^t, y^t, b^t; g^t)\right]}{\left[1+\vec{D}_0^{t+1}(x^{t+1}, y^{t+1}, b^{t+1}; g^{t+1})\right]} \right\}^{\frac{1}{2}} \tag{4–7}$$

然而，Oh（2010）等学者认为，基于几何平均形式的 ML 指数存在不具备可传递性的问题，且在测度跨期 DDFs 时，可能出现“技术倒退”及潜在的线性规划无可行解等问题，为了克服这些局限，应对原有的生产技术进行修正，修正后的基于全局的生产可能性集为 $P^G=P^1 \cup P^2 \cup P^3 \ldots P^T$，如图 4.3 所示，该方法以所有各期的总和作为参考集，不仅能有效避免线性规划无可行解的问题，同时连续生产前沿面也避免了生产前沿向内偏移的可能性，即避免“技术倒退”现象出现的可能性，从而也就避免了生产效率的“被动”提高。Pastor and Lovell（2005）首先提出全局 Malmquist 生产率指数（Global Malmquist，GM），并用 GM 指数来测算传统全要素生产率（TFP），

TFP 可分解为技术效率变化（GMECH）以及技术进步变化（GMTCH）两部分，如式（4-8）及式（4-9）所示。

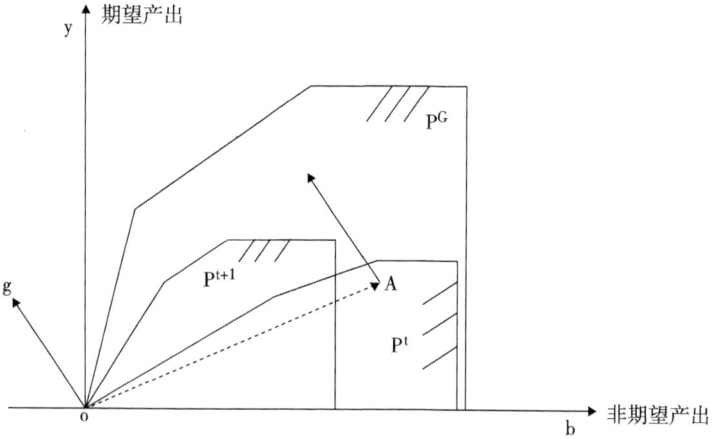

图 4.3　全局 Malmquist - Luenberger 生产率指数（GML）

$$TFP_t^{t+1} = GM_t^{t+1} = \frac{\vec{D}_0^G(x^{t+1}, y^{t+1})}{\vec{D}_0^G(x^t, y^t)} \tag{4-8}$$

$$\begin{aligned} GM_t^{t+1} &= GMECH_t^{t+1} \cdot GMTCH_t^{t+1} \\ &= \frac{\vec{D}_0^{t+1}(x^{t+1}, y^{t+1})}{\vec{D}_0^t(x^t, y^t)} \cdot \left\{ \frac{\vec{D}_0^G(x^{t+1}, y^{t+1}) / \vec{D}_0^{t+1}(x^{t+1}, y^{t+1})}{\vec{D}_0^G(x^t, y^t) / \vec{D}_0^t(x^t, y^t)} \right\} \end{aligned} \tag{4-9}$$

由于 GM 生产率指数未包含非期望产出，因此需要定义一个基于全局技术的全局方向性距离函数，如式（4-10）。

$$\begin{aligned} &\overrightarrow{D_0}^G\left(x^t, y^t, b^t; g^t\right) = \max\beta = \max\left\{\beta : \left(y + \beta y, b - \beta b\right) \in P^G(x)\right\} \\ &s.t. \sum_{t=1}^{T}\sum_{k=1}^{K} z_k^t y_{km}^t \geq (1+\beta) y_{km}^t \quad m = 1,2,\ldots M; \\ &\sum_{t=1}^{T}\sum_{k=1}^{K} z_k^t b_{kw}^t = (1-\beta) b_{kw}^t \quad w = 1,2,\ldots W; \\ &\sum_{t=1}^{T}\sum_{k=1}^{K} z_k^t x_{kn}^t \leq x_{kn}^t \qquad z_k^t \geq 0 \quad , n = 1,2\ldots N,\ k = 1,2,\ldots K \end{aligned} \tag{4-10}$$

与此对应，全局 ML 生产率指数（Global Malmquist-Luenberger，GML）可以定义为式（4-11）。如前所述，由于 GML 指数测度出的各期生产率具备传递性，可累乘，且能有效避免线性规划无可行解等问题，故本书采用GML指数来测度绿色全要素生产率（GTFP）。与GM指数的分解类似，GML指数可进一步分解为技术效率变化（GMLECH）及技术进步变化（GMLTCH）两部分。其中，GMLECH表示由于生产者内部效率的变化引起的工业产出增长，因此，技术效率在经济内涵上综合反映了生产中的制度创新、经验累积、规模经济等因素的变化；GMLTCH表示由于技术进步引起的产出增长，因此，技术进步在经济内涵上综合体现了生产技术和工艺等的创新和改进，如式（4–12）至式（4–14）。在本书中，如果GML指数大于1，说明绿色全要素生产率（GTFP）呈现增长，如果GML指数小于1，则反映绿色全要素生产率（GTFP）出现下降。同理，GMLECH指数大于1和小于1分别表示绿色技术效率改善和恶化；GMLTCH指数大于1和小于1分别表示绿色技术进步和退步。

$$GTFP_t^{t+1}=GML_t^{t+1}=\frac{1+\vec{D}_0^G(x^t,y^t,b^t;g^t)}{1+\vec{D}_0^G(x^{t+1},y^{t+1},b^{t+1};g^{t+1})} \tag{4–11}$$

$$GML_t^{t+1}=GMLECH_t^{t+1}\times GMLTCH_t^{t+1} \tag{4–12}$$

$$GMLECH_t^{t+1}=\frac{\left[1+\vec{D}_0^t(x^t,y^t,b^t;g^t)\right]}{\left[1+\vec{D}_0^{t+1}(x^{t+1},y^{t+1},b^{t+1};g^{t+1})\right]} \tag{4–13}$$

$$GMLTCH_t^{t+1}=\frac{\left[1+\vec{D}_0^G(x^t,y^t,b^t;g^t)\right]/\left[1+\vec{D}_0^t(x^t,y^t,b^t;g^t)\right]}{\left[1+\vec{D}_0^G(x^{t+1},y^{t+1},b^{t+1};g^{t+1})\right]/\left[1+\vec{D}_0^{t+1}(x^{t+1},y^{t+1},b^{t+1};g^{t+1})\right]} \tag{4–14}$$

第三节　中国工业绿色全要素生产率的测度：基于36个工业行业数据

在已有的测度工业绿色全要素生产率的文献中，多数是利用总量时间序列数据或区域面板数据对中国工业整体的生产率进行估算，而工业总量数据和总量生产函数不足以刻画工业增长的全貌。由于工业增长和资源环境约束呈现出明显的行业异质性，因此必须使用信息量更大的行业面板数据进行生产率核算（Jorgenson et al.，2000）。基于此，我们将采用前文构建的方向性距离函数（DDF）和 GML 生产率指数测度 2000—2014 年中国 36 个工业行业维度的绿色全要素生产率及其分解值，并对测度结果进行比较分析，进而对中国工业及分行业是否实现绿色增长提供进一步的经验佐证。

一、指标与数据

投入要素、期望产出和非期望产出是测度工业绿色全要素生产率需要解决的三大指标，由于本书基于工业行业视角研究绿色全要素生产率及其分解，因而对研究期内行业数据的可得性及行业统计口径的一致性有特别要求。我们选取工业行业的依据标准为国家统计局《国民经济行业分类》（GB/T4754–2011）中划分的 41 个两位数工业行业。然而，相比省际层面较为完整且连续的数据结构，工业行业数据在统计口径上数次变更，因此需要调整口径以保证前后数据结构的一致性。基于此，需要删除部分行业以保证前后统一的是：首先，删除 2000—2002 年的“木材及竹材采运业”，因为该行业在 2002 标准中改属“农林牧渔业”；其次，删除“工艺品及其他制造业”和“废弃资源和废旧材料回收加工业”两个行业，因为 2003 年《中国工业统计年鉴》才开始公布这两个行业的统计数据，而 2013 年又将这两个行业改为“其他制造业”和“废弃资源综合利用业”，为了保持数据连续性，本书剔除这两个行业；第三，删除“金属制品、机械和设备修理业”，这是因为，2013 年《中国工业统计年鉴》才开始公布该行业数据，由于序列较短难以实现前项补值，故将其删去。需要归并或拆分数据以保证行业前后统一的是：首先，为避免数值过小带来的误差，将“非金属矿采选业”和“其他采矿业”相关数据合并为新的“其他采矿业”；其次，2013 年《中国工业统计年鉴》将“橡胶制品业”和“塑料制品业”合并为“橡胶和塑料制品业”，为了保持数据口径的一致，根据 2011 标准中的工业中类划分，将 2012—2014 年的合并数据按此前年份口径分别归入“橡胶制品业”和“塑料制品业”项下；第三，2013 年《中国工业统计年鉴》开始将“交通运输设备制造业”分开公布为“汽车制造业”和“铁路、船舶、航空航天和其他运输设备制造业”，根据序列统一原则，2012—2014 年的这两项数据按此前年份标准合并至“交通运输设备制造业”项下。最终，本书建立的工业投入产出数据共包括 36 个工业分行业，其简称依次为煤炭开采、石油开采、黑金矿采、有金矿采、其他采矿、农副加工、食品制造、饮料制造、烟草制品、纺织业、纺织服装、皮革毛皮、木材加工、家具制造、造纸制品、印刷媒介、文教体育、石油加工、化学原料、医药制造、化学纤维、橡胶制品、塑料制品、非金矿物、黑金冶炼、有金加工、金属制品、通用设备、专用设备、交通运输、电气机械、计算机、仪器仪表、电力热力、燃气生产、水的生产。在此基础上，本书选择的投入产出指标及数据来源如下。

1. 劳动与资源投入

关于劳动投入要素的衡量，理想指标应当既包括劳动者的劳动时间又包括劳动者的劳动效率，但鉴于统计数据所限，本书参照多数学者在测度全要素生产率时对劳动指标的选择，采用工业各行业从业人员年平均人数作为劳动投入指标，基础数据来自 2001—2015 年《中国工业统计年鉴》《中国经济普查年鉴》。关于资源投入要素的衡量，考虑到能源是工业生产的主要资源，同时能源消费也是非期望产出的主要来源，因此采用工业各行业能源消费总量作为资源要素的投入指标，基础数据来自 2001—2015 年《中国能源统计年鉴》、国家统计局。

2. 资本投入

关于资本投入的衡量理应采用资本存量数据，但由于中国官方统计资料未公布工业分行业的资本存量，因此有学者在研究中采用固定资产净值或固定资产原值来替代资本存量，但这两者均是对不同年份的不同当年价格水平投资品价值的简单加总，故用其替代资本存量缺乏严谨性（涂正革，2008；庞瑞芝等，2011）。随着对中国工业经济研究的不断深入，不少学者针对如何正确估算中国工业资本存量展开了大量研究（张军和章元，2003；单豪杰，2008；陈诗一，2011），本书在借鉴相关代表性研究的基础上，利用永续盘存法（PIM）科学估算中国工业分行业的资本存量。以下将介绍本书估算资本存量的基本步骤，永续盘存法的基本公式如式（4–15）所示。

$$K_t = I_t + (1-\psi_t)K_{t-1} \tag{4–15}$$

根据式（4–15），其中 K_t 和 K_{t-1} 分别代表当期和前期的资本存量，I_t

代表不变价的新增固定资产投资额，ψ_t代表折旧率。因此，估算工业资本存量要解决基期资本存量、当期不变价的投资额、投资平减以及折旧率四大问题。首先，虽然资本存量理论上由无限期的累计投资形成，但基于数据的可得性，需要确定一个基期资本存量水平，由于本书的研究周期为2000—2014年，故将2000年工业行业的固定资产作为基期资本存量；其次，就当期不变价的投资额而言，本书采用陈勇和李小平（2006）的方法，将相邻两年的固定资产净增加值作为投资额，在此基础上进行平减，这种方法数据确凿，误差较小，故李小平和朱钟棣（2005）等学者在估算新增固定资产时也采用了该方法；第三，关于投资价格指数的确定，本书直接以《中国统计年鉴》公布的固定资产投资价格指数作为平减指数，利用这个平减指数序列对工业分行业的新增固定资产投资进行平减，调整至以2000年为不变价的投资额序列；第四，关于折旧率，不同学者估算折旧率的方法和确定的折旧率并不相同，多数研究采用固定的折旧率，如王小鲁和樊纲（2000）、Wang and Yao（2003）等在固定资本形成的基础上均假定折旧率为5%，Young（2003）假定折旧率为6%，但陈诗一（2011）认为，对不同年份不同工业行业采用统一的折旧率估算资本存量过于粗糙，故本书参考陈诗一（2011）、李玲（2012）的方法，根据式4-16确定折旧率。

$$折旧率_t=\frac{(固定资产原值_t-固定资产净值_t)-(固定资产原值_{t-1}-固定资产净值_{t-1})}{固定资产原值_{t-1}} \tag{4-16}$$

3. 产出指标

产出指标主要包括期望产出及非期望产出。对于期望产出的衡量，由于本书将能源投入纳入全要素生产率测度模型，而能源要素具有中间投入品性质，因此我们舍弃工业增加值转而采用同样包含中间投入成本的工业总产值来衡量期望产出，基础数据来自2001—2015年《中国工业统计年鉴》。在此基础上，利用《2015年中国城市（镇）生活与价格年鉴》、国家统计局公布的分行业工业生产者出厂价格指数（PPI）对各年工业总产值数据进行平减，将其调整至2000年的不变价。对于非期望产出的衡量，在指标选择上主要有两类方法，一类是直接选择工业主要污染排放物如SO_2、

COD 等作为非期望产出，另一类是构建环境污染综合指数（Cao，2007；王兵和王昆，2010；李玲和陶峰，2012；韩晶等，2014；彭星，2015）。综合国内外学者的研究，本书以工业分行业的二氧化碳排放量、废水排放量、废气排放量以及固体废物排放量作为非期望产出，其中废水、废气及固废排放量以环境污染综合指数的形式作为非期望产出，综合指数是依据这三类污染物排放量的基础数据，采用熵值法进行客观赋权并加总计算获得。工业污染物排放量的基础数据来自各期《中国环境统计年鉴》《中国环境年鉴》《中国环境统计年报》、国家统计局。需要说明的是，2000 年《中国环境统计年鉴》公布的工业污染物排放统计的是 18 个行业，与此后 36 个行业无法有效对接，本书参照傅京燕和李丽莎（2010）的做法，将 2000 年的合并数据进行劈分以实现与 2001—2014 年一致的工业细分行业污染排放。对于二氧化碳排放而言，由于中国官方统计资料尚未公布工业行业层面的 CO_2 排放数据，因此需要估算。依据 IPCC（联合国政府间气候变化专门委员会）制定的《2006 国家温室气体清单指南》中第二卷第六章中提供的参考方法，二氧化碳排放总量可以用各种能源消费导致的二氧化碳排放量加总获得，如式（4–17）。

$$C_t = \sum_{i=1}^{3} C_{i,t} = \sum_{i=1}^{3} E_{i,t} \times NCV_i \times CEF_i \times COF_i \times (44/12) \tag{4–17}$$

在式（4–17）中，*C* 代表本书估算的 CO_2 排放量（单位为万吨）；三种一次能源的消耗量即煤炭（单位为万吨）、原油（单位为万吨）和天然气（单位为亿立方米）用 $E_{it}(i=1,2,3)$ 表示；*NCV* 代表 2015 年《中国能源统计年鉴》附录中公布的这三种能源平均低位发热值（IPCC 称为净发热值）；*CEF* 代表 IPCC 温室气体清单公布的碳排放系数，需要说明的是，IPCC（2006）提供了烟煤和无烟煤的排放系数，但未直接提供煤炭的排放系数，本书根据陈诗一（2009）的方法，分别赋予烟煤和无烟煤 80% 和 20% 的权重，通过加权平均得到煤炭的碳排放系数；*COF* 代表碳氧化因子；44/12 代表二氧化碳和碳的分子量比率。采用上述方法可以估算 2000—2014 年中国工业分行业 CO_2 排放量，估算 CO_2 排放的参数具体见表 4.2。

表 4.2　二氧化碳排放估算参数

<table>
<tr><th colspan="2" rowspan="2">能源</th><th colspan="2">平均低位发热值（NCV）</th><th colspan="2">IPCC 碳排放系数（CEF）</th><th rowspan="2">碳氧化因子（COF）</th><th colspan="2">标煤折算系数</th></tr>
<tr><th>数值</th><th>单位</th><th>数值</th><th>单位</th><th>数值</th><th>单位</th></tr>
<tr><td rowspan="3">原煤</td><td>烟煤</td><td rowspan="3">20908</td><td rowspan="4">千焦 / 千克</td><td>25.8</td><td rowspan="5">千克 / 10^6 千焦</td><td rowspan="3">099</td><td rowspan="3">0.7143</td><td rowspan="4">千克标准煤 / 千克</td></tr>
<tr><td>无烟煤</td><td>26.8</td></tr>
<tr><td>加权平均</td><td>26</td></tr>
<tr><td colspan="2">原油</td><td>41816</td><td>20</td><td>1</td><td>1.4286</td></tr>
<tr><td colspan="2">天然气</td><td>38931</td><td>千焦 / 立方米</td><td>15.3</td><td>1</td><td>1.3300</td><td>千克标准煤 / 立方米</td></tr>
</table>

注：本表参考陈诗一（2009）制作。

至此，本书已经详细介绍了测算绿色全要素生产率的各个投入产出指标、数据来源及估算方法，相关数据的统计性描述见表 4.3。

表 4.3　投入产出变量的统计性描述

	单位	样本数	均值	中值	最大值	最小值	标准差
劳动投入	万人	540	212.06	140.63	906.59	14.54	177.49
资本存量	亿元	540	2771.39	1374.34	39509.84	105.99	4491.29
能源投入	万吨标煤	540	5336.57	1519.57	69342.42	101.14	10102.65
工业总产值	亿元	540	12126.09	5527.40	154631.22	164.86	18979.18
工业二氧化碳	万吨	540	14463.34	927.15	276380.93	28.22	42783.90
环境污染综合指数	—	540	0.02778	0.02535	0.04747	0.02428	0.00506

注：除样本数之外，本表前 5 行数据统一保留两位小数，最后 1 行保留五位小数。

二、中国工业绿色全要素生产率测度结果及分析

本节基于 2000—2014 年中国 36 个工业行业的投入产出历史数据，在考虑能源投入和环境非期望产出的条件下对工业各行业的绿色全要素生产率进行测算。同时，相比 VRS 假定，在 CRS 假定下，工业生产处于最优规模，但却没有考虑现实层面如不完全竞争以及外部性等导致的非最优生产情况，故在 CRS 和 VRS 假设下绿色技术效率存在一定差异，为了更加贴近经济现实，本书测度绿色技术效率基于 VRS 假定。绿色技术效率反映的是

在既定时间下的一种静态效率，在测算出绿色技术效率的基础上，进一步得到中国工业各行业 GML 指数及其分解。为了对真实度量的绿色全要素生产率与传统全要素生产率进行比较，本书还测算了工业各行业的传统全要素生产率及其分解。传统全要素生产率由 GM 指数进行测度，TFP 测算框架只包含两种投入和一种产出，即劳动、资本和工业总产值。此外，为了考察不同类别行业绿色技术效率的差异，本节将 36 个行业划分为资源类行业、轻纺工业和装备制造业。

表 4.4 展示了在不同时间段内中国工业分行业的绿色技术效率，整体而言，在资源与环境约束下，2000—2014 年，中国工业的绿色技术效率为 0.9135，虽然接近生产前沿，但整体仍未实现绿色技术效率的最优水平。从不同阶段来看，全行业绿色技术效率在 2000—2004 年、2005—2009 年、2010—2014 年差异不大但略有下降，这与资源类行业及轻纺工业绿色技术效率的下降有关。行业层面的绿色技术效率具有明显的异质性，装备制造业整体绿色技术效率水平最高且呈不断上升走势，资源类行业绿色技术效率次之但呈先升后降走势，轻纺工业绿色技术效率水平最低且在不断下降。究其原因主要在于，装备制造业中的细分行业多是中国先进制造业的代表，这些行业具有优质、高效、低耗、清洁、灵活生产的特点，因此在创造较高的工业产值的同时能够减少资源消耗和污染排放，从而实现较高的绿色技术效率。在具体行业中，计算机、仪器仪表行业均实现了最优效率，而专用设备、交通运输及电气机械行业的绿色技术效率也均在 0.95 之上，属于工业领域中的绿色领跑者。资源类行业主要包括资源开采利用的相关行业以及传统的高耗能行业，这些行业大都具有高强度的资源消耗及污染排放，因而绿色技术效率水平较低。但由于资源类行业特别是传统的重化工业具有较高的产业绩效，故在一定程度上抵消了环境污染排放的负面影响，使得绿色技术效率在整体上高于轻纺工业。例如，有金矿采、石油加工、电力热力在整个周期内的绿色技术效率为 1.0000，可能的原因一方面与这些行业的投入产出结构较合理有关，另一方面通过对原始数据分析可以发现，这些行业的期望产出较高，一定程度上抵消了用于减少非期望产出的成本，故能获得较高的技术效率，并拉高了行业整体水平。而

煤炭开采、黑金冶炼、非金矿物、有金加工的绿色技术效率处于行业落后水平，在整个周期内技术效率值仅分别达到0.6521、0.8839、0.8300和0.7982。就轻纺工业而言，其效率值低于资源类行业主要受造纸制品行业的拖累，造纸制品是工业污染排放的大户，2000—2014年间的平均效率仅为0.6812。此外，农副加工、饮料制造、纺织业的绿色技术效率也较低，主要原因在于，虽然这些行业的资源消耗及污染排放强度并不高，但由于技术创新能力较弱，因而无法推动行业实现高效率生产，而烟草制品、家具制造、文教体育的绿色技术效率为1.0000，这些行业的生产技术相对清洁和先进，能源消费量和污染排放水平也相对较低。

表4.4 中国工业分行业绿色技术效率测度结果

行业代码	简称	2000-2004	2005-2009	2010-2014	2000-2014
H1	煤炭开采	0.6728	0.6586	0.6259	0.6521
H2	石油开采	0.9974	0.9870	0.9700	0.9847
H3	黑金矿采	1.0000	0.9086	0.8266	0.9090
H4	有金矿采	1.0000	1.0000	1.0000	1.0000
H5	其他采矿	0.8663	1.0000	0.9263	0.9293
H6	农副加工	0.8697	0.8081	0.8063	0.8275
H7	食品制造	0.8965	0.8823	0.8738	0.8841
H8	饮料制造	0.8584	0.8012	0.7895	0.8158
H9	烟草制品	1.0000	1.0000	1.0000	1.0000
H10	纺织业	0.8487	0.8212	0.7910	0.8200
H11	纺织服装	0.9751	0.9346	0.9043	0.9375
H12	皮革毛皮	1.0000	0.9406	0.9130	0.9505
H13	木材加工	0.9542	0.9535	0.9468	0.9515
H14	家具制造	1.0000	1.0000	1.0000	1.0000
H15	造纸制品	0.6643	0.6807	0.6992	0.6812
H16	印刷媒介	0.9827	0.9987	0.9934	0.9916
H17	文教体育	1.0000	1.0000	1.0000	1.0000
H18	石油加工	1.0000	1.0000	1.0000	1.0000
H19	化学原料	0.8235	0.8369	0.8537	0.8379

续表

行业代码	简称	2000–2004	2005–2009	2010–2014	2000–2014
H20	医药制造	0.8845	0.8688	0.8596	0.8709
H21	化学纤维	0.8773	0.8322	0.8219	0.8435
H22	橡胶制品	0.9562	0.9648	0.9241	0.9482
H23	塑料制品	0.9968	0.9868	0.9673	0.9836
H24	非金矿物	0.8795	0.8836	0.8886	0.8839
H25	黑金冶炼	0.7787	0.8665	0.8473	0.8300
H26	有金加工	0.7736	0.7888	0.8333	0.7982
H27	金属制品	0.9350	0.8776	0.8627	0.8912
H28	通用设备	0.9381	0.9467	0.9595	0.9481
H29	专用设备	0.9446	0.9584	0.9641	0.9557
H30	交通运输	0.9357	0.9508	0.9904	0.9587
H31	电气机械	0.9630	0.9933	0.9996	0.9851
H32	计算机	1.0000	1.0000	1.0000	1.0000
H33	仪器仪表	1.0000	1.0000	1.0000	1.0000
H34	电力热力	1.0000	1.0000	1.0000	1.0000
H35	燃气生产	1.0000	1.0000	0.9917	0.9972
H36	水的生产	0.9773	1.0000	1.0000	0.9924
I1	资源类行业	0.9083	0.9196	0.9042	0.9107
I2	轻纺工业	0.9102	0.8892	0.8807	0.8933
I3	装备制造业	0.9591	0.9601	0.9669	0.9620
I	工业全行业	0.9187	0.9153	0.9067	0.9135

注：限于篇幅，本书将测度的结果分为四个时间段进行列式，各时间段内的数值为各行业在该时间段内的几何平均值。为了进一步考察不同行业绿色技术效率的差异，与陈超凡（2016）等研究类似，本书将36个行业进一步划分为3大类，即资源类行业（I1）、轻纺工业（I2）和装备制造业（I3），各细分行业对应代码如表中第一列所示，具体而言，资源类行业包括：H1、H2、H3、H4、H5、H18、H19、H22、H23、H24、H25、H26、H34、H35、H36；轻纺工业包括：H6、H7、H8、H9、H10、H11、H12、H13、H14、H15、H16、H17、H20、H21；装备制造业包括：H27、H28、H29、H30、H31、H32、H33。

表4.5、表4.6及表4.7报告了中国工业传统全要素生产率（GM，即TFP）及其分解指数（GMECH、GMTCH）、绿色全要素生产率（GML，即GTFP）及其分解指数（GMLECH、GMLTCH）。绿色全要素生产率是对中国

工业绿色增长动态变化的反映，我们看到，在整个研究期内，工业全行业的传统全要素生产率均值为1.0910，而绿色全要素生产率均值为0.9998，这意味着，如果不考虑资源和环境要素，中国工业全要素生产率年均增长9.1%，而在正确考虑能源消耗及污染排放情况下，中国工业实际的全要素生产率年均倒退0.02%，说明资源消耗和污染排放给我国工业绩效带来了损失，中国工业存在以牺牲资源环境换取增长的现象，进一步论证了长期以来多数研究高估了中国工业全要素生产率。从不同时间段看，我们将全行业TFP及其分解、GTFP及其分解的结果整理在表4.8中，我们发现，在2000—2005年、2005—2010年、2010—2014年，GTFP分别为0.9964、0.9967、1.0079，这意味着，尽管在2000—2014年，虽然工业整体尚未实现绿色增长，但在三个区间内的增长率呈不断上升的走势，特别是在2010—2014年间，工业绿色全要素生产率为1.0079，实现了0.79%的增长，这说明在国家节能减排的推动下，中国工业发展模式开始由粗放型向集约型转变，将绿色增长理念落实到实践中，取得了绿色全要素生产率由负向正的转变，这也符合新常态下不断提升以绿色全要素生产率为代表的工业增长中的质量贡献要求。

表4.5　中国工业分行业传统全要素生产率及绿色全要素生产率的增长

	传统全要素生产率增长（TFP）				绿色全要素生产率增长（GTFP）			
	2000–2005	2005–2010	2010–2014	2000–2014	2000–2005	2005–2010	2010–2014	2000–2014
煤炭开采	1.1309	1.0981	1.0817	1.1050	0.9949	0.9916	0.9840	0.9906
石油开采	0.9764	1.0014	1.0533	1.0068	0.9985	0.9953	1.0049	0.9992
黑金矿采	0.6195	1.0111	1.1549	0.8817	0.9665	0.9936	0.9878	0.9822
有金矿采	1.1211	0.8884	1.1122	1.0294	1.0000	1.0000	0.9567	0.9874
其他采矿	1.3249	1.0127	0.9204	1.0847	0.9837	0.9999	1.0251	1.0012
农副加工	1.1474	1.0832	1.0660	1.1006	0.9766	0.9957	0.9985	0.9896
食品制造	1.1469	1.0949	1.0603	1.1030	0.9920	0.9941	1.0005	0.9952
饮料制造	1.1197	1.1455	1.0694	1.1141	0.9919	0.9867	0.9983	0.9919
烟草制品	1.2013	1.1571	1.0615	1.1442	1.0158	1.0011	1.0017	1.0065
纺织业	1.1528	1.0917	1.0723	1.1075	0.9939	0.9852	0.9923	0.9903
纺织服装	1.0795	1.0677	1.0289	1.0606	0.9910	0.9879	1.0092	0.9950

续表

	传统全要素生产率增长（TFP）				绿色全要素生产率增长（GTFP）			
	2000–2005	2005–2010	2010–2014	2000–2014	2000–2005	2005–2010	2010–2014	2000–2014
皮革毛皮	1.0675	1.0557	0.9913	1.0410	0.9983	1.0102	0.9887	0.9998
木材加工	1.1089	1.1124	1.0582	1.0954	0.9957	0.9925	1.0173	1.0007
家具制造	0.9116	1.0014	0.9324	0.9488	0.9885	0.9931	1.0234	1.0000
造纸制品	1.1622	1.1566	1.1109	1.1453	0.9969	1.0013	0.9878	0.9959
印刷媒介	1.1005	1.1015	1.1006	1.1009	0.9972	0.9949	1.0322	1.0062
文教体育	0.9879	1.0326	1.1123	1.0382	0.9986	0.9958	1.0071	1.0000
石油加工	1.0982	1.0622	1.0696	1.0771	1.0048	0.9947	1.0083	1.0022
化学原料	1.1669	1.1469	1.1421	1.1526	0.9993	1.0048	0.9997	1.0014
医药制造	1.0960	1.1434	1.0896	1.1108	0.9898	0.9905	1.0098	0.9957
化学纤维	1.1600	1.1141	1.1226	1.1328	0.9824	0.9875	1.0116	0.9925
橡胶制品	1.1005	1.0606	1.0892	1.0828	0.9992	0.9922	0.9998	0.9969
塑料制品	1.0753	1.1362	1.0560	1.0910	0.9998	0.9956	1.0127	1.0020
非金矿物	1.1955	1.1553	1.1191	1.1589	1.0015	1.0051	0.9984	1.0019
黑金冶炼	1.2545	1.1317	1.0991	1.1643	1.0046	0.9985	0.9977	1.0004
有金加工	1.1941	1.1545	1.1376	1.1636	1.0053	1.0111	1.0099	1.0087
金属制品	1.1355	1.0836	1.0597	1.0949	0.9867	0.9907	1.0113	0.9951
通用设备	1.2012	1.0927	1.0873	1.1287	0.9940	1.0041	1.0155	1.0037
专用设备	1.1373	1.1150	1.0846	1.1140	1.0015	0.9995	1.0110	1.0035
交通运输	1.2090	1.1637	1.1818	1.1849	0.9976	1.0022	1.0205	1.0057
电气机械	1.1422	1.0549	1.0749	1.0911	0.9957	1.0099	1.0237	1.0087
计算机	1.1608	1.0608	1.1013	1.1073	1.0094	1.0074	1.0244	1.0130
仪器仪表	1.1564	1.0022	1.1018	1.0837	1.0059	0.9951	1.0112	1.0035
电力热力	1.2668	1.1373	1.0654	1.1601	1.0077	1.0004	1.0536	1.0179
燃气生产	1.3627	0.8315	1.0416	1.0579	0.9997	0.9935	1.0128	1.0012
水的生产	1.0516	1.0733	1.1063	1.0747	1.0072	0.9785	1.0418	1.0065
资源类行业	1.1134	1.0555	1.0818	1.0834	0.9981	0.9970	1.0060	0.9999
轻纺工业	1.1005	1.0960	1.0614	1.0876	0.9934	0.9940	1.0055	0.9971
装备制造业	1.1629	1.0808	1.0982	1.1145	0.9987	1.0013	1.0168	1.0047
工业全行业	1.1178	1.0761	1.0770	1.0910	0.9964	0.9967	1.0079	0.9998

注：本表中的时间段划分、各时间段内数值的计算方法，以及对资源类行业、轻纺工业、装备制造业的划分与表 4.4 一致。

表 4.6 中国工业分行业传统技术效率变化与绿色技术效率变化

	传统技术效率变化（GMECH）				绿色技术效率变化（GMLECH）			
	2000–2005	2005–2010	2010–2014	2000–2014	2000–2005	2005–2010	2010–2014	2000–2014
煤炭开采	0.9005	1.0577	0.9304	0.9627	0.9949	0.9915	0.9821	0.9900
石油开采	0.8725	0.9182	0.9168	0.9012	0.9979	0.9977	0.9986	0.9980
黑金矿采	0.8461	0.9040	0.9938	0.9071	1.0000	0.9640	0.9935	0.9851
有金矿采	1.1910	0.7123	0.9875	0.9396	1.0000	1.0000	1.0000	1.0000
其他采矿	1.2988	1.0000	0.6858	0.9857	1.0373	1.0000	0.9532	0.9994
农副加工	0.9526	1.0052	0.9390	0.9671	0.9766	0.9964	0.9931	0.9883
食品制造	0.9779	1.0072	0.9388	0.9768	0.9925	0.9962	0.9918	0.9936
饮料制造	0.9764	1.0585	0.9357	0.9928	0.9926	0.9827	0.9968	0.9902
烟草制品	1.0000	1.0000	1.0000	1.0000	1.0000	1.0000	1.0000	1.0000
纺织业	0.8936	1.0418	0.9439	0.9588	0.9927	0.9856	0.9888	0.9890
纺织服装	0.9543	1.0123	0.9203	0.9646	0.9896	0.9986	0.9780	0.9895
皮革毛皮	0.9980	1.0020	0.9359	0.9813	1.0000	1.0000	0.9596	0.9883
木材加工	1.0115	1.0279	0.9789	1.0078	0.9957	1.0018	0.9962	0.9980
家具制造	1.0000	1.0000	0.8988	0.9700	1.0000	1.0000	1.0000	1.0000
造纸制品	0.9985	1.0723	0.9439	1.0079	0.9968	1.0020	0.9843	0.9951
印刷媒介	1.0086	1.0356	1.0109	1.0188	1.0009	1.0013	0.9976	1.0001
文教体育	1.0000	1.0000	0.9647	0.9898	1.0000	1.0000	1.0000	1.0000
石油加工	1.0000	0.9906	0.9096	0.9700	1.0000	1.0000	1.0000	1.0000
化学原料	0.9119	1.0733	0.9508	0.9781	0.9989	1.0045	0.9983	1.0007
医药制造	0.9429	1.0564	0.9581	0.9865	0.9909	0.9937	0.9978	0.9939
化学纤维	1.0096	1.0096	0.9828	1.0019	0.9844	0.9894	1.0026	0.9914
橡胶制品	0.9793	0.9941	0.9592	0.9787	1.0011	0.9991	0.9811	0.9946
塑料制品	0.9361	1.0720	0.9287	0.9803	0.9983	0.9999	0.9901	0.9965
非金矿物	0.9062	1.1193	0.9433	0.9885	1.0013	1.0045	0.9969	1.0012
黑金冶炼	1.0064	1.0592	0.9146	0.9973	1.0042	1.0480	0.9376	0.9998
有金加工	1.0132	1.0681	0.9531	1.0146	1.0051	1.0112	1.0068	1.0078
金属制品	0.9660	1.0011	0.9170	0.9639	0.9870	0.9921	0.9959	0.9913
通用设备	1.0092	1.0143	0.9686	0.9993	0.9962	1.0061	0.9999	1.0008

续表

	传统技术效率变化（GMECH）				绿色技术效率变化（GMLECH）			
	2000–2005	2005–2010	2010–2014	2000–2014	2000–2005	2005–2010	2010–2014	2000–2014
专用设备	0.9683	1.0423	0.9547	0.9901	1.0017	1.0027	0.9974	1.0009
交通运输	0.9659	1.0990	1.0107	1.0247	0.9975	1.0070	1.0057	1.0032
电气机械	0.9854	1.0058	0.9420	0.9799	1.0005	1.0052	1.0000	1.0020
计算机	1.0000	1.0000	1.0000	1.0000	1.0000	1.0000	1.0000	1.0000
仪器仪表	1.0350	0.9758	0.9938	1.0017	1.0000	1.0000	1.0000	1.0000
电力热力	1.0376	1.0636	0.8941	1.0032	1.0000	1.0000	1.0000	1.0000
燃气生产	1.0000	1.0000	0.7446	0.9192	1.0000	1.0000	0.9978	0.9994
水的生产	0.9110	0.9896	0.9545	0.9509	1.0148	1.0000	1.0000	1.0053
资源类行业	0.9811	0.9962	0.9070	0.9646	1.0035	1.0012	0.9889	0.9985
轻纺工业	0.9797	1.0232	0.9532	0.9873	0.9937	0.9963	0.9918	0.9941
装备制造业	0.9897	1.0191	0.9690	0.9941	0.9976	1.0019	0.9998	0.9997
工业全行业	0.9822	1.0111	0.9367	0.9791	0.9986	0.9994	0.9922	0.9970

注：本表中的时间段划分、各时间段内数值的计算方法，以及对资源类行业、轻纺工业、装备制造业的划分与表 4.4 一致。

表 4.7　中国工业分行业传统技术进步变化与绿色技术进步变化

	传统技术进步变化（GMTCH）				绿色技术进步变化（GMLTCH）			
	2000–2005	2005–2010	2010–2014	2000–2014	2000–2005	2005–2010	2010–2014	2000–2014
煤炭开采	1.2559	1.0382	1.1626	1.1478	1.0000	1.0002	1.0019	1.0006
石油开采	1.1191	1.0906	1.1488	1.1171	1.0005	0.9976	1.0063	1.0011
黑金矿采	0.7322	1.1184	1.1620	0.9719	0.9665	1.0308	0.9942	0.9970
有金矿采	0.9413	1.2472	1.1262	1.0956	1.0000	1.0000	0.9567	0.9874
其他采矿	1.0201	1.0127	1.3420	1.1004	0.9483	0.9999	1.0754	1.0018
农副加工	1.2044	1.0776	1.1353	1.1381	1.0000	0.9994	1.0055	1.0013
食品制造	1.1729	1.0871	1.1294	1.1292	0.9995	0.9979	1.0087	1.0015
饮料制造	1.1468	1.0822	1.1429	1.1222	0.9994	1.0041	1.0015	1.0017
烟草制品	1.2013	1.1571	1.0615	1.1442	1.0158	1.0011	1.0017	1.0065

续表

	传统技术进步变化（GMTCH）				绿色技术进步变化（GMLTCH）			
	2000–2005	2005–2010	2010–2014	2000–2014	2000–2005	2005–2010	2010–2014	2000–2014
纺织业	1.2900	1.0479	1.1360	1.1550	1.0012	0.9996	1.0036	1.0013
纺织服装	1.1313	1.0547	1.1179	1.0995	1.0014	0.9892	1.0319	1.0056
皮革毛皮	1.0697	1.0536	1.0592	1.0609	0.9983	1.0102	1.0303	1.0116
木材加工	1.0963	1.0823	1.0811	1.0869	1.0000	0.9907	1.0211	1.0026
家具制造	0.9116	1.0014	1.0373	0.9782	0.9885	0.9931	1.0234	1.0000
造纸制品	1.1640	1.0787	1.1770	1.1364	1.0001	0.9993	1.0036	1.0008
印刷媒介	1.0911	1.0637	1.0887	1.0806	0.9963	0.9936	1.0347	1.0062
文教体育	0.9879	1.0326	1.1530	1.0489	0.9986	0.9958	1.0071	1.0000
石油加工	1.0982	1.0723	1.1759	1.1103	1.0048	0.9947	1.0083	1.0022
化学原料	1.2796	1.0687	1.2011	1.1784	1.0004	1.0002	1.0014	1.0007
医药制造	1.1624	1.0823	1.1372	1.1261	0.9988	0.9968	1.0120	1.0018
化学纤维	1.1490	1.1035	1.1423	1.1306	0.9980	0.9981	1.0090	1.0011
橡胶制品	1.1237	1.0669	1.1355	1.1064	0.9981	0.9931	1.0190	1.0023
塑料制品	1.1487	1.0599	1.1372	1.1130	1.0015	0.9958	1.0228	1.0055
非金矿物	1.3192	1.0322	1.1863	1.1725	1.0003	1.0006	1.0015	1.0008
黑金冶炼	1.2465	1.0685	1.2018	1.1675	1.0004	0.9527	1.0641	1.0006
有金加工	1.1785	1.0809	1.1936	1.1468	1.0003	0.9999	1.0031	1.0010
金属制品	1.1755	1.0824	1.1556	1.1358	0.9997	0.9986	1.0155	1.0038
通用设备	1.1902	1.0773	1.1225	1.1295	0.9978	0.9980	1.0157	1.0029
专用设备	1.1746	1.0697	1.1360	1.1252	0.9997	0.9969	1.0136	1.0026
交通运输	1.2516	1.0589	1.1693	1.1563	1.0001	0.9952	1.0147	1.0025
电气机械	1.1591	1.0488	1.1411	1.1135	0.9952	1.0047	1.0237	1.0067
计算机	1.1608	1.0608	1.1013	1.1073	1.0094	1.0074	1.0244	1.0130
仪器仪表	1.1173	1.0270	1.1087	1.0818	1.0059	0.9951	1.0112	1.0035
电力热力	1.2209	1.0692	1.1916	1.1564	1.0077	1.0004	1.0536	1.0179
燃气生产	1.3627	0.8315	1.3989	1.1509	0.9997	0.9935	1.0150	1.0018
水的生产	1.1544	1.0845	1.1590	1.1302	0.9925	0.9785	1.0418	1.0013
资源类行业	1.1349	1.0596	1.1927	1.1232	0.9946	0.9957	1.0173	1.0014

续表

	传统技术进步变化（GMTCH）				绿色技术进步变化（GMLTCH）			
	2000–2005	2005–2010	2010–2014	2000–2014	2000–2005	2005–2010	2010–2014	2000–2014
轻纺工业	1.1232	1.0712	1.1135	1.1016	0.9997	0.9978	1.0138	1.0030
装备制造业	1.1750	1.0606	1.1333	1.1211	1.0011	0.9994	1.0170	1.0050
工业全行业	1.1380	1.0643	1.1498	1.1144	0.9978	0.9972	1.0159	1.0027

注：本表中的时间段划分、各时间段内数值的计算方法，以及对资源类行业、轻纺工业、装备制造业的划分与表 4.4 一致。

表 4.8　TFP 及其分解与 GTFP 及其分解在不同时期的增长

	2000–2005	2005–2010	2010–2014	2000–2014
GM	1.1178（11.78%）	1.0761（7.61%）	1.0770（7.70%）	1.0910（9.10%）
GML	0.9964（–0.36%）	0.9967（–0.33%）	1.0079（0.79%）	0.9998（–0.02%）
GMECH	0.9822（–1.78%）	1.0111（1.11%）	0.9367（–6.33%）	0.9791（–2.09%）
GMLECH	0.9986（–0.14%）	0.9994（–0.06%）	0.9922（–0.78%）	0.9970（–0.30%）
GMTCH	1.1380（13.80%）	1.0643（6.43%）	1.1498（14.98%）	1.1144（11.44%）
GMLTCH	0.9978（–0.22%）	0.9972（–0.28%）	1.0159（1.59%）	1.0027（0.27%）

有趣的是，我们发现传统全要素生产率（TFP）在这三个区间内分别增长 11.78%，7.61% 和 7.70%，TFP 在 2000—2005 年间增长最快，而该区间内的 GTFP 呈现年均 0.36% 的倒退，这恰恰反映了工业污染排放对绿色生产率的“惩罚”。事实上，中国工业自 2002 年后再次重型化，直至 2010 年后，中国工业才开始逐步向低碳和绿色增长模式转型。就绿色全要素生产率的分解项来看，整体而言，绿色技术效率大于传统技术效率，但绿色技术进步却不如传统技术进步。同时，中国工业绿色全要素生产率的增长主要得益于技术进步而非技术效率的改善，且绿色全要素生产率的倒退也主要受技术进步下降的拖累。在整个研究期内，全行业技术效率年均下降 0.3%，而技术进步年均增长 0.27%，在 2000—2005 年、2005—2010 年、2010—2014 年三个期间内，绿色技术效率分别增长 –0.14%、–0.06%、

–0.78%，而绿色技术进步分别增长 –0.22%、–0.28%、1.59%。

图 4.4、图 4.5 及图 4.6 进一步刻画了各个时期内工业绿色增长的全貌。整体而言，绿色全要素生产率具有波动性上升的走势，但在 2010—2013 年间出现了一次明显的下降，这可以从绿色全要素生产率的分解项中找到答案。我们发现，尽管该区间内的技术效率呈现增长，但技术进步却出现了明显下降，而正是技术进步的下降使得绿色全要素生产率出现倒退。究其原因可能在于，2008 年经济危机过后，虽有短期政策刺激，但由于工业经济尚未实现新旧动能的转换因而增长乏力，工业企业普遍利润下滑、经营效益不佳，加之该周期企业面临“十二五”规划的强节能减排约束，故缺乏节能减排的内生动力，从而使得节能减排对技术创新的诱致作用薄弱，绿色技术进步出现倒退。同时，由于危机过后工业企业加快了重组与整合，提升了组织管理能力，故技术效率得到改善。在工业不断推进结构调整与转型升级下，迎来了 2013—2014 年绿色全要素生产率的高速反弹，而这一反弹的驱动力即是不断累积的技术进步。因此，在资源环境约束下，中国工业一方面应当通过制度创新、组织创新提升绿色技术效率的贡献度，另一方面更应发挥技术进步对工业绿色转型的驱动作用，不断增强研发强度与技术创新，才能全面提升工业的可持续竞争力。尽管由于测度方法、研究时期、数据选择等不同，我们对工业 GTFP 测度的具体结果与现有研究并不完全一致，但据此得出的主要结论与一些代表性研究是类似的。例如 Chen and Golley（2014）主要考察了 1980—2010 年工业 GTFP 的变动趋势，他们测度出工业整体 TFP 和 GTFP 分别增长 5.5% 和 1.8%，且证实了 GTFP 增长和下降的主要驱动力是技术变化。在 GTFP 整体变动趋势方面，我们得到了不同的结论，Chen and Golley（2014）研究表明 GTFP 的增长自 2002 年的峰值 4.2% 下降自 2010 年的 0.5%，而我们的研究表明 GTFP 的增长自 2000 年以来呈现波动性上升走势，在经历了 2010—2013 年的一次明显下降后于 2013—2014 年达到峰值 1.91%。我们获得的这个趋势性结论与王兵和刘光天（2015）的结论类似，他们的研究表明工业 GTFP 在 2004—2008 年间保持增长，且在 2009—2012 年间呈现先下降后增长的趋势。

就三大分类行业来看，在整个研究期内，只有装备制造业的绿色全要素生产率实现了增长，而资源类行业和轻纺工业的绿色全要素生产率均出现一定程度的倒退，2000—2014 年间，装备制造业、资源类行业和轻纺工业分别实现绿色全要素生产率增长 0.47%、-0.1%、-0.29%，充分说明装备制造业凭借生产技术创新、制度创新以及组织管理创新，实现了工业增长与资源环境的协调发展，而资源类行业和轻纺工业仍未实现增长模式的转型，工业增长与资源环境之间存在失衡。在绿色技术效率变动方面，2000—2014 年间，三大行业均未实现效率的改善，但在绿色技术进步方面，三大行业均实现了技术进步的提升，且技术进步的增长位次依次为装备制造业（0.5%）、轻纺工业（0.3%）和资源类行业（0.14%），特别是在 2010—2014 年间，三大行业的绿色技术进步指数均出现了快速增长，成为绿色全要素生产率的主要贡献来源。结合图 4.4、图 4.5 及图 4.6 进一步分析，三大行业的绿色全要素生产率及其分解整体波动趋势一致，但在 2010 年之后的分异性较大，资源类行业的绿色增长较为疲软，且在 2011—2013 年间由于技术进步下降使得绿色全要素生产率出现明显倒退，这可能与短期内资源类行业去产能步伐加快造成企业经济绩效下滑及节能减排约束挤占企业研发投入有关，但此后在技术进步的带动下资源类行业实现了绿色生产率的反弹；轻纺工业在 2012—2014 年间实现了最快的技术进步增长，但由于该区间内技术效率的追赶效应达到顶峰后释放完成，技术效率出现了大幅下滑，从而使得轻纺工业的绿色全要素生产率在周期末出现倒退；装备制造业整体表现平稳，不论是技术效率改善还是技术进步提升均在行业中处于领先位置，尽管在 2010—2013 年间由于技术进步倒退使绿色生产率出现短期下降，但经过调整，最终在研究期末实现了最快的绿色全要素生产率增长。

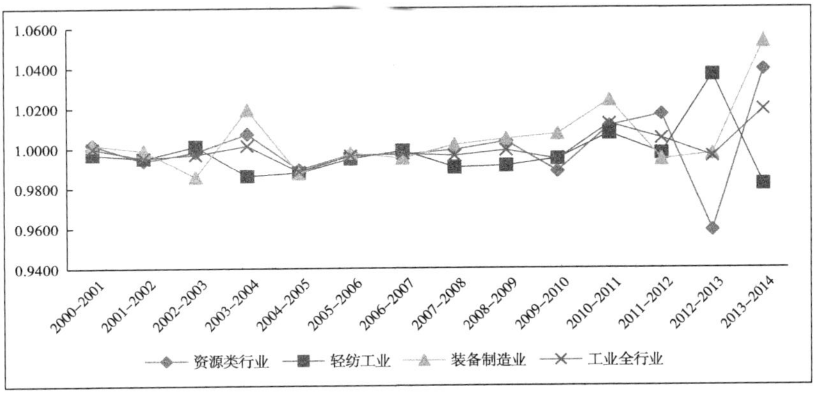

图 4.4　三大行业及全行业绿色全要素生产率增长（2000-2014）

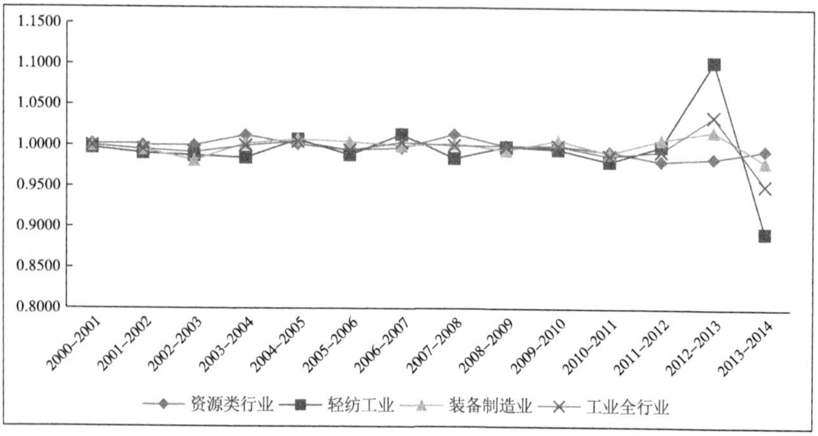

图 4.5　三大行业及全行业绿色技术效率变化（2000-2014）

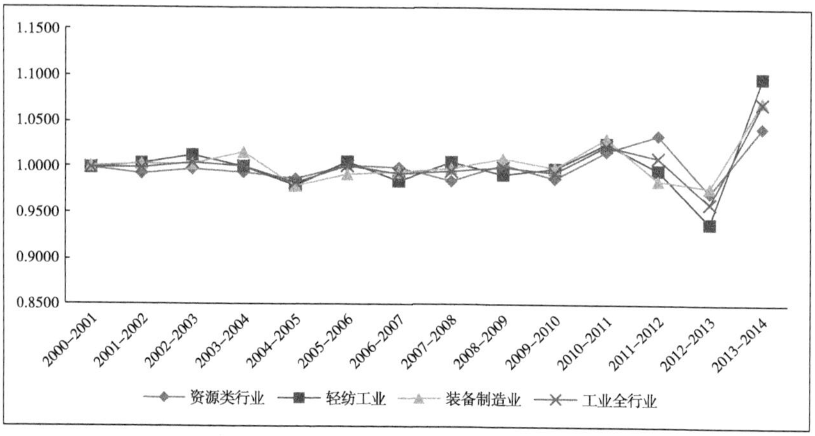

图 4.6　三大行业及全行业绿色技术进步变化（2000-2014）

就细分行业而言，2000—2014 年，从平均值来看，各行业的传统全要素生产率基本高于绿色全要素生产率，共有 19 个分行业的绿色全要素生产率出现增长，有 2 个分行业的绿色全要素生产率持平，另有 15 个分行业的绿色全要素生产率出现下降。同时，各分行业在 2000—2005 年、2005—2010 年、2010—2014 年三个区间内的绿色全要素生产率呈现不同程度的波动，行业异质性明显。从绿色全要素生产率来看，工业 GTFP 排名前 10 位行业依次是电力热力、计算机、电气机械、有金加工、水的生产、烟草制品、印刷媒介、交通运输、通用设备、仪器仪表，GTFP 年均增长率依次为

1.794%、1.295%、0.873%、0.873%、0.653%、0.651%、0.625%、0.574%、0.372%、0.353%。在这10个行业中，资源类行业占30%，轻纺工业占20%，装备制造业占50%。其中，电器机械、有金加工、水的生产、交通运输主要依靠技术效率改进推动GTFP的增长，说明这些行业在制度及管理创新、发挥规模经济效应方面有较好的表现；电力热力、计算机、烟草制品、仪器仪表主要依靠技术进步推动GTFP的增长，说明这些行业在技术进步推动节能降耗方面的表现较好；而印刷媒介、通用设备行业的技术效率改进和技术进步能力较为均衡。工业GTFP排名后10位的行业依次是食品制造、金属制品、纺织服装、化学纤维、饮料制造、煤炭开采、纺织业、农副加工、有金矿采、黑金矿采，GTFP年均增长率依次为–0.483%、–0.489%、–0.497%、–0.749%、–0.812%、–0.938%、–0.966%、–1.036%、–1.257%、–1.780%，由于效率改进或技术进步能力较差，这些行业尚未实现产出增长与资源环境的有效协调。从绿色全要素生产的分解项来看，绿色技术效率增长最快的5个行业是有金加工、水的生产、交通运输、电气机械、非金矿物，增长率依次为0.776%、0.527%、0.322%、0.203%、0.115%；增长最慢的5个行业是纺织服装、纺织业、农副加工、皮革毛皮、黑金矿采，增长率为–1.052%、–1.095%、–1.168%、–1.171%、–1.485%。绿色技术进步增长最快的5个行业是电力热力、计算机、皮革毛皮、电气机械、烟草制品，增长率依次为1.794%、1.295%、1.160%、0.669%、0.651%；增长最慢的5个行业是黑金冶炼、家具制造、文教体育、黑金矿采、有金矿采，增长率为0.061%、0.000%、0.000%、–0.299%、–1.257%。

与报告全行业及分时期的绿色全要素生产率测度结果不同，表4.9报告了工业36个分行业的绿色增长核算情况。我们看到，36个分行业的绿色增长存在较大差异，产出增长最快的10个行业大多为具有高技术水平的装备制造业，如交通运输、计算机、专用设备、通用设备，这些行业的绿色生产率增长位于前列，且绿色生产率的贡献度相对较高，凸显了先进制造业在工业转型升级中的重要性。只有黑金矿采的产出增长与生产率增长出现明显失衡，产出增长水平最高，但绿色生产率的贡献度仅为–6.5342%，说明行业增长更大程度上依靠的是资本、劳动和能源的投入，该行业的能源消耗增长速度全行业最高，年均达 13.37%。产出增长最慢的 10 个行业全部为资源类行业及轻纺工业，资源类行业如石油开采、有金矿采等增长慢且绿色生产率贡献低，显示了高能耗高排放的弊端，进一步说明对传统重化工业进行技术改造和节能减排约束的必要性和紧迫性。轻纺工业如化学纤维、纺织业、饮料制造等产出增长慢且生产率贡献度均为负，说明虽然这些行业的能耗及排放水平相对较低，但技术创新和组织管理的能力也较差，行业发展缺乏活力和市场竞争力。在绿色生产率贡献方面，尽管部分行业的绿色生产率增长迅速，但所有行业的生产率贡献距离 50% 的目标值相距甚远，这说明所有行业的要素贡献均超过生产率贡献，即工业产出增长仍然主要依靠要素驱动，尚未实现真正意义上的创新驱动。在生产率贡献排名前 10 位的行业中，资源类行业和装备制造业各占 40%，轻纺工业占 20%，原因在于，部分资源类行业的生产本身较为清洁如水的生产行业，同时也有部分传统行业的转型升级取得了一定成效如石油加工。同时，装备制造业继续凭借技术优势保持领先，而轻纺工业则需进一步提升技术效率和技术进步水平。从投入要素的增长来看，各行业劳动投入的增长速度相对较慢，而资本和能源投入的增长速度仍然很高，这不仅是中国工业增长的显著特点，也说明了大多数工业行业仍采取的是资本导向或资源导向的生产模式。

表 4.9　中国工业分行业绿色增长核算（2000—2014）

简称	产出	资本	劳动	能源	GTFP	GMLECH	GMLTCH	绿色生产率贡献（%）
煤炭开采	1.1684	1.1075	1.0145	1.0669	0.9906	0.9900	1.0006	−5.5701
石油开采	1.0246	1.0757	1.0207	1.0052	0.9992	0.9980	1.0011	−3.3406
黑金矿采	1.2725	1.2027	1.0764	1.1337	0.9822	0.9851	0.9970	−6.5342
有金矿采	1.1455	1.1119	1.0074	1.0819	0.9874	1.0000	0.9874	−8.6375
其他采矿	1.2012	1.1028	1.0351	1.0507	1.0012	0.9994	1.0018	0.5826
农副加工	1.1795	1.1010	1.0711	1.0645	0.9896	0.9883	1.0013	−5.7724
食品制造	1.1827	1.0918	1.0596	1.0400	0.9952	0.9936	1.0015	−2.6454
饮料制造	1.1650	1.0584	1.0336	1.0467	0.9919	0.9902	1.0017	−4.9198
烟草制品	1.1326	1.0027	0.9872	0.9827	1.0065	1.0000	1.0065	4.9122
纺织业	1.1423	1.0423	1.0011	1.0616	0.9903	0.9890	1.0013	−6.7880

续表

简称	产出	资本	劳动	能源	GTFP	GMLECH	GMLTCH	绿色生产率贡献（%）
纺织服装	1.1664	1.0889	1.0560	1.0733	0.9950	0.9895	1.0056	-2.9880
皮革毛皮	1.1669	1.0918	1.0734	1.0825	0.9998	0.9883	1.0116	-0.1428
木材加工	1.2289	1.0944	1.0775	1.1079	1.0007	0.9980	1.0026	0.2918
家具制造	1.2284	1.1350	1.1123	1.0947	1.0000	1.0000	1.0000	0.0000
造纸制品	1.1677	1.0641	1.0142	1.0421	0.9959	0.9951	1.0008	-2.4650
印刷媒介	1.1954	1.0608	1.0394	1.0606	1.0062	1.0001	1.0062	3.1990
文教体育	1.2484	1.1378	1.0934	1.0880	1.0000	1.0000	1.0000	0.0000
石油加工	1.0985	1.0656	1.0304	1.0763	1.0022	1.0000	1.0022	2.2235
化学原料	1.1889	1.0992	1.0264	1.0894	1.0014	1.0007	1.0007	0.7244
医药制造	1.2003	1.1044	1.0591	1.0620	0.9957	0.9939	1.0018	-2.1449
化学纤维	1.1403	1.0194	1.0066	0.9981	0.9925	0.9914	1.0011	-5.3338
橡胶制品	1.1768	1.0935	1.0192	1.0797	0.9969	0.9946	1.0023	-1.7623
塑料制品	1.1781	1.0730	1.0610	1.0939	1.0020	0.9965	1.0055	1.0992
非金矿物	1.2163	1.0919	1.0269	1.0723	1.0019	1.0012	1.0008	0.8808
黑金冶炼	1.1947	1.0852	1.0316	1.0970	1.0004	0.9998	1.0006	0.2309
有金加工	1.2074	1.1251	1.0499	1.1097	1.0087	1.0078	1.0010	4.2084
金属制品	1.1998	1.1297	1.0626	1.1036	0.9951	0.9913	1.0038	-2.4480
通用设备	1.2134	1.0937	1.0394	1.0791	1.0037	1.0008	1.0029	1.7439
专用设备	1.2151	1.1129	1.0394	1.0611	1.0035	1.0009	1.0026	1.6254
交通运输	1.2714	1.1017	1.0576	1.0552	1.0057	1.0032	1.0025	2.1170
电气机械	1.2050	1.0994	1.0759	1.1040	1.0087	1.0020	1.0067	4.2594
计算机	1.2365	1.0959	1.1155	1.1096	1.0130	1.0000	1.0130	5.4775
仪器仪表	1.1903	1.0809	1.0470	1.0520	1.0035	1.0000	1.0035	1.8528
电力热力	1.1731	1.0957	1.0142	1.0637	1.0179	1.0000	1.0179	10.3627
燃气生产	1.2226	1.1247	1.0350	1.0114	1.0012	0.9994	1.0018	0.5438
水的生产	1.0771	1.0640	0.9928	1.0504	1.0065	1.0053	1.0013	8.4681

注：本表中的投入产出各变量数值为各行业在2000—2014年间的几何平均增长速度，GTFP、GMLECH、GMLTCH为各行业在2000—2014年间的几何平均水平，绿色生产率贡献份额的计算参考吴延瑞（2008）的方法，即将贡献份额定义为绿色生产率增长占工业总产值增长的比重。

三、中国工业绿色全要素生产率的收敛分析

在上一节中，我们已经测度了中国36个工业行业的绿色全要素生产率及其分解，研究表明，资源类行业、轻纺工业以及装备制造业的GTFP走势基本与工业全行业一致，但行业内部存在较大差异。那么，随着时间的推移，在研究期内，中国工业36个行业以及三大行业内部的GTFP差异究竟是呈现逐步缩小还是进一步扩大的趋势？各行业GTFP的收敛模式有何不同？为此，本节将对中国工业绿色全要素生产率进行收敛检验。

σ收敛检验、绝对β收敛检验和条件β收敛检验是经济学研究常用的三种收敛分析方法（Sala-I-Martin，1996；吴军，2009）。如果随着时间推移，不同经济体产出水平的方差或标准差呈现下降趋势，那么则认为存在σ收敛。针对本书工业GTFP的收敛分析而言，若工业行业GTFP的标准差随着时间的推移而下降，则称GTFP具有σ收敛态势。如果随着时间推移，期初产出水平较低的经济体能够获得比期初产出水平较高的经济体更快的产出增长率，即不同经济体的产出增长率和初始产出水平之间具有负相关性，则认为存在β收敛。Barro and Sala-I-Martin（1997）进一步将β收敛分为绝对收敛和条件收敛，针对GTFP收敛分析而言，若工业各行业的GTFP最终能达到完全相同的稳态增长速度和水平，则称GTFP具有绝对β收敛态势；若在考虑不同行业各自的特征和条件后，各行业沿着各自的稳态增长路径发展，最终能达到稳定的增长速度，则称GTFP具有条件β收敛态势。虽然两种形式的β收敛均是朝着稳态水平发展，但相比绝对收敛，条件收敛体现为不同行业具有各自的稳态增长水平。σ收敛和绝对β收敛都属于绝对收敛，且β收敛是σ收敛的必要非充分条件（Quah，1996；Sala-I-Martin，1996）。基于此，我们使用σ收敛、绝对β收敛和条件β收敛对36个工业行业整体及资源类行业、轻纺工业、装备制造业的绿色全要素生产率进行收敛检验。

1. σ收敛检验

图4.7展示了三大类行业及工业总体的绿色全要素生产率标准差随时间演化的趋势，就36个工业行业整体而言，在样本期内绿色全要素生产率指

数的标准差呈现扁平的“N”型特征，总体上GTFP不存在σ收敛，即考虑了资源和环境约束的工业生产率差距随时间变化呈现出扩大或缩小的趋势，并以2008年为拐点，在此之前具有收敛态势，但在2008年之后又呈现发散特征，说明金融危机过后工业各行业绿色生产率的增长具有分异性，这种分异在最近两年间又逐步缩小，这主要得益于技术进步的推动。从三大类行业来看，在整个研究期内GTFP均不存在σ收敛。资源类行业GTFP收敛的拐点在2008年，在2008年之前，GTFP的标准差有下降趋势，但在此之后又开始进一步提高，说明行业内部的差距逐步扩大。轻纺工业GTFP收敛的拐点在2012年，在2012年之前，GTFP的标准差变化相对平稳且逐步收敛，但在2012年之后呈现出明显的发散趋势。装备制造业GTFP标准差的波动最为剧烈，两个明显的拐点在2006年和2010年，2003—2006年间，装备制造业GTFP快速收敛，即行业内部的生产率差距快速缩小，这说

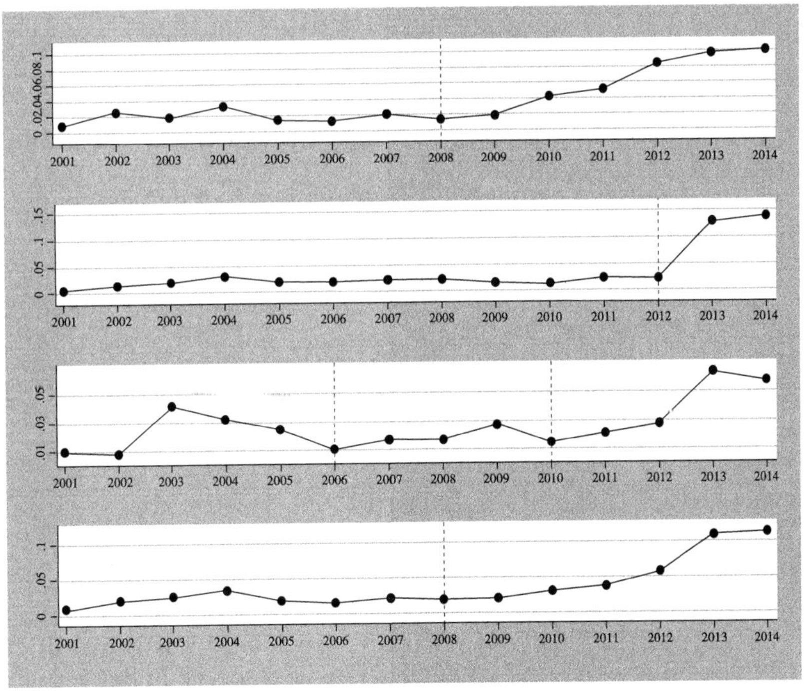

图4.7　中国工业绿色全要素生产率σ收敛检验结果

注：根据测度数据整理核算，本组图从上至下依次为资源类行业、轻纺工业、装备制造业以及工业全行业的σ收敛检验。

明装备制造业技术创新能力强、技术扩散速度快，使得 GTFP 差异趋于缩小。经过 2006—2010 年间的波动，从 2010 开始装备制造业又呈现发散趋势并于 2013 年后转向收敛，说明随着时间的推移，装备制造业内部各行业的 GTFP 也存在一定分异，结合前文的测度结果分析，金属制品业与其他装备制造业的绿色生产率水平存在较大差距。

2. 绝对 β 收敛检验

如前文所述，绝对 β 收敛在实证中主要考察不同行业的绿色全要素生产率的增长率是否与其初始水平呈现负相关。因此，我们采用式（4–18）对中国工业 36 个行业及三大类行业的绿色全要素生产率进行绝对 β 收敛检验。

$$g_{it} = \Delta GTFP_{it} = \alpha + \beta \ln GTFP_{i0} + \varepsilon_{it} \qquad (4\text{–}18)$$

在式（4–18）中，$\Delta GTFP_{it}$ 代表 i 行业从 0 到 t 期的年均 GTFP 增长率，$\ln GTFP_{i0}$ 代表 i 行业期初的绿色全要素生产率指数的对数。如果 β 的值显著为负，则说明行业 GTFP 的增长差异随时间变化逐步缩小，满足绝对 β 收敛，反之则说明行业 GTFP 的增长差异扩大。本书采用前文测度的 36 个行业的绿色全要素生产率指数进行绝对 β 收敛检验，检验结果见表 4.10。

表 4.10　中国工业绿色全要素生产率绝对 β 收敛检验（OLS 估计）

	工业全行业	资源类行业	轻纺工业	装备制造业
C	0.9978*** （887.13）	0.9985*** （1442.73）	0.9987*** （1725.01）	0.9999*** （1266.55）
$\ln GTFP_{i0}$	0.3651** （2.42）	0.1731*** （2.07）	1.1153*** （10.08）	0.1964** （2.30）
调整的 R^2	0.096	0.016	0.357	0.045
F 统计量	49.83	4.27	101.58	5.27

注：***、**、* 分别表示 1%、5% 和 10% 下的显著性水平。

表 4.10 显示，工业全行业、资源类行业、轻纺工业以及装备制造业的 $\ln GTFP_{i0}$ 的回归系数 β 分别在 5%、1%、1% 及 5% 条件下正向显著，这表明中国工业 GTFP 指数呈现发散特征而非收敛状态，不论是工业整体还是三大类行业 GTFP 的差距都在逐渐拉大。因此，绝对 β 收敛检验的结果与 σ 收敛检验的结果可以得到相互印证，即从整个样本周期来看，中国工业绿色

全要素生产率随着时间推移行业内部的差距有扩大趋势，而三大类行业也尚未具备“俱乐部收敛”的特征。从现实层面来看，就资源类行业而言，虽然多数为传统的高能耗及高排放行业，但在实践绿色增长中的表现存在差异，部分行业通过技术改造和升级，逐渐转向清洁生产，而部分行业仍粗放式增长，故 GTFP 差异扩大；就轻纺工业而言，虽然多数行业能耗及排放不高，但行业内部的技术创新能力和组织管理效率存在差异，使得生产率增长存在不同；就装备制造业而言，虽然多数为先进制造行业，但在绿色制造与互联网的深度融合下，行业内部仍存在一定的分异。

3. 条件 β 收敛检验

条件 β 收敛意味着各行业具有向自身稳定状态发展的趋势，在实证中同样通过考察 GTFP 的增长率是否与其初始水平呈现负相关来判别条件 β 收敛。我们利用动态面板数据，采用式（4–19）对中国工业 36 个行业及三大类行业的绿色全要素生产率进行条件 β 收敛检验。

$$g_{it} = \Delta GTFP_{it} = \Delta GTFP_{i,t-1} + \beta \ln GTFP_{i0} + \sum_{j=1}^{n} \lambda_j X_{it}^{j} + \alpha + \varepsilon_{it} \tag{4–19}$$

式（4–19）中各变量的解释与式（4–18）相同，其中 λ_j 表示增加的第 j 个控制变量 X 的回归系数，因此在条件 β 收敛检验中通常加入相关控制变量进而考察 β 系数的符号，本书借鉴李玲（2012）等学者的研究，选择工业增加值率（INV）、能源消耗率（ENC）以及外商投资率（FDI）作为控制变量纳入条件 β 收敛模型中，其中 INV 为各行业工业增加值占同期工业总产值的比率，ENV 为各行业化石能源消费占能源消费总量的比率，FDI 为各行业外商投资占总投资的比率。在此基础上，我们得到表 4.11 的回归结果。

表 4.11　中国工业绿色全要素生产率条件 β 收敛检（GMM 估计）

	工业全行业	资源类行业	轻纺工业	装备制造业
$\Delta GTFP_{i,t-1}$	0.9897*** （165.01）	0.9668*** （128.35）	1.0148*** （65.20）	1.0240*** （52.58）
$\ln GTFP_{i0}$	1.4335*** （23.63）	1.4047*** （4.50）	–2.0934** （–2.52）	0.4710** （2.01）

续表

	工业全行业	资源类行业	轻纺工业	装备制造业
INV	0.0070 （0.73）	0.0975*** （4.59）	-0.0126 （-0.75）	0.0420 （0.63）
ENC	-0.0025*** （-2.94）	0.0003 （0.26）	-0.0459*** （-3.47）	-0.1346 （-1.08）
FDI	0.0079 （0.78）	-0.1020*** （-3.04）	-0.0398 （-1.45）	-0.0964 （-1.44）
Sargan 检验	0.3998	0.3289	0.3538	0.3834

注：***、**、* 分别表示 1%、5% 和 10% 下的显著性水平。

表 4.11 的结果显示，加入了 INV、ENC 及 FDI 三个控制变量后，在样本期内工业 36 个行业的绿色全要素生产率仍然呈现发散趋势，但与绝对 β 收敛检验的结果相比，轻纺工业的绿色全要素生产率具备了条件收敛的特征，在 5% 条件下 β 系数统计显著，这也是在三大类行业中唯一呈现收敛特征的行业，资源类行业以及装备制造业的 GTFP 仍旧具有显著的发散趋势，但装备制造业的发散系数相比绝对收敛更小。这说明，在考虑了控制变量的条件下，工业全行业、资源类行业以及装备制造业的 GTFP 的差异将随着时间推移扩大，但在轻纺工业内部，GTFP 具有向自身稳态水平发展的趋势。

第四节　本章小结

本章根据经济增长以及全要素生产率相关理论，从工业绿色增长内涵和本质出发，将资源投入和环境污染纳入到生产率的核算框架中。考虑到传统效率测度方法的缺陷，本章利用绿色全要素生产率测度的前沿工具方向性距离函数及 Global Malmquist-Luenberger 生产率指数对 2000—2014 年中国工业 36 个行业的绿色全要素生产率及其分解进行了测度，并对测度结果进行了详细分析。在此基础上，对工业全行业、资源类行业、轻纺工业以及装备制造业的绿色全要素生产率进行了 σ 收敛、绝对 β 收敛和条件 β 收敛检验，以进一步探究行业内部绿色全要素生产率的差异随时间的演化趋势，得出的主要研究结论如下：

第一，就静态绿色技术效率而言，在资源与环境约束下，2000—2014年，中国工业的绿色技术效率为0.9135，虽然接近生产前沿，但整体仍未实现绿色技术效率的最优水平。行业层面的绿色技术效率具有明显的异质性，装备制造业整体绿色技术效率水平最高，资源类行业次之，轻纺工业效率水平最低。

第二，2000—2014年，工业全行业的传统全要素生产率年均增长9.1%，而在正确考虑能源消耗及污染排放情况下，中国工业实际的全要素生产率年均倒退0.02%，充分说明资源消耗和污染排放给我国工业增长带来了损失，中国工业存在以牺牲资源环境换取增长的现象。从不同时间段来看，虽然工业整体尚未实现绿色增长，但在2000—2005年、2005—2010年、2010—2014年的三个区间内增长率呈现不断上升的走势，在2010—2014年间，工业绿色全要素生产率实现了0.79%的增长。同时，中国工业绿色全要素生产率的增长主要得益于技术进步而非技术效率的改善，且绿色全要素生产率的倒退也主要受技术进步下降的拖累。

第三，从不同行业来看，在样本期内，只有装备制造业的绿色全要素生产率实现了增长，而资源类行业和轻纺工业的绿色全要素生产率均出现一定程度的倒退。此外，共有19个行业的GTFP出现增长，有2个行业的GTFP持平，另有15个行业的GTFP出现下降。在过去15年间，GTFP的高均值多集中在计算机等高新技术产业和清洁生产行业，而GTFP的低均值多数为煤炭开采、黑金矿采等传统污染密集型行业。在绿色生产率贡献方面，交通运输、计算机、专用设备、通用设备等行业的生产率对产出增长的贡献度较高，然而，所有行业的绿色生产率贡献距离50%的目标值相距甚远，即中国工业产出增长仍然主要依靠要素驱动，尚未实现真正意义上的创新驱动。

第四，绿色全要素生产率的收敛检验结果表明，在样本期内工业绿色全要素生产率指数不具备σ收敛、绝对β收敛特征，即工业整体、资源类行业、轻纺工业以及装备制造业的绿色全要素生产率的差异将随着时间推移呈现发散走势。但在考虑控制变量的条件β收敛中，轻纺工业的绿色全要素生产率具备了条件收敛的特征，随时间推移将逐渐向自身稳态水平发展。

综合上述分析，我们对中国工业绿色增长状况的基本判断是：尽管自“十二五”以来工业绿色全要素生产率出现增长，尽管部分工业行业的绿色全要素生产率已经实现了长足进步，但鉴于研究期内工业 GTFP 仍未超过 1、各行业 GTFP 存在明显异质性、GTFP 对产出增长的贡献率仍然很低、GTFP 的差异仍有扩大趋势等基本结论，本书无法得出中国工业已经实现绿色增长的结论。而事实上，我们认为中国工业真正意义上的绿色增长才刚刚起步，新常态下的工业绿色增长仍然具有很大的潜力和空间。

第五章　中国工业绿色增长的动力因素研究

第四章的测度结果表明中国工业尚处在由传统增长模式向绿色增长模式的转换阶段，而在此进程中，工业绿色增长面临着一系列体制机制障碍、技术创新瓶颈以及深层的结构矛盾，这些问题使得工业绿色增长在实践中面临重重困难。在工业化后期，劳动力、资本等要素驱动乏力，培养工业绿色增长的新动力迫在眉睫。基于此，本章将以前文测度出的分行业工业绿色全要素生产率为依据，从制度创新动力、技术创新动力以及结构优化动力三方面分析工业绿色增长的动力因素，并综合采用相关性分析、面板 Granger 因果检验、GMM 动态面板模型、面板门槛模型等多种实证方法，全面检验各动力因素对工业绿色增长的影响，以期为新时期中国工业绿色增长战略对策的制定提供合理的经验依据。

第一节　制度创新与工业绿色增长：环境规制体系构建

现代经济增长理论让制度因素成为影响经济增长的重要手段，政府可以通过合理的制度安排促进经济增长质量的提升，因此健全的资源环境制度成为经济社会可持续发展的基本保障。在中国推进绿色经济发展的进程中，面临着一系列制度困境，如绿色制度供给范围狭窄、官员考核晋升机制不合理、要素价格形成机制改革不彻底、环境监管制度不完善、环境补偿机制不健全等。面对制度困境，破解思路即是加强制度创新，只有根据绿色增长的本质和特征推出创新的系列制度供给，才能从根本上协调绿色增长中不同主体的利益关系，从而对经济活动起到有效的约束和激励。在一系列制度改革与创新中，环境规制是中国环境管理正式制度中最为重要的政策体系，特别是在工业领域，环境规制担负着实现工业增长和节能减排的双重任务（彭星和李斌，2016）。第三章理论模型表明，创新驱动下工业绿色增长实现的必要条件之一就是健全和完善环境规制，而中国工业绿色增长的根本问题是全面提升绿色全要素生产率，因此通过合理且有效的环境规制政策推进工业绿色全要素生产率的改善是实现工业转型升级的必由之路。

一、关于环境规制不同效应的讨论

对于环境规制与工业绿色增长的探讨学术界向来存在争议，传统经济学将环境保护与经济增长视为一种隐含的抵消关系，“遵循成本说”是早期学者们在研究这一问题时的普遍共识，他们认为当企业受到严格的环境规制约束时，会增加成本开支并挤占研发投入，因此，尽管环境规制可能产生社会效益，但却不利于企业提升创新能力和主动承担环境责任（Gray，1987；Jaffe and Palmer，1997）。然而，基于新古典框架的传统观念假定企业的生产技术、资源配置和消费需求是静态的，并在静态框架下分析环境规制对企业成本和收益的影响，因而结论是环境规制将导致企业成本上升、削弱企业生产能力、降低企业的市场占有率，进而损害企业的竞争力（Gropper and Oates，1992）。1991 年，迈克尔·波特提出的“波特假说”（Porter hypothesis）有力反驳了传统新古典经济学关于环境保护问题的理论框架。与传统假说不同，波特等学者认为，对于企业竞争优势的评价应当从动态角度出发，考察变动约束下企业的连续改进与创新能力，而非考察静态效率和固定约束下的最优化行为（Porter，1991；Porter and Vander Linde，1995；Brunnermeier and Cohen，2003）。也就是说，从长期动态来看，严格、恰当的环境规制不仅会对社会公共福利产生“好”的外部性，且能够激发出企业的“创新补偿效应”，使得被规制企业在变动约束条件下提升资源优化配置水平、改进生产工艺流程、刺激技术创新能力，进而达到帕累托改进或“双赢”的状态，实现企业环境绩效与经济绩效的共同提升，而工业企业实现绿色增长正是整个工业行业实现绿色增长的微观基础。当前，中国的环境政策大多以节能减排为导向，即环境规制主要用于排放约束和污染治理，其目标是使企业的污染排放和经济绩效在此消彼长中实现均衡（沈能，2012）。由于环境规制多为命令控制手段且不同的工业部门在资源消耗、污染排放等方面存在异质性，现行的环境规制体制能否对工业节能减排起到足够的约束和激励仍然有待考察。

在现实的环境规制中，政府的干预模式并不固定，规制工具的类型也具有丰富性，从不同主体出发大致可将环境规制分为命令控制型、经济激励型和公众参与型（赵玉民等，2009）。20世纪70年代以前，我国的环境规制以行政命令手段为主，70至80年代，市场导向的激励型环境规制成为重要补充，90年代之后，信息披露、公众参与等自愿型环境规制开始发挥作用（张江雪等，2015）。命令控制型环境规制是当前工业领域应用最广泛的环境管制手段，相关环境规制能直接对工业能源消耗及污染排放进行强制约束，具有收效快的特点，但缺乏灵活和有效的激励机制；经济激励型环境规制是基于市场的价格导向原则，具有动态灵活的特点，能最大程度地调动工业企业提升环境绩效的积极性；公众参与型环境规制是微观主体环境意识提升的重要标志，通常以非正式制度的形式存在。在衡量命令控制型环境规制方面，学者们主要采用环境立法及行政规章的数量（陈德敏和张瑞，2012；李树和陈刚，2013；李树和翁卫国，2014）、污染物排放密度或达标率（Cole and Elliott，2003；傅京燕和李丽莎，2010；景维民和张璐，2014）、单位工业产值污染治理投资等指标（Lanoie et al.，2008；张成等，2011）；在衡量经济激励型环境规制方面，学者们主要采用排污费（Hockenstein et al.，1997；李广明和韩林波，2016）、补贴和可交易的排污许可证（Fowlie et al.，2016）等指标；在公众参与型环境规制方面，学者们主要采用环境信访和环境投诉等指标（Owen and Videras，2007；蓝庆新和陈超凡，2015）。在本书中，我们主要考察命令控制型和经济激励型两类正式环境规章制度对工业绿色增长的影响。

二、中国工业环境规制体系构建及测度

上述列举的环境规制不同测度方法基本都是以工业整体或区域层面的环境规制为考察对象，由于数据资料所限，现有研究对于工业行业层面环境规制的衡量仍然存在缺陷，多数学者以单一指标或某一类指标考察环境规制对工业绿色增长的影响，而这些指标大多属于命令控制型环境规制。

由于本书研究对象为工业36个行业，不同行业性质存在差异，主要污染物排放表现不一，故所能承受的环境规制强度和适用的环境规制类型不尽相同，如果采用单一指标（如污染物排放达标量、污染治理设施费用等）对环境规制进行衡量将有失偏颇，特别是在行业层面考虑经济激励型环境规制的文献十分稀缺，故无法有针对性地提出创新环境规制体制的建议。基于此，本书在参考现有研究的基础上，设置两类工业环境规制体系：一类为命令控制型环境规制体系，借鉴傅京燕和李丽莎（2010）等学者的研究，设置一个目标层（环境规制体系），三个评价指标层（废水、废气、固体废物）和五个单项指标（废水排放达标率、二氧化硫排放达标率、烟尘排放达标率、粉尘排放达标率、固体废物综合利用率）。另一类为经济激励型环境规制体系，该体系由废水排污费和废气排污费构成，由于缺乏直接公开的统计数据，本书根据国务院《排污费征收使用管理条例》（以下简称《条例》）和中华人民共和国国家发展和改革委员会《关于调整排污费征收标准等有关问题的通知》（以下简称《通知》）中的“排污费征收标准及计算方法”，对2000—2014年中国36个行业的排污费进行估算。本书估算排污费的方法为：首先计算各类工业主要污染物的排放量，其次确定每一类污染物的当量数，当量数的计算方法为式（5–1），其中当量值由现行《条例》直接提供，接着按照各污染物当量数从多到少的顺序，确定前3项为收费因子，可少于但最多不超过3项，最后根据2014年《通知》要求的最新排污费征收标准，确定各行业废水和废气的排污费，计算公式如式（5–2）、式（5–3）。由于数据资料限制，本书未计算固体废物的排污费。在此基础上，采用基于客观赋权的熵值法得到命令控制型环境规制综合指数（AOCER）以及经济激励型环境规制综合指数（ECOER），并合成为环境规制综合指数（ER）。

$$\text{某污染物的污染当量数}=\frac{\text{该污染物的排放量}}{\text{该污染物当量值}} \tag{5–1}$$

$$\text{废水排污费}=1.4*\sum(\text{废水中前三项污染物的当量数之和}) \tag{5–2}$$

$$\text{废气排污费}=1.2*\sum(\text{废气中前三项污染物的当量数之和}) \tag{5–3}$$

为了更好地对比及分析环境规制对异质性行业绿色增长的影响，本书依据韩晶等（2014）、Chen et al.（2016）的方法，基于污染排放强度将 36 个行业划分为重度污染行业、中度污染行业和轻度污染行业三大类。具体而言，首先采用式（5–4）对单位工业产值的废水、废气以及固体废物排放量数据进行无量纲处理，其中，i 为各工业行业，n 为污染物来源。$\gamma'_{i,n,t}$ 为 i 个行业第 n 个污染物标准化后的赋值，$\gamma_{i,t,n}$ 为各行业各污染物当年排放量，$\gamma_{n,\max}$、$\gamma_{n,\min}$ 分别为各污染物排放的最大值和最小值。其次，采用层次分析法（AHP）确定各污染物的权重和属性，并基于 Matlab 对判断矩阵进行处理，我们得到废水的权重为 0.40，废气的权重为 0.37，固体废物的权重为 0.23。在此基础上，利用式（5–5）对历年工业行业污染排放强度指数进行计算。其中，ϖ_n 为第 n 种污染物的权重值，$\varphi_{i,t}$ 为第 i 个工业行业第 t 年的污染排放强度指数，基于对研究期内污染排放强度指数均值的计算，得到行业划分目录见表 5.1，各行业污染排放强度指数与两种类型环境规制指数见表 5.2，根据表 5.2 中的划分标准，绘制图 5.1。

$$\gamma'_{i,n,t} = \frac{\gamma_{i,n,t} - \gamma_{n,\min}}{\gamma_{n,\max} - \gamma_{n,\min}} (i = 1\ldots36; t = 1\ldots15; n = 1,2,3) \quad (5\text{–}4)$$

$$\varphi_{i,t} = \sum_{n-1}^{3} \varpi_n \gamma'_{i,n,t} \quad (5\text{–}5)$$

表 5.1、表 5.2 和图 5.1 显示，各行业的污染排放强度具有明显的异质性，重度污染行业主要由资源类工业组成，污染排放强度均值为 0.2615，远高于中度和轻度污染行业的 0.0477 和 0.0067，中度污染行业以轻纺工业为主体，而轻度污染行业主要由具有清洁生产和高技术特征的轻纺工业和装备制造业构成，这些行业资源消耗低、污染排放小。从环境规制整体强度来看，重度污染行业环境规制力度最大，综合指数为 0.0283，中度和轻度污染行业的环境规制指数分别为 0.0276 和 0.0272。就两类环境规制与各行业污染强度的组合情况而言，命令控制型环境规制在行业间的波动幅度较小，这说明其针对不同行业缺乏灵活且有针对性的环境规制标准，而经济激励型环境规制对于污染排放强度的适应性较强，针对不同行业呈现一定程度的波动，故对工业节能减排能起到更好的约束和激励作用。就具体行业而言，重度污染行业如有金矿采、黑金矿采等行业所承受的命令控制型

规制力度较为合理，而黑金冶炼、化学原料、石油加工等行业所承受的命令控制型环境规制力度过大，但经济激励型环境规制与行业排放特征的契合度较高；中度污染行业如饮料制造、食品制造、医药制造等行业的两类环境规制工具的配合度较好，而农副加工、纺织业等行业两类环境规制的配合度有待提升；轻度污染行业整体而言两类环境规制力度较为适宜，命令控制型规制力度略强一方面说明轻度污染行业主要污染物排放达标率和利用率较高，可以适度增强规制力度，同时也说明经济激励型规制工具仍有进一步发挥的空间。

表 5.1　依据污染排放强度的工业分类

污染物排放强度指数	行业分类	对应行业	三大类行业对应个数
0.1109< φ <0.4727	重度污染行业（13 个）	有金矿采、电力热力、造纸制品、黑金矿采、非金矿物、黑金冶炼、煤炭开采、化学原料、水的生产、化学纤维、有金加工、石油加工、其他采矿	资源类行业 11 个，轻纺工业 2 个，装备制造业 0 个
0.0110< φ <0.0847	中度污染行业（13 个）	饮料制造、纺织业、燃气生产、农副加工、食品制造、医药制造、石油开采、橡胶制品、木材加工、皮革毛皮、金属制品、仪器仪表、专用设备	资源类行业 3 个，轻纺工业 7 个，装备制造业 3 个
0.0030< φ <0.0099	轻度污染行业（10 个）	交通运输、烟草制品、家具制造、纺织服装、通用设备、塑料制品、印刷媒介、计算机、电气机械、文教体育	资源类行业 1 个，轻纺工业 5 个，装备制造业 4 个

注：本表根据 2000—2014 年各行业污染排放强度的均值进行行业划分。

表 5.2　各行业污染排放强度指数与环境规制指数

	φ	AOCER	ECOER	ER		φ	AOCER	ECOER	ER
有金矿采	0.4727	0.0235	0.0264	0.0249	饮料制造	0.0847	0.0251	0.0291	0.0271
电力热力	0.4501	0.0290	0.0378	0.0334	纺织业	0.0843	0.0281	0.0301	0.0291
造纸制品	0.4402	0.0277	0.0407	0.0342	燃气生产	0.0830	0.0284	0.0258	0.0271
黑金矿采	0.4282	0.0233	0.0259	0.0246	农副加工	0.0671	0.0264	0.0336	0.0300
非金矿物	0.2961	0.0273	0.0285	0.0279	食品制造	0.0655	0.0272	0.0278	0.0275
黑金冶炼	0.2958	0.0291	0.0292	0.0292	医药制造	0.0520	0.0288	0.0275	0.0282

续表

	φ	AOCER	ECOER	ER		φ	AOCER	ECOER	ER
煤炭开采	0.1884	0.0262	0.0273	0.0267	石油开采	0.0400	0.0291	0.0260	0.0275
化学原料	0.1574	0.0279	0.0345	0.0312	橡胶制品	0.0370	0.0306	0.0259	0.0282
水的生产	0.1475	0.0273	0.0258	0.0266	木材加工	0.0314	0.0262	0.0260	0.0261
化学纤维	0.1436	0.0294	0.0277	0.0285	皮革毛皮	0.0283	0.0261	0.0267	0.0264
有金加工	0.1416	0.0278	0.0273	0.0276	金属制品	0.0238	0.0279	0.0261	0.0270
石油加工	0.1266	0.0287	0.0277	0.0282	仪器仪表	0.0117	0.0293	0.0258	0.0275
其他采矿	0.1109	0.0252	0.0259	0.0255	专用设备	0.0110	0.0288	0.0259	0.0273
重度污染	0.2615	0.0271	0.0296	0.0283	中度污染	0.0477	0.0279	0.0274	0.0276
	φ	AOCER	ECOER	ER		φ	AOCER	ECOER	ER
交通运输	0.0099	0.0292	0.0263	0.0277	塑料制品	0.0075	0.0279	0.0258	0.0269
烟草制品	0.0093	0.0282	0.0258	0.0270	印刷媒介	0.0042	0.0284	0.0257	0.0271
家具制造	0.0092	0.0293	0.0257	0.0275	计算机	0.0042	0.0295	0.0261	0.0278
纺织服装	0.0090	0.0293	0.0259	0.0276	电气机械	0.0031	0.0291	0.0259	0.0275
通用设备	0.0077	0.0273	0.0260	0.0266	文教体育	0.0030	0.0275	0.0257	0.0266
轻度污染	0.0067	0.0286	0.0259	0.0272	全行业	0.1135	0.0278	0.0278	0.0278

注：本表数据为2000—2014年各行业污染排放强度、各类环境规制指数的均值。

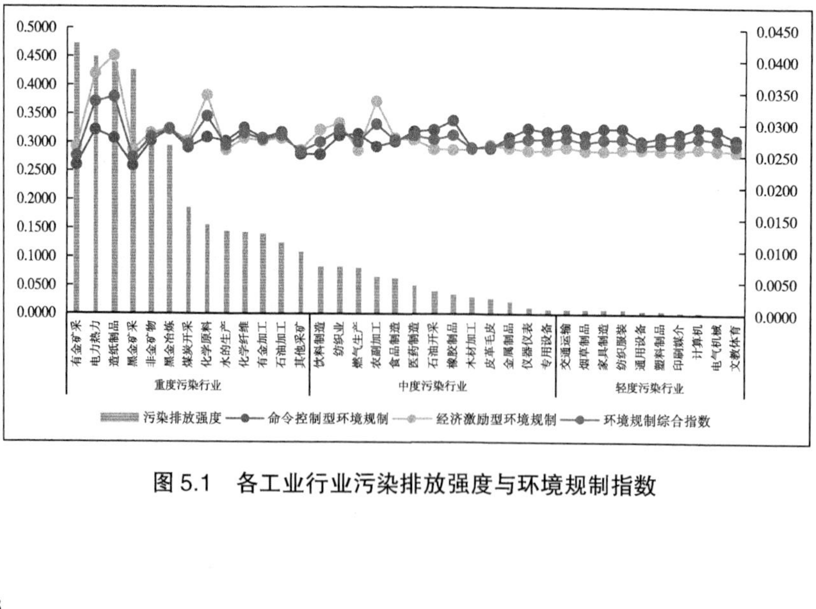

图5.1 各工业行业污染排放强度与环境规制指数

三、中国工业环境规制与绿色增长的因果关系检验

在本节中，我们将采用基于误差修正模型（Error Correction Model，ECM）的面板 Granger 因果检验方法对环境规制与工业绿色增长的关系进行初步的实证分析。本书通过 Engle–Granger 两步法，构建不同类型环境规制与工业绿色全要素生产率的因果检验模型，其基本思想是利用长期协整模型估计出残差，再将残差滞后项作为自变量，从而构建面板 ECM 模型，如式（5–6）所示。

$$
\begin{aligned}
\Delta\ln GTFP_{it} &= \pi_{01} + \mu_1\Delta\ln AOCER_{it} + \kappa_1 ECM_{i,t-1} + \varepsilon_{it} \\
\Delta\ln GTFP_{it} &= \pi_{02} + \mu_2\Delta\ln ECOER_{it} + \kappa_2 ECM_{i,t-1} + \varepsilon_{it} \\
\Delta\ln GTFP_{it} &= \pi_{03} + \mu_3\Delta\ln ER_{it} + \kappa_3 ECM_{i,t-1} + \varepsilon_{it}
\end{aligned}
\qquad (5\text{–}6)
$$

在式（5–6）中，$\Delta\ln GTFP_{it}$ 代表第四章测度的 2000—2014 年各行业 GTFP 对数值的差分项，需要说明的是，鉴于 GTFP 是绿色全要素生产率的增长率，即相对上一年度绿色生产率的变化，故需要对测度出的 GTFP 及其分解进行相应调整以获得 GTFP 的实际值，借鉴李斌等（2013）、陈超凡（2016）的调整方法，实际 GTFP 由 GML 生产率指数进行连乘获得。计算方法是，假定以 2000 年为基期的 GTFP 为 1，2001 年的实际 GTFP 为 2000 年的基期值乘以 2001 年的 GML 指数，2002 年的实际 GTFP 为 2001 年的 GTFP 乘以 2002 年的 GML 指数，以此类推可得各年实际的 GTFP。$\Delta\ln AOCER_{it}$、$\Delta\ln ECOER_{it}$、$\Delta\ln ER_{it}$ 分别为命令控制型环境规制、经济激励型环境规制和环境规制综合指数对数值的差分项，$ECM_{i,t-1}$ 为误差修正项，μ_1、μ_2、μ_3 反映了解释变量的短期波动对被解释变量短期变化的影响，如果其系数显著不为零，则说明环境规制与绿色全要素生产率之间存在短期因果关系，κ_1、κ_2、κ_3 反映了各变量之间的关系偏离长期均衡对短期波动及变化的影响，如果显著不为零，说明二者之间具有长期因果关系。根据 AIC 和 SC 最小化准则，确定最优滞后阶数为 1，得到因果检验结果见表 5.3。

表 5.3 环境规制与工业绿色全要素生产率因果检验结果

原假设	短期因果关系	接受或拒绝	长期因果关系	接受或拒绝
AOCER 不是 GTFP 的 Granger 原因	−0.0093 （−0.32）	接受	−0.2401*** （−6.91）	拒绝
ECOER 不是 GTFP 的 Granger 原因	−0.4706** （−2.37）	拒绝	−0.2391*** （−6.87）	拒绝
ER 不是 GTFP 的 Granger 原因	−0.0111 （−0.53）	接受	−0.0226*** （−6.90）	拒绝

注：上表括号中为 Z 值，***、**、* 分别表示 1%、5% 和 10% 下的显著性水平。

图（组）5.2（a）– 图（组）5.2（c）分别是命令控制型环境规制、经济激励型环境规制、环境规制综合指数与工业绿色全要素生产率的散点图，图形表明环境规制与工业绿色增长存在正相关性。进一步的因果检验表明，κ_1、κ_2、κ_3 系数均在 1% 的条件下显著异于 0，这说明当短期环境规制波动偏离长期均衡时，系统存在自动修正偏离度的相关机制，分别以 −0.2401、−0.2391 和 −0.0226 的力度将环境规制由非均衡状态拉回均衡状态。同时也说明两类环境规制及环境规制综合指数与工业绿色全要素生产率之间均存在长期稳定的均衡关系，环境规制是 GTFP 的长期 Granger 原因。从短期来看，只有经济激励型环境规制的系数显著异于 0，命令控制型环境规制和环境规制综合指数的系数均不显著，即只有经济激励型环境规制是 GTFP 的短期 Granger 原因，而命令控制型环境规制及环境规制综合指数均不是 GTFP 的短期 Granger 原因。该结论初步证实了“波特假说”的合理性，即在短期内，由于采取较为严格的环境规制，可能引起工业节能减排成本的增加，使得环境规制与工业绿色增长之间的因果关系不显著或呈负面影响，但从长期来看，在动态条件下，随着工业行业技术创新能力的提升，环境规制能够产生“创新补偿”效应，从而有利于工业绿色全要素生产率的改善。目前，中国工业绿色全要素生产率还有很大提升空间，因此进一步发挥环境规制的约束与激励作用，创新环境规制政策体系已迫在眉睫。此外，在因果检验部分，本书暂未讨论环境规制与重度污染、中度污染和轻度污染行业 GTFP 的关系，这将留待在后文的实证模型中进一步论证。

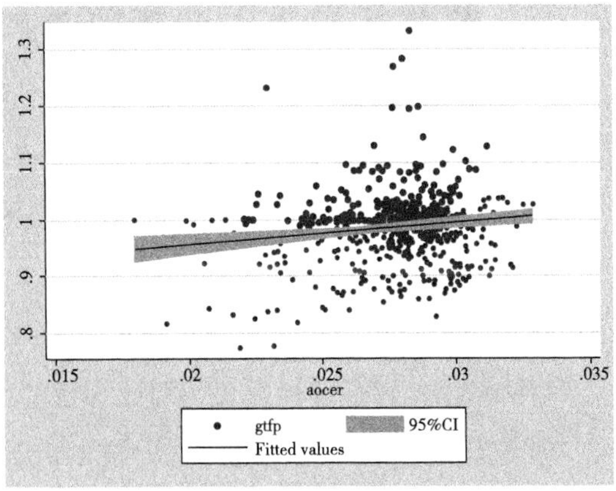

（a）AOCER与GTFP散点图

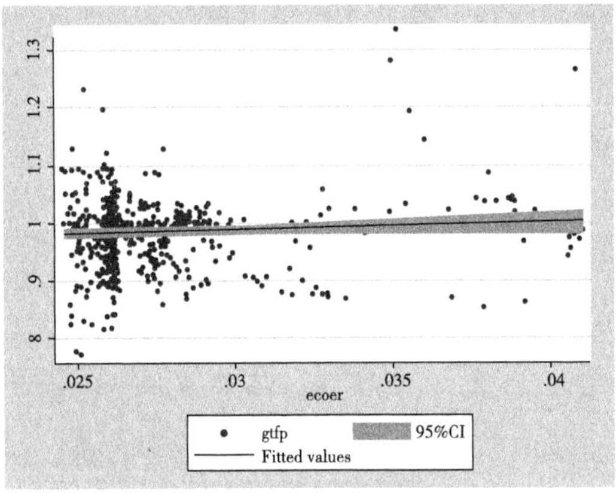

（b）ECOER与GTFP散点图

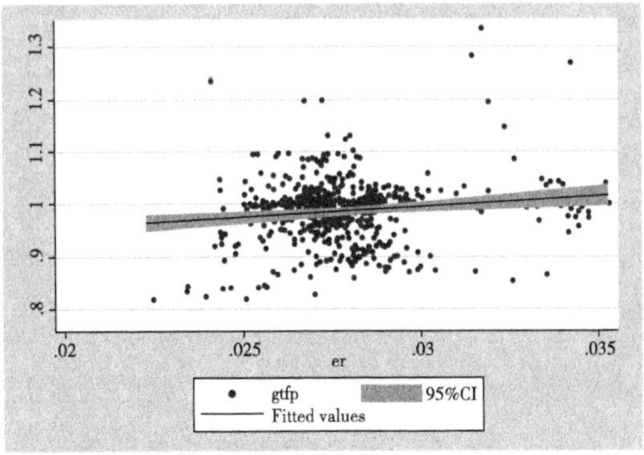

（c）ER与GTFP散点图

图（组）5.2　环境规制与 GTFP 散点图

第二节 技术创新与工业绿色增长：自主创新与技术引进

在以信息技术、新能源技术、新材料技术、生物技术、空间技术等为代表的第三次工业革命和新科技革命的推动下，技术创新成为世界潮流，新技术和新发明不仅极大改变了社会生产和生活方式，也推动着经济和产业的转型升级。世界各国之间从有形资源的竞争逐步转变为无形的技术、知识和智能的较量（张江雪等，2015），可以说，技术创新已经成为各国经济的主要驱动力量。当前，第三次工业革命纵深发展，且与全球范围内的绿色工业革命叠加，这对中国工业转变增长方式，重塑全球价值链分工地位，进而实现由大到强的转变，既是机遇也是挑战。自2003年中国实施新型工业化战略以来，工业化在与信息化的深入融合中推动了技术创新能力的显著提升。2012年，党的十八大报告明确提出了创新驱动发展战略，指明了科技创新特别是自主创新对经济社会发展的重要意义。2015年，国务院印发《中国制造2025》，将“提高国家制造业创新能力和全面推行绿色制造”纳入9大战略任务中。由此可见，依靠技术创新驱动工业实现高水平和高质量的增长是新常态下中国工业发展的题中之意。因此，推进工业绿色增长亟须完善技术创新支撑体系，只有充分发挥技术创新的驱动作用，才能将中国工业带入绿色化发展的新路径，进而在实体经济新一轮国际竞争中占据制高点。

一、技术创新理论及影响机制

熊彼特（Schumpeter，1942）在《经济发展理论》中首次提出了“创新理论”，他认为创新表现为一种新的生产函数的建立，即将一种从未有过的生产要素和生产条件的新组合引入生产体系。此后，熊彼特在其著作《资本主义、社会主义与民主》中，进一步强调了创新对产业所产生的“创造性破坏”作用。熊彼特的创新理论使得包括新古典增长和内生增长理论在内的众多经济学分支学派开始重视技术进步与创新对经济增长的贡献，并在不同层面强调促进技术创新的方式和手段（Prais and Mansfield，1968；Freeman et al.，1982）。正如本书第三章所构建的绿色内生增长模型就是由熊彼特的产品垂直创新框架发展而来，模型假定由知识积累产生的技术创新是工业发展的内生变量，而知识要素不同于资本和劳动要素，其具有递增的生产率，因而当相关条件满足时，依靠知识和创新驱动的工业经济可以实现持续增长。从技术创新的不同途径来看，其中一个重要途径是自主研究与开发，研发活动创造和累积知识，促进生产中的技术、工艺和产品创新，从而为经济增长提供源源不断的动力和支持。发达国家和新兴工业化国家经济发展的经验也表明，增强对研发部门的投资，提升技术创新力度是经济持续增长的重要保障（严成樑，2009）。除了自主研发，在经济全球化背景下，另一个实现技术创新的重要途径是引进国外的先进技术和经验，并在此基础上进行二次创新。特别是对发展中国家而言，引进国外的新知识、新发明、新创造是实现经济追赶的重要途径。通过模仿、吸收和消化发达国家的先进技术，落后国家能够获得更快的经济增长，并最终使落后经济体与发达经济体之间的差距趋于收敛（林毅夫和张鹏飞，2005）。当然，由于发展中国家的生产率与发达国家之间存在较大差距，大部分的引进技术要经过一定的转化才能使用，因而发展中国家的技术进步决策需要在自主研发与技术引进之间进行权衡。

在知识经济时代，自主创新、技术引进可改善微观企业生产率，促进中观及宏观产业与经济实现增长，已有大量学者从实证角度对技术创新的推动效应进行了论证（滕玉华，2011；肖利平和谢丹阳，2016）。就自主创新而言，企业层面的 R&D 产出弹性约在 0.05 ~ 0.60 之间，而产业层面的 R&D 产出弹性约为 0 ~ 0.50，并主要集中在 0.10 ~ 0.20 之间（吴延兵，2006）。就技术引进而言，多数学者的研究集中在探讨外商直接投资的技术溢出效应上，相关研究认为外商投资将给东道国带来更先进的技术，并通过示范效应、竞争效应以及人才流动等方式将先进技术溢出到东道国企业，从而促进本土技术创新（Jaffe et al.，2000；朱平芳和李磊，2006；原毅军和谢荣辉，2015）。随着资源环境对中国经济发展的刚性约束愈发明显，技术创新同样在绿色经济发展中起着重要作用，因而亟待从绿色增长的视角研究技术创新。不可否认的是，工业不仅是实现绿色增长的主力军，同时也是技术创新的主体。相关研究从关注技术创新对工业生产率的影响转到了探讨技术创新对绿色生产率的影响上，研究结论普遍认为技术创新不仅是传统生产率提升的重要动力，同时也是推动绿色生产率提升的关键（宋马林和王舒鸿，2013；万伦来和朱琴，2013；Li and Lin，2016）。究其原因，主要在于：首先，技术创新降低了资源在生产、传导过程中的耗损量，促进了资源节约和循环利用，使得单位工业增加值的资源消耗持续降低。从技术创新的最终效益看，不论是劳动节约型、资本节约型、能源节约型还是中性创新，最终都能使投入要素的边际产品增加，提升资源的利用效率。其次，技术创新直接促进了工业在污染控制、污染治理等方面能力的提升，使得污染排放量进一步减少，还能最大程度地降低排放出的污染物对环境系统造成的损害。技术创新不仅使污染物在生产过程中逐渐消解，同时也可找到治理污染的有效办法，使遭受工业污染的环境得以修复。第三，技术创新通过推广绿色技术、培育绿色产业和促进绿色能源开发推动工业绿色增长。绿色技术创新能找到生产过程中无害化的新技术和新工艺，从而改变工业生产方式，达到生产投入少、污染小、产出高的目的。创新技术与传统产业的融合还将催生出新的产业业态和模式，形成可持续发展的绿色产业，同时，新能源领域技术瓶颈的突破大大优化了能源结构，降低了工业发展中的能耗水平。最后，在全球绿色发展的机遇下，各国都在大力推动以技术创新为核心的绿色产业革命，通过引进国外的先进技术创新成果，并充分消化、吸收和改造，研发出适合中国工业生产的适用性技术，在一定程度上推动了中国工业加快转型升级的步伐。

二、中国工业自主创新与技术引进水平测度

诚如上文所分析的，技术创新的实现途径主要有自主创新和技术引进，党的十八届五中全会也明确指出了原始创新、集成创新和引进消化吸收再创新是技术创新的主要方式。对工业不同行业而言，自主创新能力和技术引进能力存在较大差异，为了更加深入探究技术创新的不同形式对工业绿色增长的影响，本节将从两方面对中国工业各行业的技术创新水平进行测度。关于

技术创新水平的衡量指标有技术合同成交额、企业新产品产值、R&D 人员数量、R&D 经费支出等。基于工业行业特征及面板数据可得性，本书在参考现有研究基础上对自主创新与技术引进指标进行选择，最终确定以工业各行业“R&D 经费内部支出”和“消化吸收经费支出”作为自主创新的代理变量，需要说明的是，有部分学者将“消化吸收经费支出”作为技术引进的代理变量，但本书认为，对于发展中国家而言，消化吸收对二次创新、集成创新至关重要，而经过消化吸收积累的技术创新成果可纳入广义自主创新的范畴。另一方面，本书以“引进技术经费支出”和“购买国内技术经费支出”作为技术引进的代理变量，前者反映国外技术引进，而后者反映国内技术引进，且后者也可侧面反映工业各行业之间的技术转移与扩散状况。行业间技术创新成果的交流与分享，能够节约研发成本，促进行业技术创新能力的共同提升。在确定代理变量的基础上，本书通过熵值法将自主创新的两个变量合成为自主创新指数，将技术引进的两个变量合成为技术引进指数。具体测度结果如表 5.4 所示，根据表 5.4，绘制图 5.3。

表 5.4　中国工业自主创新与技术引进指数

	RD	FI		RD	FI
煤炭开采	0.0364	0.0343	化学原料	0.0315	0.0310
石油开采	0.0305	0.0253	医药制造	0.0361	0.0330
黑金矿采	0.0241	0.0238	化学纤维	0.0300	0.0320
有金矿采	0.0273	0.0251	橡胶制品	0.0305	0.0276
其他采矿	0.0248	0.0246	塑料制品	0.0253	0.0251
农副加工	0.0236	0.0242	非金矿物	0.0252	0.0254
食品制造	0.0263	0.0265	黑金冶炼	0.0334	0.0381
饮料制造	0.0271	0.0267	有金加工	0.0318	0.0317
烟草制品	0.0253	0.0335	金属制品	0.0255	0.0249
纺织业	0.0247	0.0263	通用设备	0.0322	0.0295
纺织服装	0.0249	0.0260	专用设备	0.0327	0.0283
皮革毛皮	0.0232	0.0240	交通运输	0.0328	0.0336
木材加工	0.0233	0.0247	电气机械	0.0344	0.0302
家具制造	0.0229	0.0239	计算机	0.0304	0.0290

续表

	RD	FI		RD	FI
造纸制品	0.0266	0.0307	仪器仪表	0.0302	0.0284
印刷媒介	0.0254	0.0273	电力热力	0.0233	0.0247
文教体育	0.0236	0.0238	燃气生产	0.0250	0.0251
石油加工	0.0255	0.0275	水的生产	0.0243	0.0241

注：本表数据为2000—2014年各行业自主创新与技术引进指数的均值。

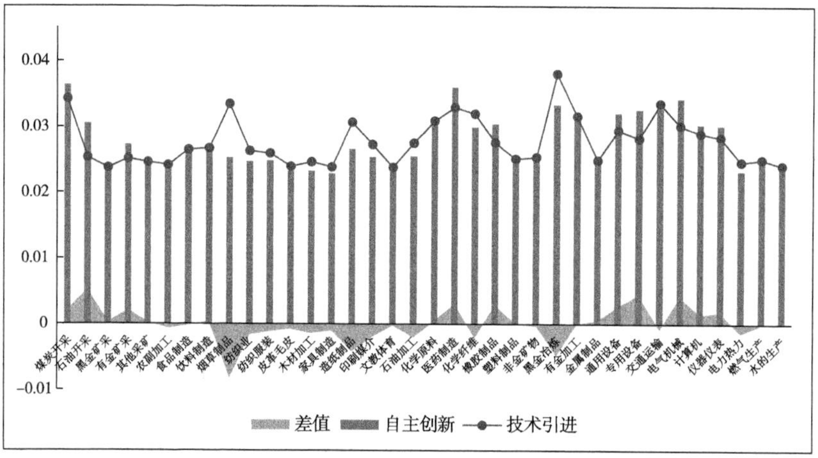

图5.3　中国工业自主创新与技术引进指数

表5.4和图5.3显示，工业各行业的技术创新水平存在较大差异，就自主创新而言，煤炭开采、医药制造、电气机械、黑金冶炼和交通运输的自主创新指数排在前5位，而农副加工、电力热力、木材加工、皮革毛皮和家具制造的自主创新指数排在最后5位，总体而言呈现出重工业靠前而轻工业靠后的格局。就技术引进而言，黑金冶炼、煤炭开采、交通运输、烟草制品和医药制造的技术引进指数排在前5位，而水的生产、皮革毛皮、家具制造、文教体育和黑金矿采的技术引进指数排在最后5位，总体而言同样具有重工业靠前而轻工业靠后的状况。这说明重工业虽然在工业生产中消耗较多的资源且排放较多的污染，但不论是自主创新能力还是技术引进能力均优于轻工业，重工业技术创新能力的提升有利于在创造更多工业产值的同时减少环境非期望产出，这对工业增长方式的转变是积极的信号，

但重工业在技术创新过程中还应当注意技术创新的方向、重点和对引进技术的甄别。而在重工业中，装备制造业整体的技术创新能力最为突出，进一步说明发展先进制造业是中国工业由大变强的重要战略。同时，作为提供生活资料的工业部门，轻工业技术创新能力较弱需要引起足够重视。从自主创新与技术引进的差值来看，专用设备、电气机械、医药制造、橡胶制品、通用设备等行业的自主创新能力强于技术引进能力，说明这些行业发展依靠内在创新驱动强于对外部技术的依赖，其他行业则需进一步加强自主创新以形成核心竞争力。

三、中国工业技术创新与绿色增长的因果关系检验

在本节中，我们同样采用上一节中所构建的基于误差修正模型（ECM）的面板 Granger 因果检验方法对中国工业技术创新与绿色全要素生产率之间的关系进行初步探讨。为了更好地观察两类技术创新的不同效应，我们分别检验了自主创新及技术引进与工业绿色增长之间的关系，建立 ECM 模型如式（5–7）。

$$\begin{aligned}\Delta\ln GTFP_{it} &= \pi_{01} + \mu_1\Delta\ln RD_{it} + \kappa_1 ECM_{i,t-1} + \varepsilon_{it}\\ \Delta\ln GTFP_{it} &= \pi_{02} + \mu_2\Delta\ln FI_{it} + \kappa_2 ECM_{i,t-1} + \varepsilon_{it}\end{aligned} \qquad (5\text{–}7)$$

在式（5–7）中，$\Delta\ln GTFP_{it}$ 代表 2000–2014 年各行业实际 GTFP 对数值的差分项，$\Delta\ln RD_{it}$、$\Delta\ln FI_{it}$ 分别为自主创新指数和技术引进指数对数值的差分项，$ECM_{i,t-1}$ 和 ε_{it} 分别为误差修正项和随机扰动项。与前文类似，通过观测 μ_1、μ_2 及 κ_1、κ_2 的显著性来判断自主创新、技术引进与工业绿色全要素生产率之间短期和长期的因果关系，得到因果检验结果见表 5.5。

表 5.5　自主创新、技术引进与工业绿色全要素生产率因果检验结果

原假设	短期因果关系	接受或拒绝	长期因果关系	接受或拒绝
RD 不是 GTFP 的 Granger 原因	0.0061 （0.23）	接受	–0.2273*** （–6.58）	拒绝
FI 不是 GTFP 的 Granger 原因	–0.0058 （–0.31）	接受	–0.2406*** （–6.85）	拒绝

注：上表括号中为 Z 值，***、**、* 分别表示 1%、5% 和 10% 下的显著性水平。

图（组）5.4（a）和图（组）5.4（b）分别是自主创新、技术引进与工业绿色全要素生产率之间的散点图，图形表明技术创新的两种形式与工业绿色增长存在正相关性。进一步的因果检验表明，从短期来看，μ_1、μ_2系数均不显著，说明自主创新与技术引进均不是 GTFP 的短期 Granger 原因，但自主创新的系数为正而技术引进的系数为负，在一定程度上说明自主创新可能产生正效应而技术引进可能产生负效应；从长期来看，κ_1、κ_2系数均在 1% 条件下显著异于 0，说明当短期技术创新波动偏离长期均衡时，系

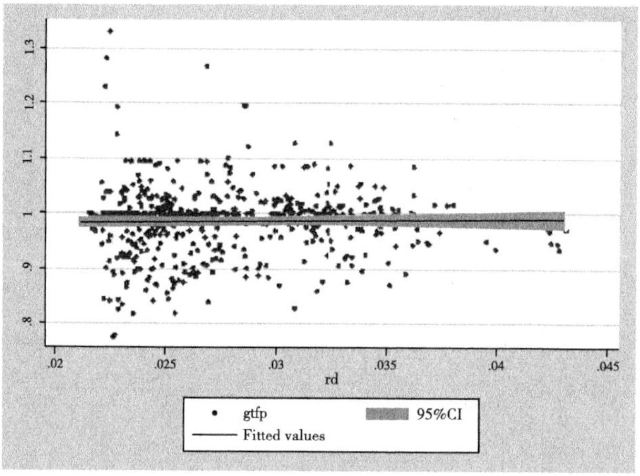

（a）RD与GTFP散点图

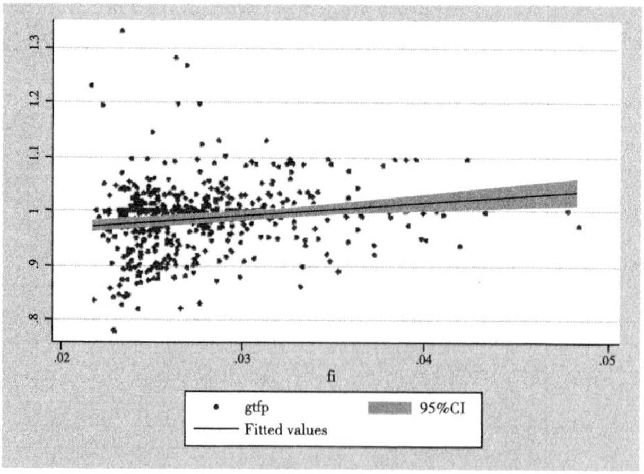

（b）FI与GTFP散点图

图（组）5.4　技术创新与 GTFP 散点图

统将分别以 –0.2273 和 –0.2406 的力度将技术创新由非均衡状态拉回均衡状态。同时也说明自主创新、技术引进与工业绿色全要素生产率之间均存在长期稳定的均衡关系，技术创新是 GTFP 的长期 Granger 原因。该结论说明，短期内中国工业技术创新对绿色增长的驱动效应并不显著，这与自主研发投入较少、消化吸收效率较低、技术引进存在障碍等原因有关，但从长期来看，随着工业技术创新支撑体系逐步完善，自主创新和技术引进能力显著提升，技术创新将成为工业绿色增长的重要驱动力。

第三节　结构优化与工业绿色增长

除了制度创新动力和技术创新动力之外，结构优化也是工业绿色增长的重要动力。经济结构调整，是指生产要素在经济各部门之间重新分配和经济各部门的产值比重变化（陈诗一，2010）。随着我国不断增强经济结构的调整与改革，当前基本形成了三次产业均衡发展的格局。自 2010 年以来，中国经济波动下行，一系列深层次的结构性问题不断凸显，主要体现为要素投入结构、排放结构、产业结构、动力结构、分配结构等方面的问题。为了重塑新常态下经济增长活力，2015 年 11 月，中央财经领导小组第十一次会议首次提出了“供给侧结构性改革”，由此，以结构优化为主要内容的改革战略全面推进。供给侧结构性改革旨在调整经济结构，促进要素资源实现最优配置，提升经济增长的质量和数量，而在工业内部，结构调整与优化同样是实现行业生产要素合理流动与优化配置、激发增长潜力、促进创新发展的重要举措。在现有研究中，部分学者将结构优化默认为产业间或工业行业间的结构调整，较少涉及各行业内部的结构性因素，且由于绿色全要素生产率的分解方法只能获得产业结构调整的总量效应而无法针对每一个行业的结构效应进行分析，故本书放弃从产业结构视角探讨结构优化对绿色全要素生产率的影响，而是针对工业绿色增长的本质要求，参考魏楚和沈满洪（2008）、李玲（2012）等学者的研究方法，从禀赋结构、资本结构、产权结构和能源结构四个方面分析结构优化对工业绿色增长的影响。

一、结构优化与工业绿色增长：理论分析与变量选择

1. 禀赋结构对工业绿色增长的影响

在工业经济语境中，禀赋结构一般是指资本－劳动比（Otsuka et al.，2014；Mitra and Jha，2016），禀赋结构可通过两方面对工业绿色增长产生影响，其一为禀赋结构的变化影响行业技术创新水平，技术创新水平影响GTFP；其二为禀赋结构的变化影响行业污染排放，污染排放影响GTFP。由于资本和劳动都是工业经济增长的动力源泉，而禀赋结构能否对工业绿色增长起到正向推动取决于技术创新效应与环境污染效应之间的大小。从技术创新效应来说，阿罗的“干中学”理论认为，生产和物质资本的积累能引起劳动生产率的提高和技术外溢，而资本－劳动比相对较高的资本密集型行业“干中学”速度较快，相比劳动密集型行业能更快地促进知识和技术积累，推动技术创新，从而对工业绿色增长起到积极影响。从环境污染效应来说，资本密集型行业和劳动密集型行业分别倾向于重污染和轻污染行业（涂正革，2008），即资本－劳动比上升反映了工业重型化的倾向，而重型化工业往往消耗较高资源、排放较多污染。因此，禀赋结构优化意味着资本和劳动之间形成合理的配置，既能对技术创新起到促进作用，又能通过技术创新抵消资本深化对环境污染的负面影响。结合上述分析，为进一步验证工业绿色增长中的禀赋结构优化效应，本书借鉴魏楚和沈满洪（2008）等学者在实证研究中对禀赋结构变量的选择，采用工业各行业资本－劳动比作为禀赋结构的代理变量。其中资本采用前文估算出的资本存量数据，劳动采用从业人员年平均人数表示。

2. 资本结构对工业绿色增长的影响

在全球绿色工业革命的背景下，跨国资本流动是工业绿色增长重要的外部动力因素。关于外商直接投资（FDI）对东道国环境的影响主要有“污染天堂”“污染光环”和折中论三种不同假说。由于环境标准存在国别差异，环境标准高的国家会将资源消耗型或污染密集型产业通过FDI的方式转移到环境标准低的国家，而东道国为了保持竞争力，纷纷降低本国环境标准，导致本国的资源消耗与环境恶化，从而沦为发达国家的“污染天

堂”（Mani and Wheeler，1998）。“污染光环”假说则认为 FDI 能够提升东道国的对外开放水平，更好地参与国际专业化分工，在此过程中，通过技术溢出效应提升生产效率、推广清洁技术，从而在一定程度上改善了东道国的环境水平（Levinson and Taylor，2008）。主要原因在于，跨国公司倾向于向投资的东道国子公司传播绿色技术，同时源自发达经济体的外资企业往往比本土企业更加重视环保问题从而对本土企业节能减排产生示范效应（Frankel and Rose，2005）。折中论则认为 FDI 对东道国的环境影响是多维的，在提升东道国技术水平和生产效率的同时，也加剧了东道国的环境压力。因此，对工业行业而言，资本结构优化意味着在把握机遇充分参与国际分工、提升工业产出的同时，优化引资的质量和水平。结合上文分析，为了进一步验证当前 FDI 对中国工业产生的“污染天堂”和“污染光环”效应，以此为优化资本结构提供经验依据，借鉴彭星和李斌（2015）、Ren et al.（2016）等的研究，本书选择工业各行业外商和港澳台商投资工业总产值占全部规模以上工业总产值的比重作为资本结构的代理变量。

3. 产权结构对工业绿色增长的影响

在微观层面，不同的产权制度产生不同的激励机制，深刻影响着企业的资源配置、组织管理和生产效率。由于中国特殊的经济社会体制，在关系国民经济命脉的工业领域，国有企业一直以来起着主导作用。在改革开放的 30 余年中，我国不断推进国有企业改革，先后经历了扩大企业经营自主权、建立现代企业制度、战略性改组、国有资产管理体制改革等阶段。2003 年，《关于完善社会主义市场经济体制若干问题的决定》获得通过，混合所有制经济快速发展，股份制成为公有制的主要实现形式。多元化且更加合理健全的产权结构对中国经济快速发展起到了巨大作用。2015 年，《关于深化国有企业改革的指导意见》出台，这是新时期指导和推进国企改革的纲领性文件，进一步增强了国有企业的活力、控制力、影响力和抗风险能力。合理的产权结构对工业生产率有积极影响，工业企业市场化和开放化水平的提升，能够促进行业技术创新和管理创新，实现生产要素优化配置，进而提高工业整体全要素生产率（Sun and Tong，2003；Jefferson and Su，2006）。由于国有企业和其他所有制企业在节能减排方面的表现不尽相同，因而产权结构影响环境绩效的方向和程度是不易预期的。对于工业绿色增长而言，产权结构优化意味着工业行业内部多种所有制经济比重趋于合理，不仅能够激发行业创新热情，同时在市场竞争中，通过生产要素的有序流动，对资源利用和环境保护起到积极影响。结合上文分析，为进一步验证国企改革带来的所有制结构变化对工业绿色生产率的影响，借鉴沈能（2012）等的研究，本书选择工业各行业国有及国有控股企业工业总产值占全部规模以上工业总产值的比重作为产权结构的代理变量。

4. 能源结构对工业绿色增长的影响

当能源消费和污染排放纳入绿色全要素生产率的分析框架中，能源结构变化将深刻影响着工业绿色增长。一方面，能源消耗强度通过影响投入结构对绿色全要素生产率产生影响，另一方面，能源结构与污染排放密切相关，通过影响非期望产出对绿色全要素生产率产生影响。因此，改善及优化能源结构成为中国工业绿色增长的重要动力因素。长期以来，中国工业生产依赖化石能源消耗，2014 年中国能源消费总量达 42.6 亿吨标准煤，其中煤炭占比 66%，石油占比 17.1%，天然气占比 5.7%，一次电力及其他能源占比 11.2%，而工业能源消费总量占全国能源消费总量达 69%。现有研究主要从能源结构影响能源效率及污染排放两方面进行实证分析，研究表明，相比煤炭等低效率高污染的能源消费种类，天然气、水电、核电等清洁能源比重的提升有助于改善工业能源效率，煤炭消费占比与能源效率呈负相关，而电力消费占比与能源效率呈正相关，同时，能源结构优化有助于减少二氧化硫、二氧化碳等有害气体和温室气体排放，促进工业绿色转型和绿色生产率提升（Worrell et al.，2003；唐玲和杨正林，2009；林伯强等，2010；Trianni et al.，2013）。因此，为了实现工业绿色增长，我国需要不断改善依靠传统化石能源的消费结构，通过大力发展清洁和可再生能源，以优化能源结构为重点推动工业节能减排。结合上文的分析，为进一步探究工业能源结构对绿色全要素生产率的影响，本书借鉴魏楚和沈满洪（2008）等的研究，选择工业各行业电力消费总量占工业能源消费总量作为能源结构的代理变量。

二、结构优化与绿色增长的因果关系检验

在确定各结构优化因素的代理变量后，本节仍采用基于面板误差修正模型的 Granger 因果检验方法对禀赋结构、资本结构、产权结构、能源结构与工业绿色全要素生产率之间的因果关系进行检验，以期对工业绿色增长的结构优化动力进行初步的实证分析，建立的 ECM 模型如式（5-8）。其中，$\Delta\ln GTFP_{it}$ 代表工业各行业实际 GTFP 对数值的差分项，$\Delta\ln BFJG_{it}$、$\Delta\ln ZBJG_{it}$、$\Delta\ln CQJG_{it}$、$\Delta\ln NYJG_{it}$ 分别为禀赋结构、资本结构、产权结构和能源结构对数值的差分项，$ECM_{i,t-1}$ 和 ε_{it} 分别为误差修正项和随机扰动项。通过观察 μ_1、μ_2、μ_3、μ_4 及 κ_1、κ_2、κ_3、κ_4 的显著性来判断各个结构优化因素与工业绿色全要素生产率的短期和长期 Granger 因果关系，得到因果检验结果见表 5.6。

$$\begin{aligned}
\Delta\ln GTFP_{it} &= \pi_{01} + \mu_1\Delta\ln BFJG_{it} + \kappa_1 ECM_{i,t-1} + \varepsilon_{it}\\
\Delta\ln GTFP_{it} &= \pi_{02} + \mu_2\Delta\ln ZBJG_{it} + \kappa_2 ECM_{i,t-1} + \varepsilon_{it}\\
\Delta\ln GTFP_{it} &= \pi_{03} + \mu_3\Delta\ln CQJG_{it} + \kappa_3 ECM_{i,t-1} + \varepsilon_{it}\\
\Delta\ln GTFP_{it} &= \pi_{04} + \mu_4\Delta\ln NYJG_{it} + \kappa_4 ECM_{i,t-1} + \varepsilon_{it}
\end{aligned} \tag{5-8}$$

表 5.6　结构优化与工业绿色全要素生产率因果检验结果

原假设	短期因果关系	接受或拒绝	长期因果关系	接受或拒绝
BFJG 不是 GTFP 的 Granger 原因	0.0669*** （2.61）	拒绝	−0.2271*** （−6.38）	拒绝
ZBJG 不是 GTFP 的 Granger 原因	−0.0424*** （ 4.76）	拒绝	−0.2199*** （ 6.49）	拒绝
CQJG 不是 GTFP 的 Granger 原因	0.0432*** （3.88）	拒绝	−0.2293*** （−6.42）	拒绝
NYJG 不是 GTFP 的 Granger 原因	0.0563 （0.30）	接受	−0.2363*** （−6.76）	拒绝

注：上表括号中为 Z 值，***、**、* 分别表示 1%、5% 和 10% 下的显著性水平。

图（组）5.5（a）– 图（组）5.5（d）分别是禀赋结构、资本结构、产权结构、能源结构与 GTFP 之间的散点图，图形表明，禀赋结构、产权结构与 GTFP 的正相关性较强，而资本结构、能源结构与 GTFP 的相关性较弱，

反映了在结构优化各因素中，资本深化和国企改革对工业绿色增长的驱动效应强于外商直接投资与电力消费。进一步因果检验表明，就禀赋结构而言，短期因果检验的 μ_1 系数显著为正，长期因果检验系数 κ_1 在 1% 条件下显著异于 0，即禀赋结构是 GTFP 的短期和长期 Granger 原因，禀赋结构优化有助于提升 GTFP。原因在于资本劳动比的上升意味着资本深化，资本深化有助于技术创新和生产率提高，且能节约及替代资源，从而促进全要素生产率的改善（杨文举，2006）。但中国工业持续的资本深化与重工业投资的快速扩张有关，而重工业往往消耗较多资源和排放较多污染。资本深化之所以在因果检验中对 GTFP 产生正向因果作用，说明资本深化的生产率提升效应超过了环境污染效应，也反映了中国工业资本深化开始逐渐走向资源节约、知识密集型道路。就资本结构而言，短期因果检验的 μ_2 系数显著为负，长期因果检验系数 κ_2 在 1% 条件下显著异于 0，即资本结构是 GTFP 的短期和长期 Granger 原因，但在短期内外商直接投资对 GTFP 有负向反馈。该结论初步验证了短期内 FDI 可能对工业产生“污染天堂”效应，诚如 Esty and Geradin（1997）指出的，经济全球化将带来更多的污染避难所，这使得某些国家为了形成一批具有国际竞争力的产业可能降低环境质量标准，这在不少工业部门中表现得尤为突出。因此，中国工业的引资质量和水平还有待进一步提升。就产权结构而言，短期内系数 μ_3 显著为正，长期内系数 κ_3 在 1% 条件下显著异于 0，即产权结构是 GTFP 的短期和长期 Granger 原因，且在短期内产权结构对 GTFP 有正向反馈。该结论说明目前中国工业产权结构逐渐趋于合理，特别是随着国企改革力度的加大，国有经济比重不断下降，且随着去产能、去库存、去杠杆等结构性改革的持续推进，国有企业的生产效率和资源配置水平进一步提升，对改善绿色全要素生产率有积极影响。就能源结构而言，短期内系数 μ_4 不显著，长期内系数 κ_4 显著异于 0，即能源结构不是 GTFP 的短期 Granger 原因，但是 GTFP 的长期 Granger 原因。该结论说明短期内电力消费比重的提升对工业绿色增长的驱动效应不显著，这可能与电力消费中火电消费比重偏大而水电、核电、分布式等清洁电力消费比重偏低有关。

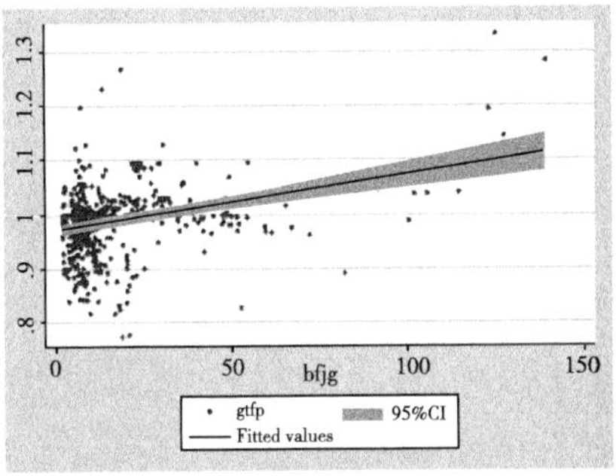

（a）BFJG与GTFP散点图

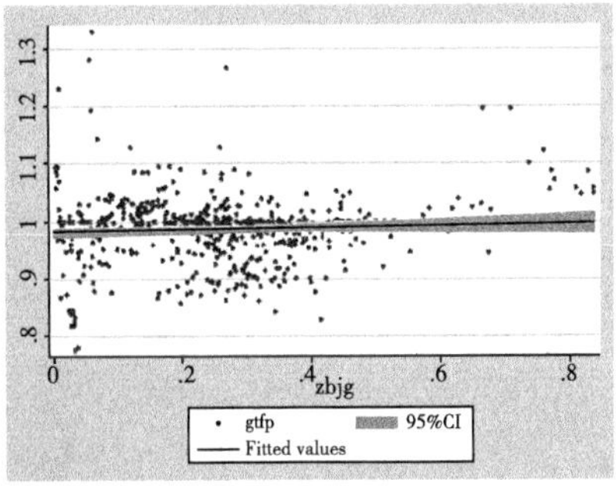

（b）ZBJG与GTFP散点图

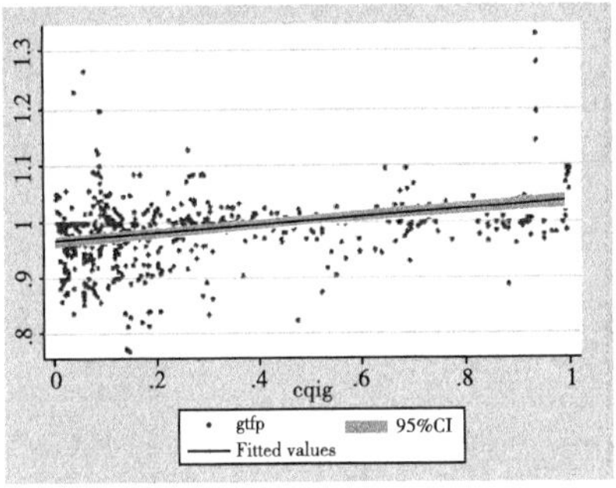

（c）CQJG与GTFP散点图

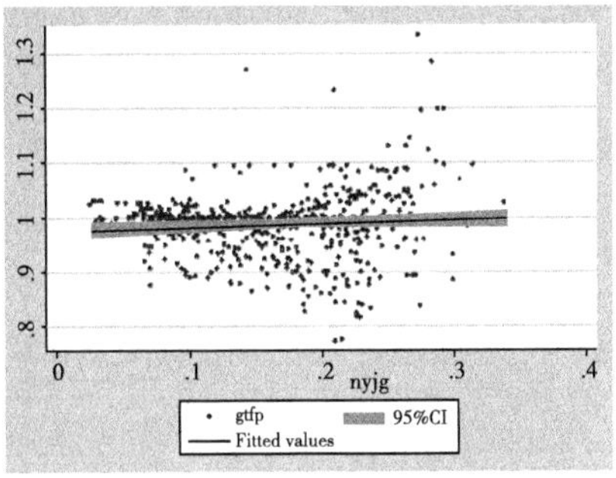

（d）NYJG与GTFP散点图

图（组）5.5　结构优化与 GTFP 散点图

第四节　工业绿色增长的动力因素研究：动态面板及面板门槛模型

在本章的前三节中，我们已经从制度创新、技术创新和结构优化三方面对工业绿色增长的动力因素进行了理论阐述，并就各个动力因素与工业绿色全要素生产率之间的相关性及因果关系进行了实证检验，但相关分析和因果检验仅仅是在不考虑其他因素的情况下，单独就某个动力因素进行的分析，结果可能具有一定的片面性。为了更加全面探讨各因素对中国工业绿色增长的驱动效应，以期为工业创新环境规制体制、推进技术进步及优化内部结构提供合理的经验依据，本节将采用 GMM 动态面板模型和面板门槛模型实证研究环境规制、技术创新、禀赋结构、资本结构、产权结构和能源结构与工业绿色全要素生产率之间的关系。

一、GMM 动态面板模型与面板门槛模型的估计方法

1. GMM 动态面板模型

面板数据可以通过建模实现对个体动态行为的分析，在静态面板模型的基础上，如果将被解释变量的滞后项作为解释变量，则成为动态面板模型。在动态面板模型中，解释变量容易与随机扰动项相关，从而使模型产生内生性问题，此时如果采用传统的估计方法将产生参数估计的有偏性和非一致性。基于此，Arellano and Bond（1991）提出了差分 GMM 估计，Arellano and Bover（1995）、Blundell and Bond（1998）提出了系统 GMM 估计较好地解决了上述问题。不失一般的，我们考虑式（5–9）的动态面板模型，并作一阶差分消除个体效应，可得式（5–10）。

$$y_{it} = \alpha y_{i,t-1} + X_{it}\beta + z_i^{'}\delta + \mu_i + \varepsilon_{it} \qquad t = 2,...T \tag{5–9}$$

$$\Delta y_{it} = \alpha \Delta y_{i,t-1} + \Delta X_{it}\beta + \Delta\varepsilon_{it} \qquad t = 2,...T \tag{5–10}$$

式（5–10）表明，一阶差分虽然消除了引起内生性的个体效应 μ_i，但 $\Delta y_{i,t-1}$ 依然与 $\Delta\varepsilon_{it}$ 相关。基于此，Arellano and Bond（1991）使用所有可能的滞后变量作为工具变量进行 GMM 估计，称为差分 GMM，且使用差分 GMM 的前提是 $\{\varepsilon_{it}\}$ 不存在自相关，即 $Cov(\varepsilon_{it},\varepsilon_{is}) = 0, t \neq s, \forall i$。借鉴王津港（2009）、陈强（2014）等的分析思路，Arellano and Bond（1991）的 GMM 动态面板估计在使用工具变量矩阵 Z 时的表达式如式（5–11）所示。其中，$\tilde{X} = (y_{-1}, X), \gamma = (\alpha, \beta)^{'}, Z = (Z_1^{'},..., Z_N^{'})^{'}$。

$$Z^{'}Fy = Z^{'}F\tilde{X}\gamma + Z^{'}FV \tag{5–11}$$

由于 Arellano and Bond（1991）的差分 GMM 估计是以水平模型的一阶差分为基础的，故随机误差项仍可能具有一阶自相关性，如果直接对其估计会造成估计量的无效性。因此，当采用 GMM 两步估计时，可在第一步估计中利用残差的协方差矩阵初步修正该问题，如式（5–12）、式（5–13）所示。其中，设置矩阵 F 可以使水平观察值转换为差分形式，在 GMM 一步估计中，由于 $\text{var}(Fe) = F\sigma_e^2F^{'}$，因此使用 $FF^{'}$ 作为协方差矩阵的代理矩阵。

$$E = Z^{'}GZ=\sum_{i=1}^{N} Z_i^{'} G_T Z_i \tag{5-12}$$

$$G = (I_N \otimes G_T^{'}), G_T = F_T F_T^{'} = \begin{bmatrix} 2 & -1 & \dots & 0 \\ -1 & 2 & \dots & 0 \\ 0 & \dots & \dots & -1 \\ \dots & 0 & -1 & 2 \end{bmatrix} \tag{5-13}$$

在给定了 GMM 一步估计残差后，我们可以利用该残差建立协方差矩阵，如式（5–14）。从而，得到 Arellano and Bond（1991）提出的 GMM 动态面板模型的最终估计结果为式（5–15）。

$$\hat{V} = \sum_{i=1}^{N} Z_i^{'} F_T \hat{e}_i \hat{e}_i^{'} F_T^{'} Z_i \tag{5-14}$$

$$\hat{\gamma}^{DIF-GMM} = (XZ\hat{V}^{-1}Z^{'}X)^{-1} X^{'}Z\hat{V}^{-1}Z^{'}y \tag{5-15}$$

进一步研究表明，差分 GMM 估计容易出现弱工具变量问题，而由 Blundell and Bond（1998）在 Arellano and Bover（1995）的基础上提出的系统 GMM 估计则将差分方程与水平方程作为一个方程系统进行 GMM 估计，在有限样本条件下，与差分 GMM 估计相比，系统 GMM 估计偏误性更小，提高了估计效率。系统 GMM 方法的核心在于增加了因变量的差分滞后项作为水平方程的工具变量。Blundell and Bond（1998）认为，对于解释变量集 X，由于因变量的差分滞后项外生于个体效应，故 $E(\Delta\varphi_{it-1}^{'}\mu_i) = 0, \forall t, i$，其中，$\Delta\varphi_{it-1}$ 为水平方程的工具变量，由此在一阶差分 GMM 估计的基础上新增的矩条件为式（5–16）。

$$E\left[\Delta y_{it-1}^{'}(\mu_i + \varepsilon_{it})\right] = E(\Delta y_{it-1}^{'}\mu_i) + E(y_{it-1}^{'}\varepsilon_{it}) - E(y_{it-2}^{'}\varepsilon_{it}) = 0 \tag{5-16}$$

将式（5–16）与 Arellano and Bond（1991）提出的一阶差分 GMM 估计的矩条件结合起来，可用式（5–17）表示动态面板方程中的因变量和自变量。同时，设定待估计参数为 $\gamma = (\alpha, \beta)$，将差分方程使用的工具变量矩阵与水平方程使用的工具变量矩阵分别记为 Z_i^D 和 Z_i^L，总体矩条件矩阵 Z_i 为 Z_i^D 和 Z_i^L 组成的对角矩阵。

$$\tilde{y}_i=\begin{bmatrix} y_{i3}-y_{i2} \\ y_{i4}-y_{i3} \\ \cdots \\ y_{iT}-y_{iT-1} \\ y_{i3} \\ \cdots \\ y_{iT} \end{bmatrix},\tilde{X}_i=\begin{bmatrix} y_{i2}-y_{i1} & X_{i3}-X_{i2} \\ y_{i3}-y_{i2} & X_{i4}-X_{i3} \\ \cdots & \cdots \\ y_{iT-1}-y_{iT-2} & X_{iT}-X_{iT-1} \\ y_{i2} & X_{i3} \\ \cdots & \cdots \\ y_{iT-1} & X_{iT} \end{bmatrix} \tag{5-17}$$

在系统 GMM 一步估计中，使用式（5–18）的加权矩阵对残差的自相关结构进行调整。同时，在系统 GMM 的两步估计中，同样可以在给定了 GMM 一步估计残差后，利用该残差建立协方差矩阵，如式（5–19）。最终，利用式（5–19）的随机误差协方差矩阵，我们可以得到两步系统 GMM 动态面板模型估计结果为式（5–20）。

$$\Omega=Z'GZ=\sum_{i=1}^{N}Z_i'G_TZ_i,\quad G=(I_N\otimes G^{D,L}) \tag{5-18}$$

$$\hat{\Omega}=\sum_{i=1}^{N}Z_i'F_T\hat{e}_i\hat{e}_i'F_T'Z_i \tag{5-19}$$

$$\hat{\gamma}^{SYS-GMM}=(XZ\hat{\Omega}Z'X)^{-1}X'Z\hat{\Omega}^{-1}Z'y \tag{5-20}$$

2. 面板门槛模型

基于 GMM 动态面板模型实证研究工业绿色增长的各动力因素是一种线性估计，对于分析非线性效应不明显的动力因素是有效的。然而前文理论分析表明，环境规制与工业绿色全要素生产率之间并非存在单纯的线性关系，特别是由于行业异质性的存在，不同类型行业所能承受的环境规制强度是不同的。因此，基于工业的行业特征，本章的面板门槛模型将主要用于拟合环境规制与 GTFP 之间的非线性效应，以期寻找工业全行业和不同类型行业的最优规制强度。此外，我们在构建面板门槛模型重点研究环境规制效应的同时，将其他工业绿色增长的动力因素作为控制变量一同纳入模型中进行分析。面板门槛模型最初由 Hansen（1999）创建，该模型根据数据本身的特点内生地划分区间，以门槛变量来决定区分点，能够研究环境规制在不同区间内与 GTFP 的拟合关系，有效解决区间单一化、主观臆断观测值分区的问题（韩晶等，2014）。面板门槛模型的一般形式为式（5-21），其中，i表示观测个体，t表示观测时间，y_{it}为因变量，q_{it}为门槛变量，γ为门槛值，回归变量X_{it}是k维向量，$I(\bullet)$为示性函数。

$$y_{it}=\mu_i+X_{it}I\left(q_{it}\le\gamma\right)\theta_1^{'}+X_{it}I\left(q_{it}>\gamma\right)\theta_2^{'}+\varepsilon_{it} \tag{5-21}$$

令$X_{it}\left(\gamma\right)=\begin{cases}X_{it}I\left(q_{it}\le\gamma\right)\\X_{it}I\left(q_{it}>\gamma\right)\end{cases}$，$\theta=\left(\theta_1^{'},\theta_2^{'}\right)$，则式（5-21）可进一步简化为式（5-22）。

$$y_{it}=\mu_i+X_{it}\left(\gamma\right)\theta^{'}+\varepsilon_{it} \tag{5-22}$$

当门槛变量q_{it}小于等于γ时，X_{it}斜率系数为θ_1，当q_{it}大于γ时，X_{it}斜率系数为θ_2，ε_{it}为随机扰动项。对于式（5-22），将方程两边对时间求平均，得到式（5-23）。

$$\tilde{y}_{it}=\mu_i+\tilde{X}_{it}\left(\gamma\right)\theta^{'}+\tilde{\varepsilon}_{it} \tag{5-23}$$

将式（5-22）和式（5-23）相减，可得模型的离差形式，如式（5-24），记$y_{it}^*=y_{it}-\tilde{y}_{it}$，$X_{it}^*=X_{it}-\tilde{X}_{it}$，$\varepsilon_{it}^*=\varepsilon_{it}-\tilde{\varepsilon}_{it}$，可得式（5-25）。

$$y_{it}-\tilde{y}_{it}=\theta^{'}[X_{it}(\gamma)-\tilde{X}_{it}\left(\gamma\right)]+(\varepsilon_{it}-\tilde{\varepsilon}_{it}) \tag{5-24}$$

$$y_{it}^*=\theta^{'}X_{it}^*\left(\gamma\right)+\varepsilon_{it}^* \tag{5-25}$$

对于给定γ，则$\hat{\theta}\left(\gamma\right)=(X_{it}^{*}{'}X_{it}^*)^{-1}X_{it}^{*}{'}y_{it}^*$，相应的残差平方和为$SSR\left(\gamma\right)=\varepsilon_{it}^{*}{'}\varepsilon_{it}^*$，我们通过最小化残差平方和对应值来求出门槛值，为式（5-26）。

$$\hat{\gamma}=\arg_{\gamma}\min SSR\left(\hat{\gamma}\right) \tag{5-26}$$

对于是否存在“门槛效应”，可以检验原假设$H_0:\theta_1=\theta_2$是否成立。为此，Hansen（1999）提出了似然比检验统计量：$LR=[SSR^*\text{-}SSR\left(\hat{\gamma}\right)]/\hat{\sigma}^2$，其中，$SSR^*$、$SSR\left(\hat{\gamma}\right)$分别表示原假设约束下和无约束下的残差平方和，$\hat{\sigma}^2\equiv SSR(\hat{\gamma})/n(T-1)$表示对随机扰动项方差的一致估计，可以通过自举法（Bootstrap）得到LR统计量的临界值。如果拒绝原假设，则认为存在“门槛效应”，可进一步对门槛值进行检验，即$H_0:\gamma=\gamma_0$，对应的似然比检验统计量为式（5–27）。

$$LR(\gamma)=[\mathrm{SSR}(\gamma)\text{-}SSR(\hat{\gamma})]/\hat{\sigma}^2 \tag{5–27}$$

可以证明，当 $H_0:\gamma=\gamma_0$ 成立时，$LR(\gamma)$ 的累计分布函数为 $(1-e^{-x/2})^2$，可直接计算其临界值，并进一步利用 $LR(\gamma)$ 计算门槛估计值的置信区间。以上介绍的单门槛面板门槛模型的估计和检验方法推广至多门槛模型同样适用。

二、模型、变量与数据

根据上文阐述的 GMM 动态面板模型和面板门槛模型的估计方法，结合本书的研究需要，分别设置两个基准的 GMM 动态面板模型，如式（5–28）和式（5–29），设置一个基准的面板门槛模型，如式（5–30）。下文实证结果展示的各个方程均是对这三个基准模型的不同变换。

$$\begin{aligned} GTFP_{it} &= \alpha_0+\omega GTFP_{it-1}+\alpha_1 ER_{it}+\alpha_2 RD_{it}+\alpha_3 FI_{it}+\alpha_4 BFJG_{it}+\alpha_5 ZBJG_{it} \\ &\quad +\alpha_6 CQJG_{it}+\alpha_7 NYJG_{it}+\mu_i+\varepsilon_{it} \end{aligned} \tag{5–28}$$

$$\begin{aligned} GTFP_{it} &= \lambda_0+vGTFP_{it-1}+\beta_1 ER_{it}(AOCER_{it},ECOER_{it})+\beta_2 ER_{it}^2 \\ &\quad (AOCER_{it}^2,ECOER_{it}^2)+\beta_3 RD_{it}+\beta_4 ER_{it}(AOCER_{it},ECOER_{it})\times RD_{it} \\ &\quad +\beta_5 FI_{it}+\beta_6 ER_{it}(AOCER_{it},ECOER_{it})\times FI_{it}+\beta_7 BFJG_{it}+\beta_8 ZBJG_{it} \\ &\quad +\beta_9 CQJG_{it}+\beta_{10} NYJG_{it}+\mu_i+\varepsilon_{it} \end{aligned} \tag{5–29}$$

$$\begin{aligned} GTFP_{it} &= \delta_0+\delta_1 ER_{it}(AOCER_{it},ECOER_{it})\times I(thr\le\gamma_1)+\delta_2 ER_{it}(AOCER_{it}, \\ &\quad ECOER_{it})\times I(\gamma_1<thr\le\gamma_2)+\ldots\delta_n ER_{it}(AOCER_{it},ECOER_{it}) \\ &\quad \times I(\gamma_{n-1}<thr\le\gamma_n)+\delta_{n+1}ER_{it}(AOCER_{it},ECOER_{it})\times I(thr>\gamma_n) \\ &\quad +\rho_1 RD_{it}+\rho_2 FI_{it}+\rho_3 BFJG+\rho_4 ZBJG_{it}+\rho_5 CQJG_{it} \\ &\quad +\rho_6 NYJG_{it}+\mu_i+\varepsilon_{it} \end{aligned} \tag{5–30}$$

在式（5–28）、式（5–29）和式（5–30）中，i 代表行业，t 代表年份，$GTFP_{it}$、ER_{it}、$AOCER_{it}$、$ECOER_{it}$、RD_{it}、FI_{it}、$BFJG_{it}$、$ZBJG_{it}$、$CQJG_{it}$、$NYJG_{it}$ 分别代表工业绿色全要素生产率、环境规制综合指数、命令控制型环境规制、经济激励型环境规制、自主创新、技术引进、禀赋结

构、资本结构、产权结构和能源结构变量，μ_i为行业的个体效应，ε_{it}为随机误差项。式（5-28）是一个基础的GMM动态面板模型，本书将用其检验不同时间段内各动力因素与工业绿色增长之间的线性关系，考虑到GTFP的动态性和延续性，将$GTFP_{it-1}$即GTFP的滞后一期变量纳入模型；设置式（5-29）是为了进一步考察整个样本期内变量之间的交互效应，其中ER_{it}^2是为了检验环境规制与GTFP之间是否存在"U"或倒"U"型关系，$ER_{it}\times RD_{it}$和$ER_{it}\times FI_{it}$是用以检验环境规制通过技术创新影响工业绿色增长的间接效应；式（5-30）的面板门槛模型重点用以检验环境规制与工业绿色增长之间的非线性门槛效应，为不同行业找寻最优环境规制强度提供依据，$I(\bullet)$为示性函数，γ为门槛值，thr为门槛变量。

在此基础上，构建由2000—2014年中国工业各行业相关研究变量组成的平衡面板数据结构，$GTFP_{it}$的数据为本书第四章测度并经本章进行调整的工业绿色全要素生产率，制度创新的三个变量数据ER_{it}、$AOCER_{it}$、$ECOER_{it}$已由本章第一节测算得出，技术创新的两个变量数据RD_{it}、FI_{it}已由本章第二节测算得出，结构优化的四个变量数据$BFJG_{it}$、$ZBJG_{it}$、$CQJG_{it}$、$NYJG_{it}$已由本章第三节测算得出。这些指标的原始数据来自各期的《中国统计年鉴》《中国工业统计年鉴》《中国能源统计年鉴》《中国经济普查年鉴》《中国科技统计年鉴》《中国环境统计年鉴》《中国环境统计年报》《中国环境年鉴》以及国家统计局、国泰安数据库。实证研究各变量的统计性描述见表5.7。

表5.7　中国工业绿色增长动力因素实证研究变量统计性描述

模型变量		指标	单位	样本数	均值	中值	最大值	最小值	标准差
绿色增长	绿色全要素生产率	GTFP	—	540	0.9861	0.9966	1.3316	0.7744	0.0636
制度创新	命令控制型环境规制	AOCER	—	540	0.0278	0.0281	0.0329	0.0180	0.0023
	经济激励型环境规制	ECOER	—	540	0.0278	0.0263	0.0410	0.0246	0.0036
	环境规制综合指数	ER	—	540	0.0278	0.0275	0.0353	0.0223	0.0021
技术创新	自主创新	RD	—	540	0.0278	0.0265	0.0430	0.0211	0.0046
	技术引进	FI	—	540	0.0278	0.0263	0.0483	0.0217	0.0046

续表

模型变量		指标	单位	样本数	均值	中值	最大值	最小值	标准差
结构优化	禀赋结构	BFJG	%	540	15.4175	8.3960	139.1191	1.6457	18.6247
	资本结构	ZBJG	%	540	0.2587	0.2520	0.8414	0.0002	0.1751
	产权结构	CQJG	%	540	0.2985	0.1850	0.9947	0.0030	0.2857
	能源结构	NYJG	%	540	0.1652	0.1688	0.3394	0.0263	0.0665

注：表中后五栏中的数据统一保留四位小数。

三、GMM 动态面板模型实证结果与分析

根据基准 GMM 动态面板模型式（5–28）及式（5–29），我们得到表 5.8 至表 5.11 的估计结果。由于本书面板结构属于长面板，与第四章对 GTFP 测度结果的分时段展示类似，表 5.8 展示了 2000—2004 年、2005—2009 年、2010—2014 年三个时间段内差分 GMM 和系统 GMM 估计结果；为了进一步区分不同类型的环境规制效应，并探究环境规制效应是否存在拐点及环境规制与技术创新之间的交互效应，表 5.9 和表 5.10 分别展示了全样本期内包含命令控制型环境规制、经济激励型环境规制、环境规制二次项和交互项在内的差分和系统 GMM 估计结果；为了区分工业行业特性，表 5.11 展示了重度污染、中度污染和轻度污染三大类行业的工业绿色增长动力因素估计结果，该表中的方程仅采用系统 GMM 估计。上述各表中的动态面板估计采用被解释变量的滞后值作为工具变量，由于两步估计优于一步估计，特别是两步系统 GMM 估计经 Windmeijer（2005）标准误修正后更适合有限样本估计，故方程均采用两步估计进行迭代。模型的运行软件为 STATA12.0。

表 5.8 中国工业绿色增长动力因素的分时段检验结果

	差分 GMM			系统 GMM		
	2000—2004	2005—2009	2010—2014	2000—2004	2005—2009	2010—2014
$GTFP_{it-1}$	-0.9912^{***} （-3.36）	-0.6076^{***} （-2.68）	-0.4611^{***} （-4.59）	0.8654^{***} （9.61）	0.9369^{***} （16.17）	-0.1942^{***} （-3.52）
ER_{it}	-0.0118 （-0.01）	-2.6497 （-1.48）	-18.0083 （-1.40）	4.7421^{**} （2.27）	1.1116 （0.84）	23.4640^{***} （6.73）

续表

	差分 GMM			系统 GMM		
	2000—2004	2005—2009	2010—2014	2000—2004	2005—2009	2010—2014
RD_{it}	-1.4782 (-1.47)	-0.3268 (-0.65)	0.3879 (0.11)	-0.3921 (-0.53)	-0.2118 (-0.26)	11.0128** (2.53)
FI_{it}	1.2505 (1.20)	0.3084 (1.10)	-2.2796 (-0.79)	0.5364 (0.87)	0.6988 (1.26)	-2.2477 (-1.02)
$BFJG_{it}$	0.0007 (0.76)	-0.0004 (-0.56)	0.0042*** (2.97)	0.0013* (1.70)	-0.0006 (-0.99)	0.0021* (1.96)
$ZBJG_{it}$	-0.0860 (-0.54)	0.0831 (0.83)	-0.0128 (-0.09)	-0.1522** (-2.12)	-0.0677 (-1.17)	-0.2327* (-1.67)
$CQJG_{it}$	0.0753 (0.91)	0.0967 (1.24)	-0.6083** (-2.55)	-0.0508 (-0.95)	0.0115 (0.14)	-0.1790 (-0.56)
$NYJG_{it}$	0.1251 (0.45)	-0.0312 (-0.16)	-0.2404 (-0.48)	-0.0823 (-0.31)	0.2089* (1.68)	1.5024*** (4.25)
Sargan 检验	0.2196	0.8225	0.4650	0.1363	0.5376	0.4655
AR（1）	0.9329 [0.3509]	1.4519 [0.1465]	-2.546 [0.0109]	-2.2837 [0.0224]	-2.1800 [0.0266]	-2.9819 [0.0029]
AR（2）	0.5449 [0.5858]	-0.1923 [0.8474]	0.4252 [0.6707]	-1.0578 [0.2901]	1.7685 [0.0770]	0.5532 [0.5801]
Wald -test-p	0.0000	0.0000	0.0000	0.0000	0.0000	0.0000

注：***、**、* 分别表示 1%、5% 和 10% 下的显著性水平。Sargan 统计量是过度识别约束检验，以判断工具变量的选择是否有效。AR（1）、AR（2）分别为残差一阶与二阶序列相关检验，Wald 为系数联合显著性检验。圆括号内为 z 统计值，方括号内为统计量对应的 p 值。

表 5.9　中国工业绿色增长动力因素的差分 GMM 估计结果

	模型（1）	模型（2）	模型（3）	模型（4）	模型（5）	模型（6）
$GTFP_{it-1}$	-0.2378*** (-19.12)	-0.2395*** (-19.97)	-0.2375*** (-17.06)	-0.2438*** (-11.34)	-0.2557*** (-13.05)	-0.2223*** (-8.95)
$AOCER_{it}$	-0.3102 (-0.47)			-13.6133*** (-3.07)		
$AOCER^2_{it}$				0.4695*** (3.02)		

续表

	模型（1）	模型（2）	模型（3）	模型（4）	模型（5）	模型（6）
$ECOER_{it}$		-10.1448* (-1.92)			-85.7825*** (-5.06)	
$ECOER^2_{it}$					1.2805*** (4.33)	
ER_{it}			-1.3857 (-1.04)			-62.9404** (-2.04)
ER^2_{it}						0.9400** (2.18)
$AOCER_{it} \times RD_{it}$				-0.1771* (-1.88)		
$AOCER_{it} \times FI_{it}$				-0.4212** (-2.13)		
$ECOER_{it} \times RD_{it}$					-0.1800* (-1.71)	
$ECOER_{it} \times FI_{it}$					-0.1984* (-1.74)	
$ER_{it} \times RD_{it}$						0.0261 (0.25)
$ER_{it} \times FI_{it}$						-0.2836* (-1.66)
RD_{it}	-0.7076 (-1.35)	-0.1873 (-0.93)	-0.6395 (-1.22)	5.3386* (1.69)	5.2108 (1.48)	-1.3282 (-0.39)
FI_{it}	0.1707 (0.75)	0.3106 (1.26)	0.1553 (0.65)	13.3715** (2.12)	6.4459* (1.76)	9.0324* (1.65)
$BFJG_{it}$	0.0021*** (4.60)	0.0017*** (3.80)	0.0020*** (4.65)	0.0018*** (3.62)	0.0010** (2.06)	0.0019*** (3.79)
$ZBJG_{it}$	-0.0818** (-2.01)	-0.1060** (-2.36)	-0.0805** (-2.03)	-0.1152*** (-3.22)	-0.0456* (-1.89)	-0.1498*** (-3.68)
$CQJG_{it}$	0.0718*** (2.81)	0.0475 (1.51)	0.0724*** (2.85)	0.0630* (1.76)	0.0639* (1.93)	0.0449 (1.42)
$NYJG_{it}$	-0.4584*** (-8.02)	-0.4701*** (-7.72)	-0.4528*** (-7.95)	-0.5049*** (-11.76)	-0.4840*** (-9.17)	-0.5241*** (-10.21)

续表

	模型（1）	模型（2）	模型（3）	模型（4）	模型（5）	模型（6）
Sargan 检验	0.7692	0.7589	0.7641	0.7381	0.7430	0.7424
AR（1）	−2.6473 [0.008]	−2.7151 [0.0066]	−2.6601 [0.0078]	−2.6504 [0.0080]	−2.5576 [0.0105]	−2.8062 [0.0050]
AR（2）	−0.0562 [0.9552]	0.1382 [0.8900]	−0.0766 [0.9389]	−0.2638 [0.7919]	−0.1067 [0.9150]	−0.4478 [0.6542]
Wald −test−p	0.0000	0.0000	0.0000	0.0000	0.0000	0.0000

注：***、**、* 分别表示 1%、5% 和 10% 下的显著性水平。Sargan 统计量是过度识别约束检验，以判断工具变量的选择是否有效。AR（1）、AR（2）分别为残差一阶与二阶序列相关检验。Wald 为系数联合显著性检验，以检验模型整体的显著性。圆括号内为 z 统计值，方括号内为统计量对应的 p 值。

表 5.10　中国工业绿色增长动力因素的系统 GMM 估计结果

	模型（1）	模型（2）	模型（3）	模型（4）	模型（5）	模型（6）
$GTFP_{it-1}$	0.4163*** （15.96）	0.4219*** （11.06）	0.3069*** （8.64）	−0.0068 （−0.19）	0.0919** （2.21）	0.0361 （0.94）
$AOCER_{it}$	6.4482*** （3.83）			5.4738 （0.93）		
$AOCER^2_{it}$				−0.225 （−1.41）		
$ECOER_{it}$		4.5758*** （3.57）			0.9562 （0.13）	
$ECOER^2_{it}$					−0.1121 （−0.48）	
ER_{it}			12.0266*** （4.94）			2.9768 （0.27）
ER^2_{it}						−0.0604 （−0.20）
$AOCER_{it} \times RD_{it}$				−0.1489 （−1.48）		
$AOCER_{it} \times FI_{it}$				−0.1761 （−1.49）		
$ECOER_{it} \times RD_{it}$					−0.0184 （−0.19）	

续表

	模型（1）	模型（2）	模型（3）	模型（4）	模型（5）	模型（6）
$ECOER_{it} \times FI_{it}$					0.0244 （0.11）	
$ER_{it} \times RD_{it}$						-0.1849* （-1.71）
$ER_{it} \times FI_{it}$						0.0200 （0.08）
RD_{it}	6.6817*** （5.34）	5.3242*** （3.90）	4.7056*** （3.61）	5.1182 （1.48）	1.1015 （0.34）	6.4897* （1.75）
FI_{it}	0.9029 （0.62）	2.5612** （2.39）	0.6766 （0.46）	5.5404 （1.45）	-0.6388 （-0.09）	-0.7132 （-0.09）
$BFJG_{it}$	0.0001 （0.48）	0.0002 （0.85）	0.0004** （2.78）	0.0016*** （5.55）	0.0019*** （6.98）	0.0016*** （5.92）
$ZBJG_{it}$	-0.1280*** （-5.97）	-0.1569 （-6.07）	-0.1121*** （-5.32）	-0.0456 （-1.37）	-0.0570 （-1.38）	-0.0721** （-1.90）
$CQJG_{it}$	0.1595*** （10.02）	0.2028*** （13.23）	0.1986*** （11.31）	0.1816*** （7.27）	0.1311*** （5.29）	0.1742*** （7.29）
$NYJG_{it}$	0.4966*** （14.17）	0.5672*** （8.59）	0.5796*** （11.24）	0.0269 （0.38）	-0.1092** （-2.44）	-0.0176 （-0.31）
Sargan 检验	0.9679	0.9903	0.9584	0.9856	0.9909	0.9935
AR（1）	-2.8255 [0.0047]	-2.5922 [0.0095]	-2.7281 [0.0064]	-2.7147 [0.0066]	-2.8567 [0.0043]	-2.8183 [0.0048]
AR（2）	1.6550 [0.0979]	1.4543 [0.1459]	1.6600 [0.0969]	1.1984 [0.2307]	1.3685 [0.1711]	1.1267 [0.2599]
Wald -test-p	0.0000	0.0000	0.0000	0.0000	0.0000	0.0000

注：***、**、* 分别表示 1%、5% 和 10% 下的显著性水平。Sargan 统计量是过度识别约束检验，以判断工具变量的选择是否有效。AR（1）、AR（2）分别为残差一阶与二阶序列相关检验。Wald 为系数联合显著性检验，以检验模型整体的显著性。圆括号内为 z 统计值，方括号内为统计量对应的 p 值。

综合分析表 5.8 至表 5.10，三个表中各方程的 Sargan 统计量对应的 P 值均大于 0.05，无法拒绝“所有工具变量均有效”的原假设，即每个方程的工具变量选择是整体有效的，工具变量与误差项之间不相关；残差序列相关检验表明，所有方程的扰动项存在一阶自相关，但不存在二阶自相关，可以接受“扰动项不存在自相关”的原假设，说明模型使用 GMM 估计是恰当的；系数联合检验 P 值均为 0，说明模型整体高度显著。需要说明的是，蒙特卡罗（Monte Carlo）模拟实验以及多数学者研究表明，差分 GMM 较易受弱工具变量影响，而系统 GMM 通过增加工具变量的个数有效解决了该问题，能更好地控制模型的内生性，因而系统 GMM 估计的偏误更小，其估计值更具效率（陈强，2013）。基于此，本书虽然给出了两种 GMM 估计结果，但最终以系统 GMM 的估计结果为判断依据，差分 GMM 估计结果仅作对比分析使用。从表 5.8 及表 5.10 中系统 GMM 的估计结果来看，各方程 GTFP 的滞后一期值基本为正向显著，这说明当期 GTFP 与前期 GTFP 之间具有明显的动态“传递效应”，即前期的 GTFP 能够改善当期的 GTFP，这将有助于实现工业绿色增长的良性循环。

接下来，我们依次关注每一个工业绿色增长动力因素的检验结果。首先，就制度创新动力而言，分时段的检验结果表明，2000—2004 年、2010—2014 年间的 ER_{it} 系数显著，而在表 5.10 的前 3 个方程中，单独测度的命令控制型、经济激励型和环境规制综合指数的系数均在 1% 条件下正向显著。这说明我国现行的环境规制体系在一定程度上改善了绿色全要素生产率，能够对 GTFP 产生正向影响，特别是在 2010 年之后，环境规制综合指数的系数值最大，说明近年来随着节能减排约束逐步增强、各类环境规制工具逐步丰富，制度创新的动力作用愈发显著。在两类环境规制中，命令控制型规制的系数大于经济激励型规制的系数，说明当前依靠行政命令强制要求工业企业妥善处理环境污染是更为常用的约束手段，而经济激励型规制力度还有待进一步增强。另一方面，在考虑了环境规制平方项后，环境规制一次项系数为正，二次项系数为负，但在系统 GMM 估计下不显著，这说明环境规制的逐步加大使 GTFP 呈现先上升后下降的趋势，与 GTFP 之间具有倒“U”型关系，但这种关系不显著，意味着环境规制存在一个拐点，如果超过拐点，环境规制的驱动效应将逐步衰退。从环境规制与技术创新的交互项来看，表 5.10 中，环境规制与自主创新、技术引进的交互项系数基本不显著甚至为负，说明现行的环境规制体系通过技术创新渠道促进 GTFP 改善的效果并不理想，这使得环境规制的驱动作用受阻，也就是说，中国工业环境规制的驱动效应更多地体现为末端治理带来的环境绩效改善。

其次，就技术创新而言，2010—2014 年间的自主创新系数在 1% 条件下正向显著，在全样本周期内自主创新系数也基本是正向显著的，说明工业自主研发能力的增强对改善 GTFP 效果明显，这与中国近年来在科技创新上的投入大幅增长，并在绿色制造等关键技术领域取得突破有关，2000—2004 年、2005—2009 年该系数不显著可能与研发投入给企业带来较高的成本支出有关。另一方面，技术引进系数基本不显著甚至为负，这说明相比自主创新，技术引进对工业绿色增长的驱动效应较为薄弱，主要原因在于，在技术引进和转移过程中，输出国或地区为了保持技术垄断和竞争优势，很难将核心技术转移出去，在这种情况下，昂贵的技术引进并不能带来有益的增长。同时，在技术引进中如果缺乏对先进技术的甄别，容易引入一些淘汰落后的技术，可能对资源环境带来一定的负面作用。因此，只有将引进技术经过消化、吸收、再创新，提高自主创新能力，实现行业自身技术进步，才能更好地推动绿色增长。

第三，就结构优化而言，禀赋结构系数在 2000—2004 年间、2010—2014 年间正向显著，且在全样本期、全变量回归中系数正向显著，这说明整体而言，禀赋结构对改善 GTFP 起到了积极作用，一方面，长期以来，人均资本的快速增长而非保持恒常比例是中国工业投资持续扩张的典型特征，资本深化往往与工业重型化同步，在技术不变的条件下，重型化工业倾向高消耗和高排放，2005—2009 年间的禀赋结构系数为负解释了该期间内资本深化的负效应。但另一方面，资本深化有利于提高生产率，且随着工业行业资本劳动结构逐渐趋于合理，资本深化的正效应抵消了其对环境的负面影响。资本结构系数在不同时间段以及在全样本条件下均为负，这说明整体而言，过去 15 年外商直接投资对工业绿色生产率起到了不利影响，工业绿色增长的资本结构优化效应仍未体现。该结论间接印证了我国在国际分工中可能出现的“污染天堂”现象。作为加速工业化的发展中大国，长期以来我国环境标准和环境管理能力低于发达国家，发达国家通过国际产业转移与资源再配置，将一些高能耗及污染型工业转移到我国，导致外资制约了我国工业的绿色增长。这也说明了中国工业引资质量仍有待提高，不能因为吸引外资放松环境标准而帮助发达国家从事污染行业的生产。就产权结构而言，在分时段的估计结果中，产权结构系数不显著，而在全样本期内高度正向显著，说明产权结构优化效应在整个周期内的驱动效应明显而在短周期内的驱动效应并不显著。该结论意味着产权结构变革能从体制上改善环境工业的协调性，也说明了产权结构优化效应可能在短期内并不明显，但持续性改革释放的结构优化红利十分突出。挖掘数据可以发现，国有及国有控股企业的比重在样本期内呈现下降走势，产权结构优化促进了要素流动、市场竞争和资源优化配置，国有企业与其他所有制企业的共同发展从总体上有利于 GTFP 的提升。就能源结构而言，在 2005—2009 年、2010—2014 年间的能源结构系数正向显著，而在全样本期内正负效应均有存在，表现并不稳定。造成这一结论的原因可能与工业电力消费结构有关，过去 15 年间，电力消费比重与化石能源消费的比重相比仍然偏低，其绿色驱动效应还不稳定，同时在电力消费中，又以火电占比最大，而火电与能源消耗及污染排放密不可分。但可喜的是，近年来随着去产能步伐加快及新能源快速发展，电力消费比重不断上升且水电、核电、风电等清洁电力比重扩大，显著促进了 GTFP 的提升。

表 5.11　三大行业绿色增长动力因素的系统 GMM 估计结果

	重度污染行业			中度污染行业			轻度污染行业		
	（1）	（2）	（3）	（4）	（5）	（6）	（7）	（8）	（9）
$GTFP_{it-1}$	−0.0423 （−0.57）	−0.0437 （−0.58）	−0.0366 （−0.49）	−0.0361 （−0.37）	0.0134 （0.13）	−0.0185 （−0.19）	0.1038 （0.98）	0.1154 （1.10）	0.1003 （0.95）
$AOCER_{it}$	6.9159*** （3.39）			6.0988*** （3.30）			2.0795 （1.25）		
$AOCER^2_{it}$	−0.1024*** （−7.20）			−0.0857*** （−6.76）			−0.0892*** （−7.69）		
$ECOER_{it}$		6.2152** （2.33）			−2.4775 （−0.95）			−16.7271 （−1.55）	

续表

	重度污染行业			中度污染行业			轻度污染行业		
	（1）	（2）	（3）	（4）	（5）	（6）	（7）	（8）	（9）
$ECOER^2_{it}$		−0.1046*** （−6.89）			0.1256*** （7.55）			0.1527*** （3.94）	
ER_{it}			5.6514* （1.70）			1.5355 （0.54）			−1.4967 （−0.49）
ER^2_{it}			−0.1065*** （−6.05）			−0.1024*** （−6.63）			0.1022*** （6.73）
RD_{it}	0.4023 （0.25）	0.5954 （0.38）	0.3920 （0.24）	3.1790* （1.76）	2.8251 （1.53）	3.0567* （1.67）	3.1664** （2.02）	3.0397* （1.92）	3.0926** （1.97）
FI_{it}	−0.3904 （−0.30）	−0.4156 （−0.32）	−0.3960 （−0.30）	0.4557 （0.25）	0.5375 （0.30）	0.7276 （0.40）	0.2500 （0.20）	0.5691 （0.46）	0.2479 （0.20）
$BFJG_{it}$	0.0017*** （3.36）	0.0017*** （2.84）	0.0018*** （3.09）	0.0002 （0.25）	0.0001 （0.09）	0.0001 （0.16）	0.0081*** （2.85）	0.0059* （1.92）	0.0077*** （2.73）
$ZBJG_{it}$	−0.0480 （−0.43）	−0.0526 （−0.43）	−0.0667 （−0.55）	−0.2038*** （−4.34）	−0.1043* （−1.86）	−0.1795*** （−3.63）	0.0556 （1.03）	0.1198* （1.80）	0.0712 （1.29）
$CQJG_{it}$	0.0808** （2.15）	0.0761** （2.05）	0.0823** （2.14）	0.2310*** （4.38）	0.1190* （1.87）	0.2084*** （3.72）	−0.0363 （−0.58）	0.0235 （0.32）	−0.0244 （−0.38）
$NYJG_{it}$	−0.0535 （−0.25）	−0.0350 （−0.15）	−0.0694 （−0.29）	−0.0085 （−0.06）	−0.2376 （−1.52）	−0.0194 （−0.14）	0.2066 （1.32）	0.0702 （0.45）	0.1978 （1.28）

注：***、**、* 分别表示 1%、5% 和 10% 下的显著性水平。重度、中度和轻度污染行业的划分依据为 2000—2014 年各行业污染排放强度的均值，具体划分依据和划分标准已在本章第一节中给出。限于篇幅，该表省略了相关检验结果，检验结果均证明 GMM 估计有效。

表 5.8 至表 5.10 的估计结果基于的都是工业全行业的样本数据，并未考察行业异质性问题，诚如前文分析，工业行业特征的不同直接决定了不同行业在环境规制、技术创新和结构改革中的表现存在差异。基于表 5.11，我们将从行业异质性角度出发，依次对三大行业绿色增长动力因素进行分析。首先，从各类环境规制驱动效应来看，重度污染行业两类环境规制及整体环境规制的系数具有倒“U”型特点；中度和轻度污染行业命令控制型环境规制具有倒“U”型特点而经济激励型环境规制具有“U”型特点，所不同的是中度污染行业整体环境规制呈现倒“U”型而轻度污染行业整体环

境规制呈现“U”型。该结论蕴含了深刻的实践意义，对重度污染行业来说，由于严苛的环境规制标准直接作用于污染排放，从而对GTFP有短期拉升作用，但此后由于高强度环境规制使企业的管理和经营空间受限，无法激发企业的技术创新热情，从而抑制GTFP。对中度和轻度污染行业来说，命令控制型环境规制的绿色推动效应先升后降，这说明“一刀切”的污染排放标准难以对排放强度较低企业的技术创新形成长期有效的激励。而经济激励型环境规制的效果则正好相反，通过将外部效应内部化，开始可能增加企业的成本开支，但充分利用市场力量能够在长期内对减排成本进行有效配置，使得企业的技术研发和创新具有较强的内在动力，从而对GTFP的改善起到积极影响。我们将在面板门槛模型中对环境规制的非线性效应和最优规制区间进行更详细的探讨。

其次，在技术创新方面，虽然自主创新系数在三大行业间均为正，但重污染行业自主创新系数不显著，同时轻度污染行业自主创新效应整体强于中度污染行业。该结论再一次证明了研发和创新是改善企业发展与环境协调的重要措施。然而，重度污染行业多由资源类企业组成，行业发展缺乏市场活力，因而在关注产值增长的同时忽视了技术创新对GTFP的推动作用，而中度和轻度污染行业多为具有高技术和清洁生产特征的企业，工业绿色增长的自主创新驱动效应较强。在技术引进方面，虽然三大行业的系数均不显著，但重度污染行业的系数为负而中度和轻度污染行业的系数为正，这说明技术引进可能产生的负面效应主要受重度污染行业拖累，也说明了重度污染行业在技术引进和技术转移过程中对先进技术的甄别能力有待提升。

第三，在结构调整与优化方面，禀赋结构系数在重度和轻度污染行业中正向显著，而在中度污染行业中不显著。重度污染行业资本深化的正效应主要得益于生产率提升带来的期望产出增长抵消了污染排放带来的非期望产出增加，轻度污染行业资本深化的正效应则得益于高技术资本的流入，带来了绿色技术创新，有效实现了产业绩效和环境绩效的共同提升。资本结构系数在重度和中度污染行业中为负，而在轻度污染行业中为正，这说明重度和中度污染行业在吸引外商直接投资过程中，环境标准较低，部分企业为了培育和维持国际竞争力，帮助投资国从事污染行业的生产，虽然促进了专业化分工和生产率提升，但却不利于环境质量的改善。产权结构系数在重度和中度污染行业中正向显著，而在轻度污染行业中不显著，这与中国国企改革的重点具有一致性。就工业而言，国有企业大多集中在重度和中度污染行业中，因而产权结构的优化效应在这两大类行业中表现得更为突出，随着国企占比下降及现有国企结构性改革步伐加快，对于促进工业绿色增长具有重要意义。能源结构系数在各行业间的表现均不显著，但系数符号在重度与中度污染行业中为负，而在轻度污染行业中为正，这说明当前工业的能源消费结构仍不合理，工业能源依然以煤炭、石油为主，电力消费比重偏低无法有效改善能源结构，故无法发挥能源结构的优化效应，同时在重度和中度污染行业中，电力消费又以火电为主要能源，直接促进了大量的燃煤和污染排放，从长期来看，调整能源结构、提升清洁能源的贡献度依然任重道远。

四、面板门槛模型实证结果与分析

通过 GMM 动态面板模型，我们已经就各动力因素对工业绿色增长的影响进行了分时段、分行业的全面分析，同时通过对环境规制平方项的检验，发现环境规制与 GTFP 之间并非存在单纯的线性关系，但二次项的分析相对较为粗糙，不能全面勾勒环境规制的非线性效应。作为中国环境管理制度中最重要的政策体系，环境规制是否有效不仅直接影响工业绿色增长，同时也可能对其他动力因素的驱动效应产生间接影响。诚如前文分析，当前中国工业环境规制体系并不完善，特别是针对不同类型行业缺乏灵活和动态的规制体系，如果以统一静态标准对各行业进行约束，不利于环境规制的创新，而落实到政策层面也将产生实践偏差。基于此，本节将重点针对环境规制的非线性效应进行探究，当然，为了保证不遗漏其他动力因素，我们将技术创新和结构优化各因素作为控制变量一同纳入面板门槛模型。根据前文面板门槛模型的估计方法，借鉴沈能（2012）的做法，将环境规制滞后一期值作为门槛变量，我们设定的自抽样次数为 300 次，并通过 Bootstrap 计算出 F 统计量的临界值以确定门槛个数，如表 5.12 所示。

表 5.12　门槛效果检验

		工业全行业		重度污染行业		中度污染行业		轻度污染行业	
	门槛	*F* 值	临界值	*F* 值	临界值	*F* 值	临界值	*F* 值	临界值
命令控制型环境规制	单一	11.8556*** （0.0000）	3.5576	10.7670*** （0.0033）	3.6078	4.1517** （0.0233）	3.4777	4.9866** （0.0400）	4.3680
	双重	4.4307** （0.0333）	3.4141	4.7259** （0.0433）	4.5866	1.8107 （0.2000）	4.5927	2.1299 （0.1433）	3.8648
	三重	3.8096** （0.0500）	3.8855	2.1015 （0.1667）	3.8865	—	—	—	—
经济激励型环境规制	单一	7.6599** （0.0033）	4.3931	8.1914*** （0.0100）	3.3261	8.0280** （0.0133）	4.0432	7.9098** （0.0133）	3.9630
	双重	12.2412*** （0.0067）	1.6726	8.6292*** （0.0067）	3.7269	3.1513* （0.0867）	4.2568	4.5939** （0.0500）	4.5158
	三重	5.4403*** （0.0167）	3.7347	6.2665** （0.0133）	3.9954	3.8504* （0.0533）	3.9627	4.0485* （0.0600）	4.5703
环境规制综合指数	单一	10.5874*** （0.0033）	3.1248	10.6546*** （0.0033）	2.7609	5.4754** （0.0200）	3.0879	8.4314*** （0.0033）	4.2494
	双重	7.9504*** （0.0067）	4.2664	7.6022*** （0.0100）	3.3331	3.1593* （0.0767）	3.4146	4.4711** （0.0167）	3.3067
	三重	4.9749** （0.0267）	3.8100	3.0159** （0.0833）	3.9923	4.0711*** （0.0033）	3.0369	2.0435** （0.0168）	4.0729

注：***、**、* 分别表示 1%、5% 和 10% 下的显著性水平。表中检验统计量依次为在单一、双重和三重门槛下的 LR Test（F）值和相应的 p 值，根据 p 值的显著性来判断门槛个数。

表 5.12 展示了在命令控制型环境规制、经济激励型环境规制以及环境规制综合指数情形下，全行业及三大类行业的门槛个数检验结果，表中显示，在命令控制型环境规制下，重度污染行业双重门槛显著但三重门槛不显著，我们将其门槛数设定为 2，而在同种情形下，中度和轻度污染行业单一门槛显著，但双重门槛不显著，我们将其门槛数设定为 1。除了这三种情形外，其余情形下各行业均存在显著的三重门槛，故其余情形下的门槛个数均设定为 3。由此，可以进一步得到在各类环境规制情形下工业全行业、重度污染行业、中度污染行业以及轻度污染行业的门槛值 γ，以及 95% 的置信区间，如表 5.13 所示。在此基础上，我们可以根据门槛值划分的门槛

区间得到不同区间内的回归系数，本书进一步展示了工业全行业和三大类行业面板门槛模型的回归结果，见表 5.14 和表 5.15。

表 5.13　门槛估计值与对应的置信区间

	工业全行业			重度污染行业			中度污染行业			轻度污染行业		
	门槛估计值		95% 区间	门槛估计值		95% 区间	门槛估计值		95% 区间	门槛估计值		95% 区间
命令控制型环境规制	γ_1	0.0230	[0.0202, 0.0317]	γ_1	0.0230	[0.0230, 0.0230]	γ_1	0.0262	[0.0230, 0.0317]	γ_1	0.0287	[0.0242, 0.0313]
	γ_2	0.0287	[0.0284, 0.0290]	γ_2	0.0253	[0.0202, 0.0313]	γ_2	—	—	γ_2	—	—
	γ_3	0.0307	[0.0202, 0.0317]	γ_3	—	—	γ_3	—	—	γ_3	—	—
经济激励型环境规制	γ_1	0.0259	[0.0251, 0.0264]	γ_1	0.0253	[0.0251, 0.0253]	γ_1	0.0248	[0.0248, 0.0248]	γ_1	0.0247	[0.0247, 0.0248]
	γ_2	0.0349	[0.0330, 0.0351]	γ_2	0.0263	[0.0261, 0.0266]	γ_2	0.0303	[0.0251, 0.0369]	γ_2	0.0249	[0.0246, 0.0265]
	γ_3	0.0367	[0.0367, 0.0376]	γ_3	0.0349	[0.0259, 0.0406]	γ_3	0.0329	[0.0251 0.0369]	γ_3	0.0257	[0.0246, 0.0265]
环境规制综合指数	γ_1	0.0250	[0.0245, 0.0258	γ_1	0.0243	[0.0234, 0.0343]	γ_1	0.0288	[0.0251, 0.0315]	γ_1	0.0256	[0.0255, 0.0259]
	γ_2	0.0315	[0.0234, 0.0343	γ_2	0.0250	[0.0245, 0.0258]	γ_2	0.0291	[0.0283, 0.0299]	γ_2	0.0272	[0.0251, 0.0287]
	γ_3	0.0334	[0.0330, 0.0335]	γ_3	0.0330	[0.0319, 0.0337]	γ_3	0.0302	[0.0251, 0.0315]	γ_3	0.0277	[0.0254, 0.0283]

注：门槛参数估计值为 LR=0 时 γ 的取值。

表 5.14　工业全行业及重度污染行业的面板门槛模型回归结果

	工业全行业			重度污染行业		
解释变量	命令控制型	经济激励型	环境规制综合	命令控制型	经济激励型	环境规制综合
$[AOCER_{it}]-1$ $[ECOER_{it}]-1$ $[ER_{it}]-1$	-4.6790^{***} (−5.65)	-4.2420^{***} (−5.11)	-4.7889^{***} (−5.84)	−0.7332 (−0.48)	−0.1518 (−0.10)	−0.5061 (−0.33)

续表

	工业全行业			重度污染行业		
解释变量	命令控制型	经济激励型	环境规制综合	命令控制型	经济激励型	环境规制综合
[$AOCER_{it}$] -2 [$ECOER_{it}$] -2 [ER_{it}] -1	2.2958*** (3.35)	2.3186*** (3.41)	2.2216*** (3.27)	0.2427 (0.21)	1.1520 (1.05)	0.7760 (0.70)
[$AOCER_{it}$] -3 [$ECOER_{it}$] -3 [ER_{it}] -3	0.0018*** (6.32)	0.0011*** (3.28)	0.0013*** (4.48)	0.0023*** (5.33)	0.0019*** (4.28)	0.0014*** (2.81)
[$AOCER_{it}$] -4 [$ECOER_{it}$] -4 [ER_{it}] -4	-0.0452 (-1.17)	-0.0635 (-1.59)	-0.0504 (-1.32)	—	-0.1563 (-1.20)	-0.3997*** (-3.20)
RD_{it}	0.1262*** (4.45)	0.0938*** (3.12)	0.0954*** (3.31)	-0.3966*** (-3.14)	0.0465 (0.83)	0.0149 (0.28)
FI_{it}	-0.0594 (-0.68)	-0.0404 (-0.43)	-0.1156 (-1.33)	0.0520 (1.05)	-0.0058 (-0.02)	-0.3098 (-1.25)
$BFJG_{it}$	4.1830* (1.83)	9.8841** (2.49)	10.3738*** (3.90)	0.3931 (1.61)	24.0577*** (3.47)	8.1683 (1.56)
$ZBJG_{it}$	-2.6104 (-1.41)	-9.1329** (-2.40)	-8.8693*** (-3.73)	-12.9942*** (-3.75)	-21.2706*** (-3.17)	-9.6071* (-1.91)
$CQJG_{it}$	3.1364* (1.82)	6.0061* (1.65)	7.6152*** (3.36)	10.4560*** (3.37)	19.1226*** (2.91)	7.0890 (1.52)
$NYJG_{it}$	-2.5558 (-1.57)	-8.1138** (-2.45)	-9.4377*** (-4.27)	-9.0707*** (-3.35)	-16.7375*** (-2.79)	-9.7292** (-2.19)

注：*、**、*** 分别表示在 1%、5%、10% 条件下显著。

表 5.15　中度污染及轻度污染行业的面板门槛模型回归结果

	中度污染行业			轻度污染行业		
解释变量	命令控制型	经济激励型	环境规制综合	命令控制型	经济激励型	环境规制综合
[$AOCER_{it}$] -0 [$ECOER_{it}$] -0 [ER_{it}] -0	-3.1429** (-2.13)	-3.1067** (-2.16)	-2.9289** (-2.00)	-3.4995** (-2.10)	-4.1217** (-2.54)	-4.1986*** (-2.60)
[$AOCER_{it}$] -1 [$ECOER_{it}$] -1 [ER_{it}] -1	1.3476 (1.01)	0.6075 (0.46)	1.1788 (0.89)	2.0045* (1.67)	2.8502** (2.44)	1.8918 (1.62)

续表

解释变量	中度污染行业			轻度污染行业		
	命令控制型	经济激励型	环境规制综合	命令控制型	经济激励型	环境规制综合
[$AOCER_{it}$] -2 [$ECOER_{it}$] -2 [ER_{it}] -2	—	0.0002 (0.45)	0.0002 (0.49)	—	0.0001 (0.01)	0.0020 (0.68)
[$AOCER_{it}$] -3 [$ECOER_{it}$] -3 [ER_{it}] -3	—	0.0602 (1.26)	0.0526 (1.10)	—	0.1347** (2.00)	0.1374** (2.43)
RD_{it}	0.0003 (0.63)	0.1597*** (3.81)	0.2030*** (4.80)	0.0002 (0.06)	0.0548 (0.85)	0.0132 (0.20)
FI_{it}	-0.0708 (-1.46)	-0.1911* (-1.65)	-0.1632 (-1.41)	0.1051* (1.87)	0.1172 (0.72)	0.2221* (1.68)
$BFJG_{it}$	0.1781*** (4.37)	12.3320*** (2.65)	-6.2591* (-1.94)	0.0271 (0.42)	1.3551** (1.97)	0.8261*** (3.81)
$ZBJG_{it}$	-0.2003* (-1.71)	9.3083** (2.09)	-4.7780 (-1.53)	0.2071 (1.52)	-1.3277* (-1.93)	-0.8149*** (-3.74)
$CQJG_{it}$	2.2131 (0.92)	8.0115** (1.96)	6.2851** (2.04)	0.1574 (0.04)	1.3436* (1.94)	0.8382*** (3.80)
$NYJG_{it}$	1.4501 (0.68)	6.7369* (1.85)	-5.2171* (-1.79)	-0.6344 (-0.20)	1.3542* (1.95)	0.8448*** (3.78)

注：*、**、*** 分别表示在 1%、5%、10% 条件下显著。

表 5.14 和表 5.15 展示了在不同门槛区间内工业全行业以三大类行业环境规制的非线性效应，从经验研究的角度证明了环境规制强度并非越高越好，而是存在一个合理的区间，在区间内达到环境规制与绿色全要素生产率的最佳契合点。结果显示，对工业全行业来说，两类环境规制及整体环境规制水平与 GTFP 之间均符合倒“U”型关系，这与前文系统 GMM 估计结论相互呼应。以环境规制综合指数为例进行分析，当环境规制强度越过门槛值 0.0230 时，系数值从 -4.7889 上升到 2.2216，跨过 0.0287 后，系数值又显著回落至 0.0013，最后跨过 0.0307 后，系数值转向 -0.0504 且不显著。因此，就全行业的环境规制表现来看，环境规制对绿色全要素生产率的影响正好处于波特拐点后的上升阶段，但应注重保持环境规制的合理强

度，以及进一步创新环境规制的工具类型。对重度污染行业来说，虽然在单一门槛区间内的系数不显著，但环境规制整体与 GTFP 之间同样具有倒“U”型特征，原因在于，尽管短期内严格的规制强度可能对改善 GTFP 起到积极作用，但如果持续提升的规制强度超过企业的承受能力时，环境规制将会增加企业的额外负担，阻碍企业生产率提升，削弱企业的技术创新和减排动力。对中度污染行业来说，命令控制型环境规制系数在门槛区间内呈上升走势，而经济激励型环境规制、环境规制综合指数与 GTFP 之间符合“N”型关系，但不显著。该结论是对动态面板估计结果的延伸，整体而言，中度污染行业承受的环境规制强度适中，因而在适度范围内提升命令控制型规制力度可以增强对企业节能减排的约束，从而有利于 GTFP 的改善。对轻度污染行业来说，两类环境规制及环境规制综合指数与 GTFP 的关系与中度污染行业呈现的非线性变化一致，所不同的是，在轻度污染行业中，经济激励型和环境规制综合指数的“N”型变化特点是显著的。以经济激励型环境规制的系数变化为例，当跨越 0.0247 的门槛后，系数由 –4.1217 上升至 2.8502，此后系数回落，但最终跨越 0.0257 的门槛后，系数又回升至 0.1347。这说明对于中度和轻度污染行业而言，环境规制开始时可能产生短期促进效应，但由于规制力度偏小，不足以对技术创新形成有效激励，反而会使污染治理的成本增加进而挤压研发投入，但随后的反弹趋势说明从长期来看，规制力度的进一步增强将倒逼企业通过资源动态优化配置实现“创新补偿”，从而最终形成对 GTFP 的推动，能够较好地实现产业绩效和环境绩效之间的动态长期平衡。

表 5.16 进一步显示了不同环境规制所对应的最优规制区间及三大行业落入该区间内的细分行业。我们看到，在重度污染的 13 个行业中，只有 3 个行业的命令控制型规制位于最优区间，只有 2 个行业的环境规制综合指数位于最优区间，而多数行业的经济激励型规制力度是合理的。这说明整体而言，重度污染行业的环境规制力度过大，而这主要受命令控制型环境规制的影响。对于这些处于强规制中的行业来说，环境规制力度过大特别是节能减排的标准过于严苛将不利于提升工业绿色全要素生产率。在中度污染的 13 个行业中，除农副加工和纺织业外，共有 11

个行业的环境规制综合指数位于最优区间，同时命令控制型和经济激励型环境规制的协调度较好，因而环境规制的组合是合理的。未来在保持适度稳定的环境规制水平的同时，应当注重环境规制手段和形式的调节。在轻度污染的 10 个行业中，共有 7 个行业的环境规制综合指数位于最优区间，但位于命令控制型规制最优区间的行业只有 5 个，说明当前的规制力度对轻度污染行业来说依然偏低，应当要在合理的范围内提高环境规制标准和强度。

在其他工业绿色增长的动力因素方面，面板门槛模型的回归结果再次证明了 GMM 动态面板模型结果的稳定性，各系数值的大小和方向与 GMM 估计类似。就技术创新动力而言，自主创新系数在全行业、中度和轻度污染行业中表现较为理想，在重度污染行业中为负或不显著。技术引进系数多为不显著或为负，在轻度污染行业中表现为正，说明轻度污染行业更关注引进技术的先进性和环保性。就结构优化动力而言，禀赋结构系数在全行业及三大行业中表现多为正向显著，说明工业资本深化开始逐步走向技术和知识密集型。资本结构系数基本为负，再次验证了工业引资质量亟待提升，外国资本的流入并没有对绿色生产率的改善起到积极影响。产权结构系数基本为正向显著，说明所有制改革取得了一定成效，也说明随着低效落后产能的逐步淘汰，国有企业的活力进一步释放，有利于绿色生产率的改善。能源结构系数表现不稳定，特别是在重度污染行业中多数为负，说明能源结构仍不合理，长期来看调整及优化能源结构依然是节能减排的重点。

表 5.16　最优环境规制区间及行业分布

工业分类	环境规制的最优区间	位于最优规制区间的行业
重度污染行业	0.0230 ≤ AOCER ≤ 0.0253	其他采矿、有金矿采、黑金矿采
	0.0253 ≤ ECOER ≤ 0.0263	黑金冶炼、非金矿物、化学纤维、石油加工、煤炭开采、有金加工、有金矿采、黑金矿采、其他采矿、水的生产
	0.0243 ≤ ER ≤ 0.0250	有金矿采、黑金矿采
中度污染行业	AOCER >0.0262	橡胶制品、仪器仪表、石油开采、医药制造、专用设备、燃气生产、纺织业、金属制品、食品制造、农副加工

续表

工业分类	环境规制的最优区间	位于最优规制区间的行业
	0.0248 ≤ ECOER ≤ 0.0303	纺织业、饮料制造、食品制造、医药制造、皮革毛皮、金属制品、石油开采、木材加工、橡胶制品、专用设备、燃气生产、仪器仪表
	0.0288 ≤ ER ≤ 0.0291	饮料制造、食品制造、医药制造、皮革毛皮、金属制品、石油开采、木材加工、橡胶制品、专用设备、燃气生产、仪器仪表
轻度污染行业	AOCER >0.0287	计算机、家具制造、纺织服装、交通运输、电气机械
	0.0247 ≤ ECOER ≤ 0.0249 或 ECOER>0.0257	交通运输、计算机、通用设备、纺织服装、电气机械、烟草制品、塑料制品
	0.0256 ≤ ER ≤ 0.0272 或 ER>0.0277	印刷媒介、烟草制品、塑料制品、通用设备、文教体育、计算机、交通运输

第五节 本章小结

本章以前文测算出的包含能源投入和环境污染的 GTFP 作为衡量工业绿色增长的依据，在此基础上，通过构建面板 ECM 模型、GMM 动态面板模型和面板门槛模型，从制度创新动力、技术创新动力以及结构优化动力三方面对工业绿色增长的各动力因素进行实证检验，得出的主要研究结论如下：

第一，现行的环境规制体系在一定程度上改善了工业绿色全要素生产率，其影响效应迈过了波特拐点，特别是在 2010—2014 年间，环境规制发挥出的驱动效应最强。但这一特征仅是针对工业行业整体，由于行业异质性存在，不同类型行业的环境规制效应不尽相同，对重度污染行业来说，环境规制与 GTFP 之间具有倒“U”型特征，对中度和轻度污染行业来说，命令控制型环境规制系数呈上升走势，而经济激励型环境规制、环境规制综合指数与 GTFP 之间符合“N”型关系。环境规制最优区间的检验表明，重度污染行业的环境规制力度过大不利于提升工业绿色全要素生产率；中度污染行业命令控制型和经济激励型环境规制协调度较好、环境规制的组合较为理想；轻度污染行业当前规制力度偏低，应当在合理的范围内提高环境规制标准和强度。

第二，自主创新对改善工业绿色全要素生产率效果明显，再一次证明了研发和创新是改善企业发展与环境协调的重要措施。而技术引进对工业绿色增长的驱动效应较为薄弱，这可能与发达国家的技术垄断和技术引进过程中缺乏对先进技术的甄别有关。从行业异质性来看，自主创新效应在中度和轻度污染行业中表现显著，而在重度污染行业中表现不佳。技术引进效应在三大行业中均不显著，但技术引进可能产生的负面效应主要受重度污染行业的拖累。

第三，禀赋结构对改善工业绿色全要素生产率起到了积极影响，重度污染行业的正效应主要得益于期望产出增长抵消了非期望产出增加，轻度污染行业的正效应则得益于高技术资本的流入，实现了产业绩效和环境绩效的共同提升。资本结构对工业绿色增长的负效应印证了外商直接投资的“污染天堂”假说，而这一特征在重度和中度污染行业中表现得更为突出。产权结构在整个周期内的驱动效应明显而在短周期内的驱动效应并不显著，随着国企占比下降及现有国企结构性改革步伐加快，对于促进工业绿色增长具有重要意义。能源结构对工业绿色增长的影响不稳定甚至为负，这与当前工业电力消费比重仍然偏低及电力消费结构中火电占比偏高有关，因此调整优化能源结构仍然任重道远。

综合上述结论，本书认为，在工业绿色增长的动力因素中，制度创新动力的驱动效应已经显现，但应注重行业实际和差异化策略；技术创新动力应当在更加关注自主创新的同时注重对引进技术的甄别；结构优化动力中的禀赋结构和产权结构优化效应已经显现，但资本结构和能源结构优化效应还有待提升。

第六章　中国工业绿色增长的模拟预测：2015—2050 年

第三章的理论分析表明，资源环境约束下的工业增长是可期的，而第四及第五章对过去15年间中国工业绿色增长的状况和驱动因素进行了深入的实证检验和分析，研究表明在制度创新、技术创新和结构优化驱动下，中国工业正由传统增长模式向绿色增长模式转变。那么，在未来更长的周期内，中国工业绿色增长的前景如何？是否存在一条节能减排与产值增长的最优路径？在该路径下各行业潜在产出与生产率的增长又有何差异？基于对这些问题的考虑，本章将在沿用第三章方向性距离函数（DDF）分析方法的基础上，构建一个基于非期望产出强弱不同处置下的DDF行为分析模型（AAM），以此对中国工业绿色增长的前景进行模拟预测。通过设计5种节能情景和9条二氧化碳减排路径，共计45种可替代的政策组合，评估它们对工业潜在产出的影响，并探讨最优路径下绿色生产率的变化趋势，以此作为评判中国工业能否实现双赢发展的依据。

第一节　节能减排的现实困境与两难抉择

在全球经济步入“新平庸”阶段，有效履行最新的气候变化公约《2015年巴黎协定》以及刺激经济复苏成为摆在世界各国面前的两大难题。在2015年11月召开的巴黎气候变化大会上，中国政府提出“将于2030年左右使二氧化碳排放达到峰值，2030年单位GDP二氧化碳排放比2005年下降60%~65%，非化石能源占一次能源消费比重达到20%左右”，在“十三五”能源规划中，中国也提出到2020年，非化石能源消费比重达15%、单位GDP能耗降低15%、单位GDP二氧化碳排放降低18%等5项约束性指标，这些节能减排举措充分彰显了中国对推动全球绿色发展的坚定决心。而与此形成鲜明对比的是，美国总统特朗普还在竞选期间时就承诺退出《2015年巴黎协定》，欲不履行温室气体减排责任，这使美国参与全球气候变化的合作变得扑朔迷离。事实上，中国和美国乃至世界更多国家达成气候变化协议的共识是异常艰难的，1992 年，国际社会达成了第一个合作应对温室气体排放的《联合国气候变化框架公约》，此后，各国围绕气候变化问题进行了一系列复杂曲折的谈判，中途数次搁浅，究其原因在于，气候变化谈判表面上是应对全球气候变暖，而本质上依然是各国经济利益和发展空间的博弈与角逐。

另一方面，主要发达国家和新兴市场国家在刺激经济复苏中都不约而同地采用了“绿色新政”，希望借此找到一条有效而可持续地解决多重危机的道路。而所谓“绿色新政”，即是通过一系列资源节约型、环境友好型国家战略和政策，将刺激经济的重点转向环境生态领域的投资，大力发展环保产业，有效应对全球气候变化，促进绿色经济增长并带动就业。英、德、美、日、韩等国家纷纷采取行动引领绿色经济潮流。英国于 2009 年发布了《低碳转换计划》国家战略白皮书，并主要从绿色能源、绿色生活方式和绿色制造三方面入手发展绿色经济。德国则大力发展生态工业，2009 年 6 月，德国在一份推动经济现代化的战略文件中强调生态工业政策应成为德国经济现代化的指导方针，未来生态工业与“德国工业 4.0”的叠加将为德国占据实体经济竞争制高点提供保障。美国则自奥巴马政府上任不久就推出了以发展新能源为主要内容的经济刺激计划，并出台了《美国清洁能源安全法案》，通过开发新能源、节能增效、应对气候变化等项目，努力将低碳经济打造成新的经济增长点。日本于 2009 年公布了《绿色经济与社会变革》的政策草案，通过环境和能源领域的系列措施刺激绿色经济发展。韩国虽然发展绿色经济的时间稍晚，但速度可观，通过《绿色能源产业发展战略》，韩国在企业污染排放控制、新能源、绿色环保技术、绿色产业等领域取得了快速进展。

为什么世界各国在节能减排问题上的对内对外态度会有如此差异？其实各国深知，节能减排和绿色增长是世界潮流，也是未来经济转型、技术争夺与重塑实体经济竞争力的关键，因而在国家长期战略层面都积极推动。但在短期内，由于各国经济复苏依然疲软，重振实体经济任务艰巨，节能减排将不可避免地消耗一部分宝贵的生产性资源，从而对经济发展形成冲击。特别是在工业领域，节能减排对工业的刚性约束越强，工业企业在短期内被挤占的经济资源将越多，环境治理成本、管理成本将越大，从而能够获得的经济利益可能越少。这就是各国在面对气候变化和刺激复苏中的两难抉择。与各国在政策实践中的抉择类似，在学术领域也向来存在关于节能减排影响效应的争论，这就是前文中数次提及的环境“波特假说”，该假说认为在节能减排约束下，企业可以同时实现经济绩效和环境绩效的提升，满足经济社会的发展目标和需求，而其反对者则认为节能减排将给企业带来额外的成本负担，不利于提高企业生产率，也就是说节能减排与企业竞争力提升是矛盾冲突的。关于环境“波特假说”的相关研究在前文中已有深入阐述，在此不再过多赘述。

当前，世界经济疲软导致全球能源消费增速继续放缓，2015 年全球一次能源消费增加了 1.0%，美国增长 0.9%，而中国的增幅为 1.5%，连续 15 年成为一次能源消费增量最多的国家。从绝对量来看，中国也是全球能源消费最多的国家，2015 年能源消费总量达 43 亿吨标准煤，比美国高约 32%。在中国的一次能源消费结构中，虽然原煤占比从 2014 年的 65.6% 降低到 2015 年的 63.7%，但仍高居在 60% 以上。近年来，中国二氧化碳排放量已经占全球排放总量的 30% 左右，是全球碳排放头号大国，这无疑缩窄了中国在国际上的碳排放话语权，客观上使中国面临的国际社会压力进一步加大。随着“绿色发展”正式纳入“十三五”规划，节能减排成为中国经济发展方式转变的本质要求，但与此同时，“十三五”也是中国工业化后期的关键阶段，工业保持较快增长是国民经济实现预期增长目标的重要保障，作为节能减排的主力军，工业增长仍然对能源资源的依赖度较强、对污染排放的需求较大，可以想象节能减排约束对工业经济的负面影响也可能是所有产业部门中最大的。因此，寻找到一条能够实现工业节能减排与产值增长的最优路径迫在眉睫，这不仅能在客观上为工业长期增长提供经验依据，同时能为中国在未来重要的战略期内制定有关政策提供有价值的参考。基于此，本章将通过模拟预测的方式，在一个长的周期内探究节能减排对工业潜在产出和生产率的影响，以此检验和判断双赢发展前景在中国工业领域是否可以实现，以期对政策执行中的节能减排困境进行合理的回应和解答。

第二节　基于方向性距离函数的行为分析模型

在本节中，我们将着重介绍用来模拟预测中国工业绿色增长前景的节能减排行为分析模型（Activity Analysis Model，AAM），该模型可以认为是对 Chambers et al.（1996）和 Chung et al.（1997）提出的基于非期望产出不同假定下的方向性距离函数（DDF）的组合分析。关于方向性距离函数已在第四章测度工业绿色全要素生产率时进行了详细介绍，相比传统的 Shephard 距离函数无法从本质上区分好产出与坏产出，DDF 能够较为科学地拟合环境污染对经济系统的影响，体现了期望产出增加与非期望产出减少的思想，是评估工业节能减排行为的有效方法。根据 Boyd et al.（2002）、陈诗一（2010）的方法，本书利用环境污染强可处置和弱可处置下的两种 DDF 模型来度量节能减排对工业潜在产出和损失的影响，以此找寻节能减排约束下工业增长的最优路径，并在该路径下模拟 2015—2050 年中国 36 个工业行业产出和生产率的变化情况，进而判断到从当前至 2050 年中国工业绿色增长的前景。

本节模拟预测研究的对象同样为工业 36 个两位数行业，用 i 表示；预测的时间跨度为 2015—2050 年（由于统计数据限制，第四章、第五章实证研究的截止时间均为 2014 年，故预测周期从 2015 年开始，预测年份共 36 年），用 t 表示；每个行业有资本、劳动和能源 3 种投入，期望产出和非期望产出分别为工业总产值和二氧化碳排放。需要说明的是，在模拟预测部分，我们仅选择二氧化碳排放 1 种非期望产出，原因在于，二氧化碳排放不仅是全球气候变化关注的重点，也是中国工业生产过程中与能源消耗关系最为密切的污染排放物，且中国官方虽没有直接公布二氧化碳排放数据，但对二氧化碳排放峰值和减排目标有较明确的规划，有便于本书展开节能减排路径设计。同时，以二氧化碳排放为例进行分析，其他污染物如废水、废气、固体废物排放同样适用于该分析框架。综合上述考虑，为了保证模拟预测的清晰性和精炼性，本节只选择二氧化碳排放 1 种非期望产出。与第四章的研究方法类似，我们用式（6–1）表示第 i 个行业在 t 时点上的生产可能性集合。其中，x^i、y^i、b^i 分别表示投入、期望产出和非期望产出的列向量。

$$P(x^i)=\left\{(y^i,b^i,-x^i):x^i\text{能生产出的}\left(y^i,b^i\right)\right\} \tag{6–1}$$

借鉴陈诗一（2010）的研究，对第四章介绍的方向性距离函数原理图进行拓展分析，在图 6.1 中，技术由 A 点即 (y,b) 所隶属的生产集用 $P(x)$ 表示。传统的距离函数使得好产出和坏产出同时增加，即技术点由 A 投射至 C，而方向性距离函数（DDF）则可以沿着 ABD 的方向同时拟合好产出增加和坏产出减少的行为。进一步地，再次定义本节使用的方向性距离函数（DDF）表达式，如式（6–2）。方向向量用 $g=(y,-b)$ 表示，β 即是所要度量的 DDF 值，反映了既定投入向量 x^i 下，沿方向向量 g，产出向量 $\left(y,b\right)$ 所能缩放的最大倍数。

$$\overrightarrow{D_0}(x^i,y^i,b^i;g^i)=\sup\left\{\beta:(y^i,b^i)+\beta g\in P(x^i)\right\} \tag{6–2}$$

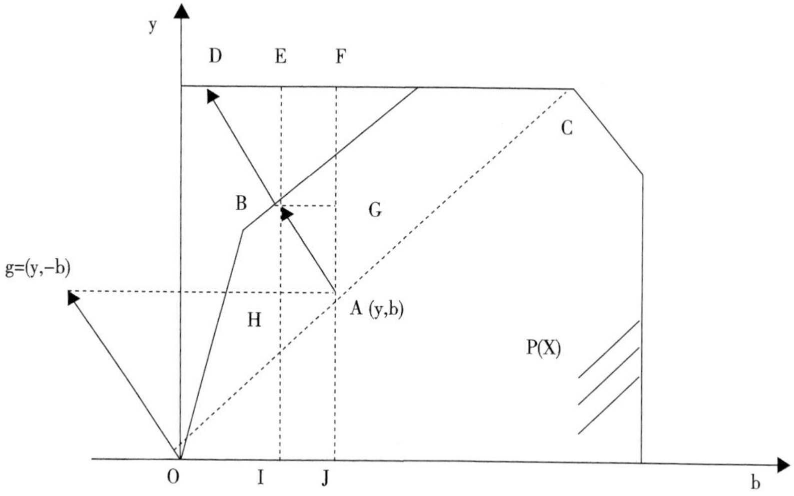

图 6.1　非期望产出两种处置的方向性距离函数

根据陈诗一（2010）的研究，图 6.1 可以拓展出在方向性距离函数（DDF）下的节能减排行为分析模型（AAM）。如图所示，技术点 A 处于有效率生产前沿的内部。然而，在能源消耗及污染排放下，产出向量究竟是

由 A 点映射到 B 点还是 D 点则取决于环境污染（坏产出）是强可处置还是弱可处置的技术假定。如果环境污染是强可处置的，那么在现有期望产出的基础上，进一步的潜在产出增长是最大的，即技术点由 A 映射至 D，在这种情况下，工业企业处置环境污染无需花费额外的代价，因为在投入和好产出既定时，可以在减少坏产出的同时达到潜在产出的最大增长，企业将会自发地去除环境污染这种生产过程中的副产品，在这种情形下，环境治理（节能减排）对产出并不形成制约，潜在产出的最大增长值等于距离函数值 β_F，在图形中表示为 AD/Og。然而，在现实经济中，工业企业不可能不付出代价去降低坏产出，正是因为这种代价的存在，工业企业需要在投入既定下牺牲一部分用来生产好产出的经济资源。因此，从理性角度来说企业并不愿意降低坏产出，这也是为什么缺乏环境规制或环境规制较弱会使企业生产盲目扩张。在这种情形下，节能减排的强制性约束变得有效，工业企业需要在增加好产出和减少坏产出之间进行权衡，技术点 A 将投射至 B，符合环境污染的弱可处置假定，我们看到，该种假定显然与现实经济中的节能减排行为更为契合。第二种情形即是 Chung et al.（1997）提出的方向性距离函数，也被称为节能减排下的行为分析模型（AAM）。也就是说，在节能减排约束下，要想减少坏产出，好产出也必须减少，此时的距离函数值记为 β_R，在图形中表示为 AB/Og。而该距离函数值必然小于强可处置下最大的潜在产出 β_F，因此，$L=\beta_R-\beta_F<0$ 正好体现了由于节能减排约束所造成的潜在产出的损失。我们利用 $\omega=\beta_R-|L|$ 来表示工业潜在产出增长与损失之间的净值，并依据该净值综合判断工业绿色增长的最优路径，该净值越大说明在不同节能减排政策组合下工业能够获得的增长潜力最大。Boyd and McClelland（1999）、Boyd et al.（2002）等学者在度量潜在产出增长与损失时也采用了类似方法。

基于此，中国工业 36 个行业中第 i 个行业在 t 期的强可处置方向性距离函数如式（6–3），弱可处置的方向性距离函数如式（6–4）。其中，N 为投入要素个数，M 为期望产出个数，W 为非期望产出个数，z_i^t 为每一横截面观测值（各工业行业）的权重。可以利用这两个公式计算出的 DDF 差值衡量节能减排带来的潜在产出损失 L。在此基础上，本书利用与 ω 最优值相对应的节能减排组合下的绿色全要素生产率（GTFP）作为分析中国工业绿色增长前景的依据。

$$\overrightarrow{D}_0^t\left(x^t,y^t,b^t;y^t,-b^t\right)=\max\beta_F$$
$$\begin{aligned}s.t.\quad &\sum_{i=1}^{I}z_i^t y_{im}^t \geq (1+\beta_F)\,y_{im}^t \quad m=1,2,\ldots M;\\ &\sum_{i=1}^{I}z_i^t b_{iw}^t \geq (1-\beta_F)\,b_{iw}^t \quad w=1,2,\ldots W;\\ &\sum_{i=1}^{I}z_i^t x_{in}^t \leq x_{kn}^t \quad z_i^t\geq 0,\ n=1,2\ldots N,\quad i=1,2,\ldots 36\end{aligned} \tag{6-3}$$

$$\overrightarrow{D}_0^t\left(x^t,y^t,b^t;y^t,-b^t\right)=\max\beta_R$$
$$\begin{aligned}s.t.\quad &\sum_{i=1}^{I}z_i^t y_{im}^t \geq (1+\beta_R)\,y_{im}^t \quad m=1,2,\ldots M;\\ &\sum_{i=1}^{I}z_i^t b_{iw}^t = (1-\beta_R)\,b_{iw}^t \quad w=1,2,\ldots W;\\ &\sum_{i=1}^{I}z_i^t x_{in}^t \leq x_{kn}^t \quad z_i^t\geq 0,\ n=1,2\ldots N,\quad i=1,2,\ldots 36\end{aligned} \tag{6-4}$$

第三节　中国工业节能减排的情景分析与路径设计

在构建完用于工业绿色增长模拟预测的 DDF 行为分析模型后，本节将设计不同的节能情景和二氧化碳减排方案，并将这些不同的情景组合带入模型中，从而对未来工业绿色增长的前景进行预测。由于不同的节能减排路径对经济增长的影响不尽相同（Kuosmanen et al.，2009；陈诗一，2010），故本节综合考虑 5 种节能情景和 9 条二氧化碳减排路径，共计 45 种可替代的政策组合，以此评估它们对工业潜在产出和损失的影响，从而找寻节能减排约束下工业增长的最优路径。

一、节能情景设计及其依据

根据《中国国民经济和社会发展第十三个五年规划纲要》和《能源发

展“十三五”规划》中提出的能源消耗强度约束性指标，即 2016—2020 年单位国内生产总值能耗下降 15%。纵观“十二五”时期节能降耗指标的完成情况，5 年内累计完成节能降耗 18.2%，超额完成了“十二五”规划中提出的 16% 的目标。基于对未来经济增速放缓、产业结构调整、能源结构趋优的考虑，在本书中，我们认为年均节能降耗 3% 的目标是合理的，又鉴于工业部门是该节能降耗的主要执行者，故将此目标应用于工业领域也是恰当的，即假定单位工业总产值年均降耗 3%。同时，在“十二五”期间，虽然工业经济增速逐年下滑，至 2015 年，规模以上工业增加值增速为 6.1%，全部工业企业增加值增速为 5.9%，但 5 年内的平均增速仍然达到了预期的 8%。因此，尽管新常态下的工业经济将以“稳中求进、改革创新”为基本要求，但在政策支持、技术创新、结构改革深入推进等有利因素影响下，工业经济仍具有广阔的发展空间和潜力。为此，如果劳动力和资本要素按照 2000—2014 年各自的平均速度增长，那么未来中国工业的年均增速可能有 6%、7%、8%、9% 和 10% 5 种目标。本书对工业增长的预期之所以与陈诗一（2010）等学者设置的 4%、6%、8%、10% 和 12% 不同，原因在于考虑到工业经济自 2010 年开始已经逐渐步入稳定均衡的中高速增长阶段，因此设置的 5 种年均增速波动性较小。结合 3% 的年均节能降耗目标和 5 种工业经济增长的前景，可以计算出达到该节能目标相应的能源消耗年均增长率分别为 2.8%、3.8%、4.8%、5.7% 和 6.7%。而按照“十三五”规划对能源消费总量控制的要求，2020 年能源消费总量应当小于 50 亿吨标煤，相比 2015 年的 43 亿吨标煤，年均增幅需要小于 3%，鉴于工业经济整体增速强于 GDP 增速，故本书设置的 5 种未来产出和能耗增长目标适中或稍轻，具有现实层面的可实现性。

二、二氧化碳减排路径设计及其依据

本书对二氧化碳减排路径的设计遵循循序渐进的原则，主要原因在于中国是一个发展中大国，且尚未完成工业化进程，因此发展问题仍是第一要务。从国际社会来看，发达国家和发展中国家也应当坚持“共同但有区别”的减排原则。也就是说，减排并不是一个绝对概念，排放的绝对量下降当然是理想的减排，但即使排放的绝对量在增长，只要排放的增长率下降也可算作一种合理的减排。基于此，参考陈诗一（2010）、梁俊（2014）、Chen and Han（2016）等学者的研究，本书共设计 9 条二氧化碳减排路径，这些路径的设计以执行力度由轻到重为基本原则，如图 6.2 所示。

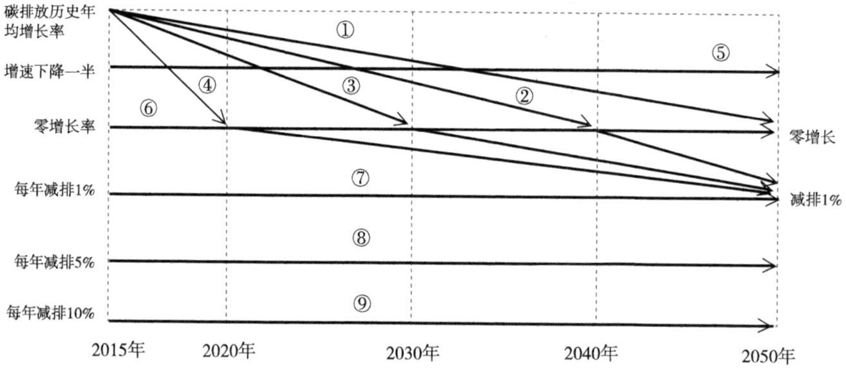

图 6.2　中国工业二氧化碳排放减排路径设计（2015—2050 年）

路径 1：2050 年达到工业二氧化碳排放的峰值。即工业各行业二氧化碳排放增长率由 2014 年的水平线性均匀下降到 2050 年的零增长率。这与中华人民共和国国家发展和改革委员会应对气候变化司司长苏伟在 2009 年哥本哈根全球气候变化会议之前接受英国《金融时报》访问时首次提出中国二氧化碳排放于 2050 年达到峰值的时间框架相符。路径 1 的设计在 9 种方案中是基础目标，事实上，由于全球气温攀升危险以及世界可持续发展的压力，近年来中国官方公布的碳排放时间表已经将该峰值提前。路径 2：2040 年达到工业二氧化碳排放的峰值。即工业各行业二氧化碳排放增长率由 2014 年的水平线性均匀下降至 2040 年的零增速，然后再从 2040 年的排放峰值均匀下降至 2050 年减排率为 –1% 的目标。路径 2 与中国官方在哥本哈根气候大会中首次明确提出温室气体排放的峰值年份为 2030—2040 年的预期相符。路径 3：2030 年达到工业二氧化碳排放的峰值。即工业各行业二氧化碳排放增长率由 2014 年的水平线性均匀下降至 2030 年的零增速，然后再从 2030 年的排放峰值均匀下降至 2050 年减排率为 –1% 的目标。路径 3 与中国在《国家自主贡献》中提出的“二氧化碳排放 2030 年左右达到峰值并争取尽早达峰”的目标相符，也与《中美气候变化联合声明》的中方承诺相符。路径 4：2020 年达到工业二氧化碳排放的峰值。即工业二氧化碳排放增长率由 2014 年的水平线性均匀下降至 2020 年的零增速，然后再从 2020 年的排放峰值均匀下降至 2050 年减排率为 -1% 的目标。与此对应，清华大学国情研究中心主任胡鞍钢表示，如果乐观估计，中国将在 2020 年前后达到二氧化碳排放的峰值。路径 5：增长率下降一半。即工业各行业二氧化碳排放增速始终保持在 2014 年水平的一半。路径 6：零增长率。即工业各行业二氧化碳排放总量始终保持在 2014 年的绝对水平。路径 7：每年减排 1%。即以 2014 年为基期，工业各行业每年二氧化碳排放量在上一年的基础上减少 1%。路径 8：每年减排 5%。即以 2014 年为基期，工业各行业每年二氧化碳排放量在上一年的基础上减少 5%。路径 9：每年减排 10%。以 2014 年为基期，工业各行业每年二氧化碳排放量在上一年的基础上减少 10%。

可以看出，路径 1 至路径 4 的减排方案均是先将二氧化碳排放量的增长速度逐渐降至 0，然后在此基础上进一步减排，可以归类为渐进型的减排路径，而路径 5 至路径 9 则直接规定减排率，对二氧化碳减排进行强制约束，相对严苛和激进，可归类为强制型的减排路径。

第四节　中国工业绿色增长模拟预测与最优节能减排路径

通过基于非期望产出强弱可处置下的 DDF 节能减排行为分析模型（AAM）及本书对不同节能减排情景的设计，利用 2000—2014 年中国工业 36 个行业的投入产出历史数据对 2015—2050 年工业绿色增长进行模拟预测。本节使用的历史数据在指标选择、估算方法、调整及平减原则、数据来源方面与第四章一致，不过本节的非期望产出仅为二氧化碳排放量。工业各行业预测的基准年份为 2014 年，预测中涉及的相关投入产出变量的平均变化率为历史几何平均增长率。

表 6.1 和表 6.2 报告了 5 种节能情景和 9 条减排路径，共计 45 种政策组合下中国工业在 2015—2050 年间潜在产出增长（β_R）、潜在产出损失

（L）以及增长净值（ω）的平均模拟预测结果。结果表明，在2015—2050年间，工业整体不论在哪种节能减排情景中，节能减排约束均造成了产出的潜在损失，但最终的增长净值均为正，说明节能减排与工业增长的协调度是较理想的。首先，就潜在产出的变化来看，随着工业增长预期从6%增长到10%，在9条二氧化碳减排路径下，潜在产出最小最大值的变化区间由［0.36384，0.43964］转变到［0.36142，0.41663］，说明工业预期增长目标越高，则生产中的无效性越低，生产技术离前沿面越近，潜在产出增长的空间就越小。其次，就潜在产出损失的变化来看，随着工业预期增长率上升，潜在产出损失整体而言呈现上升态势。从6%增长到10%，在9条二氧化碳减排路径下，潜在产出损失最小最大值的变化区间由［-0.00612，-0.00816］转变到［-0.00643，-0.00838］。第三，就产出增长的净值而言，按照潜在产出逐步降低而潜在损失逐步提升的变化趋势，产出增长的净值整体而言呈现低预期增长的组别净值较高，而高预期增长的组别净值较低的趋势。从6%增长到10%，在9条二氧化碳减排路径下，产出净值最小最大值的变化区间由［0.35624，0.43352］转变到［0.35457，0.41020］。因此，从以上三方面考虑，中国工业绿色增长的最优路径应当出现在工业预期增长和能源消耗较低的组别中。进一步从各组内部的9条减排路径来看，产出净值呈现明显区分的两个“阵营”。渐进型减排路径所对应的产出净值较大，而强制型减排路径所对应的产出净值较小。在各产出与能耗增长的组合中，渐进型减排路径下的产出净值呈现一定程度的波动和变化，而在强制型减排路径下的产出净值呈现不断下降的趋势。由此可见，中国工业绿色增长的最优路径应当出现在渐进型减排方案中。诚如徐嵩龄和沈可挺（2006）指出，发展型减排方案着眼于减少碳排放强度，对中国而言其效果优于强制型减排。Reddy and Assenza（2009）也强调发展中国家的气候保护政策应当与发展优先的政策相结合。由此看来，渐进型减排路径相比强制型减排路径更能实现中国工业双赢发展的愿景，这也与我们在设计减排路线时的思路一致。结合对节能情景和减排方案的分析，不难发现，最大的产出净值为产出增速6%、能耗增速2.8%和减排路径1所对应的0.43352；最小的产出净值为产出增速9%、能耗增速5.7%和减排路径9对应的 0.35429。

表 6.1　不同节能减排情境下潜在产出增长和损失（前三种节能情景）

	CO_2 减排路径	产出年增长 6% 能耗年增 2.8%			产出年增长 7% 能耗年增 3.8%			产出年增长 8% 能耗年增 4.8%		
		β_R	L	ω	β_R	L	ω	β_R	L	ω
渐进型减排	① 2050 年峰值	0.43964	-0.00612	0.43352	0.42592	-0.00623	0.41969	0.40779	-0.00656	0.40123
	② 2040 年峰值	0.43604	-0.00621	0.42984	0.43699	-0.00618	0.43081	0.43143	-0.00625	0.42518
	③ 2030 年峰值	0.43223	-0.00617	0.42607	0.42931	-0.00629	0.42302	0.42106	-0.00638	0.41468
	④ 2020 年峰值	0.42243	-0.00635	0.41607	0.41436	-0.00646	0.40790	0.41868	-0.00631	0.41237
强制型减排	⑤增速降至一半	0.40043	-0.00657	0.39385	0.39456	-0.00667	0.38790	0.38983	-0.00684	0.38299
	⑥零增长率	0.38927	-0.00668	0.38259	0.38428	-0.00677	0.37751	0.38021	-0.00699	0.37321
	⑦每年减排 1%	0.38396	-0.00678	0.37719	0.37992	-0.00702	0.37290	0.37677	-0.00735	0.36942
	⑧每年减排 5%	0.37155	-0.00816	0.36339	0.37016	-0.00778	0.36238	0.36890	-0.00741	0.36150
	⑨每年减排 10%	0.36384	-0.00760	0.35624	0.36281	-0.00769	0.35512	0.36236	-0.00730	0.35506

注：表中结果为 2015—2050 年所有行业模拟预测结果的均值。

表 6.2　不同节能减排情境下潜在产出增长和损失（后两种节能情景）

	CO_2 减排路径	产出年增长 9% 能耗年增 5.7%			产出年增长 10% 能耗年增 6.7%		
		β_R	L	ω	β_R	L	ω
渐进型减排	① 2050 年峰值	0.42328	-0.00634	0.41694	0.41663	-0.00643	0.41020
	② 2040 年峰值	0.41435	-0.00648	0.40787	0.40893	-0.00655	0.40238
	③ 2030 年峰值	0.40250	-0.00665	0.39585	0.39795	-0.00687	0.39109
	④ 2020 年峰值	0.41123	-0.00641	0.40483	0.40480	-0.00652	0.39828
强制型减排	⑤增速降至一半	0.38597	-0.00713	0.37884	0.38293	-0.00751	0.37541
	⑥零增长率	0.37702	-0.00732	0.36970	0.37459	-0.00774	0.36684
	⑦每年减排 1%	0.37438	-0.00779	0.36659	0.37212	-0.00838	0.36374
	⑧每年减排 5%	0.36734	-0.00747	0.35987	0.36595	-0.00753	0.35842
	⑨每年减排 10%	0.36162	-0.00733	0.35429	0.36142	-0.00685	0.35457

注：表中结果为 2015—2050 年所有行业模拟预测结果的均值。

那么，是否第一种节能情景所对应的第一种减排方案就是中国工业最优的节能减排路径呢？如果从产出净值的模拟数据来看，答案似乎是肯定的。但进一步分析和对比一下产出净值的次高值，该值为0.43081，出现在产出增速7%、能耗增速3.8%和减排路径2的情景中，相较于前者，不论是潜在产出的增长和潜在产出的损失，二者均相差甚小。因此，除了根据ω值进行判断外，本书认为最优节能减排路径的选择还要与中国工业发展的现实契合。一方面，从工业产值的增速来看，“十二五”期间中国工业增速仍然保持在8%左右，虽然自新常态以来工业增长下滑明显，降至6%左右，但鉴于中国工业化任务尚未完成，且距离高水平工业化国家的差距还很大，因此工业经济仍有保持中高速增长的需求，同时由于我国在制定相关政策时提出的增长目标相对保守，故7%的增长既能体现工业增速换挡，同时也体现了对转型升级后工业增长的良好预期。另一方面，也是确定最优路径更重要的一点是，二氧化碳排放峰值定于2040年相较于2050年更加符合中国提出的减排路线规划，近年来中国官方提及或公布的碳排放峰值基本为2030年，在经济增速放缓影响下，能源消费需求继续承压，该峰值或许还将进一步提前。但通过模拟数据可以发现，在任何一种节能情景中，2030年排放峰值所对应的产出净值均小于2040年产出净值，故只好舍弃该减排路径。事实上，2030年的排放峰值目标是针对整个经济体二氧化碳排放制订的，而对于其中排放占比最大的工业来说，实现该目标的时间略晚也符合预期，但2050年达峰恐与国家当前的战略规划相悖。基于此，在产出增速7%、能耗增速3.8%下，工业各行业二氧化碳排放增长率由2014年的水平线性均匀下降至2040年的零增速，然后再从2040年的排放峰值均匀下降至2050年减排率为–1%是更理想的选择。根据上述分析及综合评价后，我们决定舍弃产出净值最大的方案，转而选择产出净值次高的方案作为中国工业绿色增长的最优路径。

第五节　最优节能减排路径下中国工业双赢发展的前景

上述分析表明产出增速 7%、能耗增速 3.8% 和 2040 年达到碳排放峰值是中国工业相对最优的节能减排路径，当然，这一最优路径是针对工业整体而言的。事实上，由于行业异质性的存在，工业各行业对不同节能减排政策组合的反馈不尽相同，我们难以通过每一个行业潜在产出的变化确定最优路径。那么，以上确定的最优路径在行业层面能否得到印证？各行业在最优路径下绿色生产率的变化趋势如何？能否实现双赢发展？回答这些问题即分析具体行业在最优节能减排路径下的产出和生产率变化对制定环境保护政策以及评价节能减排方案至关重要。基于此，本节进一步模拟了在最优节能减排路径下工业分行业及各大类行业的产出和绿色生产率走势，并最终以绿色全要素生产率的变化作为判断工业能否实现双赢发展的依据。

一、最优节能减排路径下分行业层面的绿色增长前景

本节给出了 36 个工业分行业 2015—2050 年的产出增长和生产率变化的模拟结果，根据该结果判断中国工业绿色增长的前景即是否能实现双赢发展。其中，表 6.3 为平均模拟结果，图（组）6.3 为整个预测周期的模拟结果。

表 6.3　最优路径下工业分行业潜在产出及绿色生产率模拟结果

行业简称	产出增长	绿色技术效率变化	绿色技术进步变化	绿色生产率变化
煤炭开采	2.4022	1.0120	1.0001	1.0120
石油开采	0.7490	1.0130	1.0001	1.0131
黑金矿采	0.5661	0.9994	1.0001	0.9995
有金矿采	0.6219	0.9988	1.0008	0.9996
其他采矿	0.5618	1.0020	1.0000	1.0020
农副加工	0.5089	1.0008	1.0002	1.0010
食品制造	0.5553	1.0010	1.0001	1.0011

续表

行业简称	产出增长	绿色技术效率变化	绿色技术进步变化	绿色生产率变化
饮料制造	0.5213	1.0008	1.0001	1.0009
烟草制品	0.0000	1.0000	1.0000	1.0000
纺织业	0.2365	1.0135	1.0016	1.0126
纺织服装	0.4427	0.9994	1.0006	1.0000
皮革毛皮	0.4108	0.9989	1.0002	0.9991
木材加工	0.5058	1.0001	1.0001	1.0002
家具制造	0.3140	0.9969	1.0006	0.9975
造纸制品	0.6524	1.0033	1.0001	1.0034
印刷媒介	0.3984	0.9979	1.0002	0.9981
文教体育	0.4851	0.9978	1.0004	0.9982
石油加工	0.0000	1.0000	1.0384	1.0384
化学原料	0.2079	1.0160	1.0044	1.0201
医药制造	0.5121	1.0005	1.0002	1.0006
化学纤维	0.4676	1.0021	1.0003	1.0024
橡胶制品	0.5126	1.0003	1.0001	1.0004
塑料制品	0.4746	0.9996	1.0004	1.0000
非金矿物	0.7546	1.0074	1.0002	1.0075
黑金冶炼	0.2169	1.0136	1.0051	1.0184
有金加工	0.4765	0.9994	1.0005	0.9996
金属制品	0.4749	0.9998	1.0006	1.0003
通用设备	0.3338	1.0019	1.0014	1.0033
专用设备	0.3855	1.0011	1.0009	1.0020
交通运输	0.0000	1.0000	1.0107	1.0107
电气机械	0.4402	0.9993	1.0014	1.0007
计算机	0.0000	1.0000	1.0083	1.0083
仪器仪表	0.0000	1.0000	1.0000	1.0000
电力热力	0.0000	1.0000	1.0377	1.0377
燃气生产	0.5319	1.0031	1.0004	1.0035
水的生产	0.0103	0.9989	1.0013	1.0002

注：表中结果为 2015—2050 年所有行业模拟预测结果的均值。

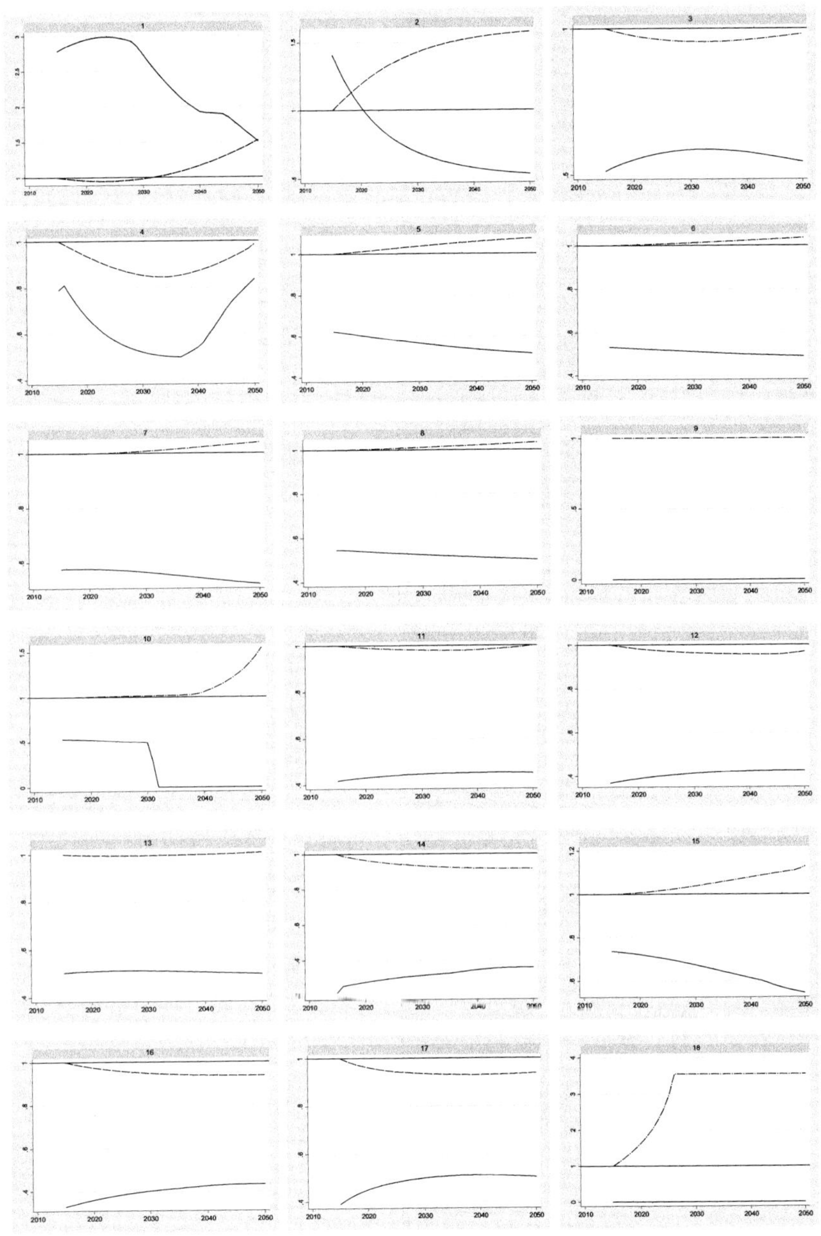

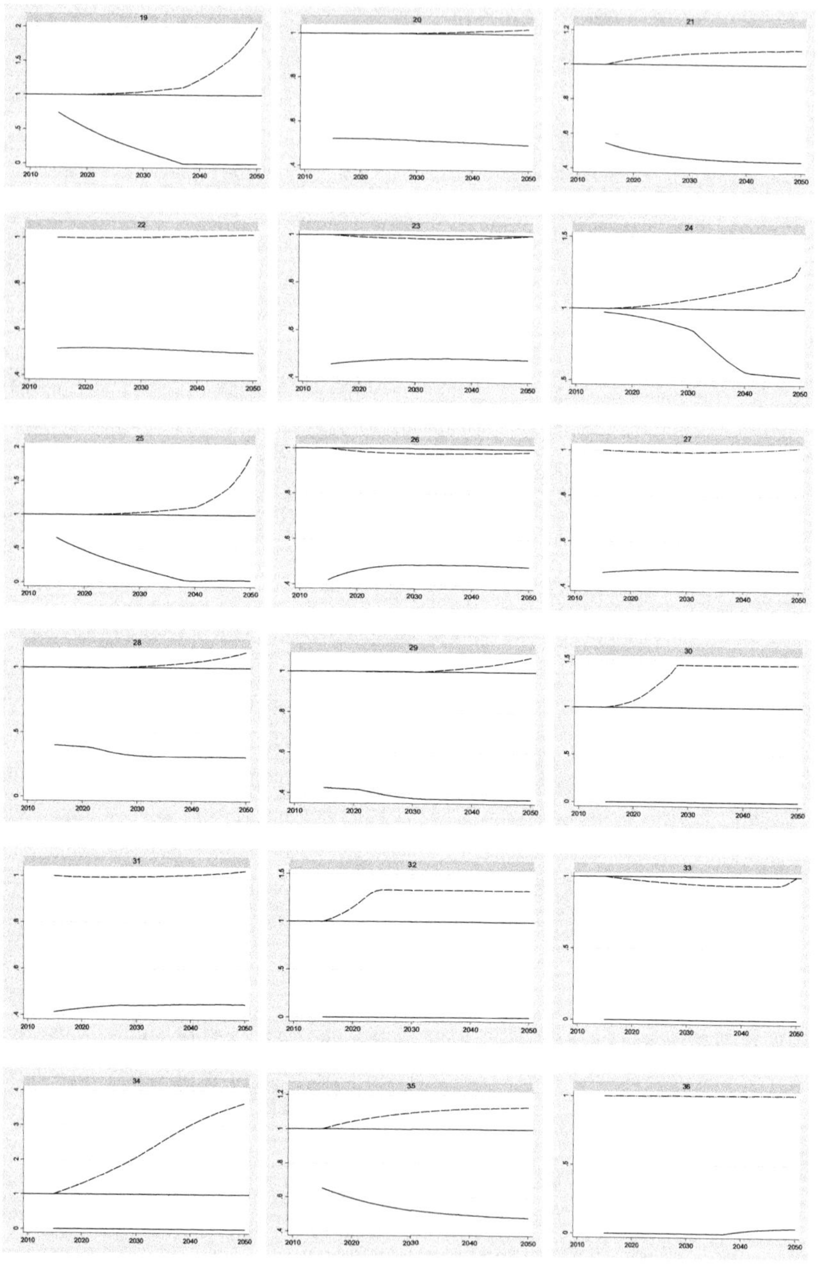

图（组）6.3　最优路径下工业分行业产出与绿色生产率增长模拟

注：上述 36 幅图与表 6.3 中的 36 个行业对应。实线为产出增长，虚线为绿色生产率增长。

结合表 6.3 和图（组）6.3 进行分析，从平均模拟结果来看，在最优节能减排路径下，各行业的潜在产出保持零增长或不同程度的增长。产出增长为 0 说明在预测期内，该行业已经处于生产前沿上，它的生产是完全有效的，因而不存在潜在产出的提升空间。具体而言，有烟草制品、石油加工、交通运输、计算机、仪器仪表和电力热力行业。除了这几个行业外，其他行业的产出均有提升。从全周期的模拟结果来看，以实线表示各行业产出增长的变化趋势，可以看出多数行业的产出增长呈现出由大到小逐步降低至 0 的走势。因此，平均模拟和全周期模拟结果表明，中国工业分行业在最优路径下实现产出增长可期，随着时间推移，行业生产效率逐步提升，多数行业都能在预测周期末达到有效的生产状态，进一步验证了本书选择的最优节能减排路径对于分行业的发展而言同样是可行的，也说明了在节能减排约束下，分行业能够实现资源环境与工业增长的有效协调。该结论与陈诗一（2010）的结论具有类似性，他在研究中指出，对大多数工业行业来说，节能减排行为在未来都会使得潜在的产出收益大于潜在的产出损失，中国工业在未来的某个时点上获得双赢发展完全是可以预期的。

本书认为，以潜在产出和潜在损失作为判断工业能否实现双赢发展的标准有其合理性。然而，在上一节关于最优路径的讨论中，模拟预测结果表明，中国工业由于节能减排约束造成潜在损失，但由于潜在产出增长幅度更大，因而不论在哪一种情景组合下，工业产出增长的净值均为正，也就是说，潜在产出和潜在损失的比较对于确定最优节能减排路径是合理的，但以此论证中国工业能够实现双赢发展仍嫌证据不足。诚如王兵和刘光天（2015）指出的，多数研究“波特假说”的文献并没有很好地论证投入产出要素效应对生产率的影响机制，难以体现“创新补偿”这一“波特假说”的核心。也就是说，潜在产出的变化可以描述资源环境约束下工业长期增长的过程，但并不能就此判断依靠创新驱动的绿色增长模式已经实现。因此，以最优路径下工业绿色全要素生产率的变化作为验证双赢假说的依据更具合理性，因为绿色生产率真正体现了工业生产中的质量贡献，也体现了创新补偿的思想。基于此，本书进一步分析了最优路径下各行业在绿色生产率方面的表现。从平均模拟结果来看，黑金矿采、有金矿采、皮革毛皮、家具制造、印刷媒介、文教体育和有金加工行业在预测期内的绿色生产率小于1，说明即便在最优路径下仍有部分行业出现了生产率的倒退，而生产率的倒退主要受技术效率下降的影响，说明生产中制度、管理、组织创新程度依然不高，因而无法论证这些行业在未来能够实现双赢发展。除此之外，其他行业的绿色生产率保持增长或至少不出现倒退，可以判断这些行业基本上能在未来较长的周期内实现工业的双赢发展，而其贡献来源主要为技术进步的改善。进一步分析发现，技术进步在所有行业中均呈现增长，再一次论证了技术创新对实现工业绿色增长的重要意义。从全周期模拟结果来看，以虚线表示绿色全要素生产率的变化趋势，其中，共有29个行业的生产率在标准值1以上波动或平稳不变，同样论证了在最优路径下，大多数行业的绿色全要素生产率均出现了改善，说明这些行业能够在节能减排的作用下，激发技术创新的热情，推动行业资源利用效率和环境治理能力提升。有趣的是，相较于各行业潜在产出增长潜力的逐步缩小，多数行业绿色生产率的增长潜力却在逐步提升，可以想象，随着时间推移，最终产出增长将维持在一个稳定的均衡水平上，而这个产出水平对应着高生产率，这正是我们希望看到的中国工业绿色增长的前景。

二、最优节能减排路径下不同类别行业的绿色增长前景

上一节的分析表明，就36个具体行业而言，大部分行业在最优节能减排路径下实现绿色增长的前景是可预期的。那么对于工业整体及大类行业而言情形是怎样的呢？按照本书在第四章中的划分标准，根据工业生产特点将行业划分为资源类行业、轻纺工业和装备制造业；按照第五章中污染排放强度的差异将工业划分为重度污染、中度污染和轻度污染行业。行业划分的标准和依据与前文一致。事实上，依据行业污染排放特点划分的三类行业与按照工业生产特点划分的三类行业具有较大的重合性，重度污染行业基本由资源类行业构成，而中度和轻度污染行业主要由轻纺工业和装备制造业构成。在此基础上，本书进一步模拟了最优节能减排路径下工业整体及不同类别行业的产出和生产率变化情况，如表6.4至表6.7所示，依据对应的数值模拟结果，绘制图6.4至图6.12。

从产出增长的模拟结果来看，不论是工业整体还是各类行业，除轻度

污染行业外，潜在产出均在 2015—2050 年呈现逐步下降的走势，全行业的产出增长从 2015 年的 0.5121 降至 2050 年的 0.3810，降幅为 25.6%，该结果与前文分行业的结果可以互相印证，说明随着时间的推移，产出增长空间逐渐减小，但生产的效率水平逐步提升。从不同行业类别来看，按照行业生产特点划分的三大行业中，资源类行业产出增长最高，轻纺工业次之，装备制造业最低，在降幅方面，三大行业产出增长依次下降 38.6%、9.0% 和 5.8%；而按照行业污染排放强度划分的三大行业同样具有类似的结果，重度污染行业产出增长最高，中度污染行业次之，轻度污染行业最低，重度和中度污染行业产出增长依次下降 37.8%、24.9%，而轻度污染行业产出增长波动幅度甚小。由此可见，资源类行业、重度污染行业更是节能减排行为的受益者，在节能减排约束下，这两类行业潜在产出的增长空间较大，且在预测周期内逐步靠近生产前沿。同时，轻纺工业及中度污染行业的产出提升空间居中，并接近于全行业的产出增长水平，同样受益于节能减排。而装备制造业及轻度污染行业也并非节能减排行为的受损者，其产出增长幅度变化较小说明这两类行业的生产技术接近生产前沿，同时由于能源消耗及污染排放强度低，因此节能减排约束并未对这两类行业构成太大的影响。

表 6.4　最优路径下工业整体及大类行业产出增长模拟结果

	按生产特点划分			按排放强度划分			全行业
	资源类行业	轻纺工业	装备制造业	重度污染	中度污染	轻度污染	
2015	0.7014	0.4439	0.2427	0.6752	0.5414	0.2619	0.5121
2016	0.6937	0.4476	0.2429	0.6733	0.5334	0.2686	0.5103
2017	0.6822	0.4490	0.2431	0.6663	0.5262	0.2718	0.5061
2018	0.6715	0.4501	0.2432	0.6594	0.5197	0.2748	0.5021
2019	0.6613	0.4509	0.2433	0.6525	0.5137	0.2774	0.4982
2020	0.6516	0.4516	0.2433	0.6457	0.5083	0.2798	0.4944
2021	0.6422	0.4522	0.2433	0.6387	0.5034	0.2819	0.4907
2022	0.6330	0.4525	0.2421	0.6316	0.4984	0.2835	0.4868
2023	0.6241	0.4527	0.2404	0.6243	0.4939	0.2846	0.4828

续表

	按生产特点划分			按排放强度划分			全行业
	资源类行业	轻纺工业	装备制造业	重度污染	中度污染	轻度污染	
2024	0.6156	0.4527	0.2386	0.6171	0.4897	0.2854	0.4790
2025	0.6073	0.4527	0.2366	0.6100	0.4857	0.2861	0.4751
2026	0.5990	0.4527	0.2351	0.6025	0.4822	0.2868	0.4713
2027	0.5907	0.4525	0.2337	0.5947	0.4789	0.2876	0.4676
2028	0.5823	0.4524	0.2325	0.5865	0.4760	0.2882	0.4637
2029	0.5706	0.4521	0.2315	0.5744	0.4733	0.2888	0.4586
2030	0.5568	0.4518	0.2306	0.5597	0.4708	0.2894	0.4525
2031	0.5433	0.4362	0.2300	0.5453	0.4521	0.2901	0.4408
2032	0.5291	0.4156	0.2296	0.5297	0.4282	0.2907	0.4267
2033	0.5154	0.4151	0.2293	0.5148	0.4264	0.2914	0.4208
2034	0.5024	0.4147	0.2292	0.5004	0.4246	0.2920	0.4151
2035	0.4898	0.4141	0.2291	0.4865	0.4230	0.2925	0.4097
2036	0.4776	0.4138	0.2290	0.4730	0.4215	0.2933	0.4045
2037	0.4660	0.4134	0.2290	0.4599	0.4201	0.2941	0.3995
2038	0.4589	0.4131	0.2290	0.4522	0.4188	0.2948	0.3964
2039	0.4532	0.4126	0.2291	0.4459	0.4175	0.2955	0.3939
2040	0.4480	0.4122	0.2291	0.4401	0.4163	0.2960	0.3915
2041	0.4474	0.4116	0.2291	0.4396	0.4152	0.2965	0.3910
2042	0.4487	0.4110	0.2291	0.4413	0.4141	0.2969	0.3914
2043	0.4499	0.4101	0.2291	0.4425	0.4131	0.2972	0.3915
2044	0.4511	0.4092	0.2291	0.4436	0.4121	0.2974	0.3916
2045	0.4497	0.4083	0.2291	0.4419	0.4111	0.2976	0.3907
2046	0.4465	0.4074	0.2291	0.4381	0.4102	0.2976	0.3890
2047	0.4427	0.4065	0.2290	0.4337	0.4093	0.2976	0.3871
2048	0.4388	0.4057	0.2289	0.4291	0.4085	0.2974	0.3851
2049	0.4348	0.4048	0.2288	0.4245	0.4076	0.2972	0.3831
2050	0.4307	0.4039	0.2286	0.4198	0.4068	0.2970	0.3810

注：各类行业的产值预测结果为其对应的分行业模拟预测结果的均值。

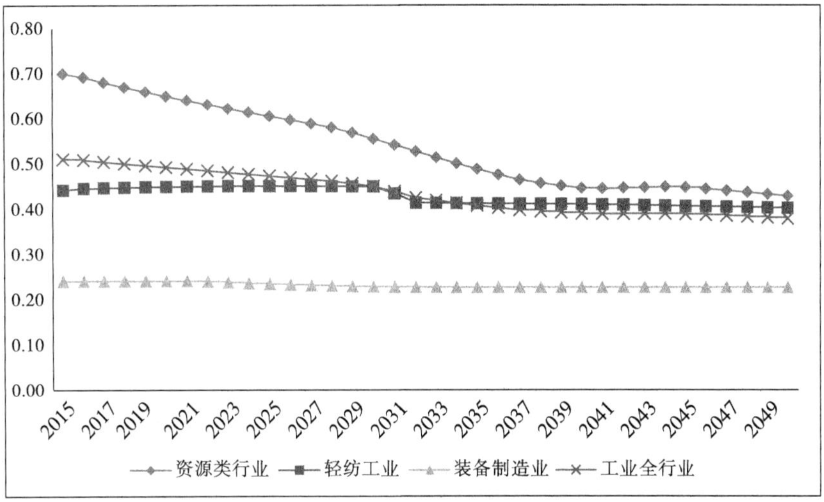

图 6.4　最优路径下按行业生产特点划分的产出增长模拟

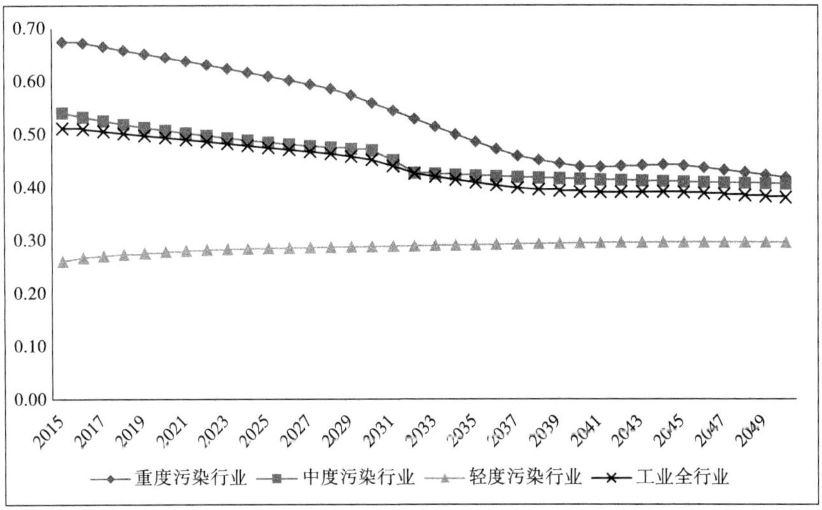

图 6.5　最优路径下按行业污染排放强度划分的产出增长模拟

表 6.5 及图 6.6 报告了最优节能减排路径下中国工业整体在 2015—2050 年间的绿色全要素生产率（GTFP）及其分解项的变化情况，模拟结果显示，在 2029 年之前，绿色生产率的提升由技术效率和技术进步共同推动，但在 2029—2034 年这一区间，技术效率和技术进步的走势开始明显分化。一方面，技术效率产生了非常明显的追赶效应，即节能减排带来的吸收前

沿技术的追赶现象十分显著，并在2031—2032年间达到顶峰值1.0111；而另一方面，由于节能减排不断增加企业环境成本开支，从而挤占研发投入，对技术进步形成了负面冲击，故技术进步效应在此区间降至最低点0.9934。在此之后，技术效率由于追赶效应释放完成开始呈现下降，而节能减排对技术进步的倒逼机制逐步凸显，技术进步在不断累积、消化、吸收中开始持续释放增长效应，自2035年开始，绿色生产率的提升主要靠技术进步的推动。总言之，正是由于技术效率和技术进步的此消彼长，且技术进步在长期内逐渐成为绿色增长的主要动力，工业绿色全要素生产率才得以在整个预测期间保持增长（平均增长达0.54%），因而在全行业层面工业绿色增长即实现双赢发展的前景是可以预期的。

表6.5 最优路径下工业整体GTFP及其分解模拟结果

年份	生产率	技术效率	技术进步	年份	生产率	技术效率	技术进步
2015–2016	1.0048	1.0007	1.0041	2033–2034	1.0029	1.0031	0.9999
2016–2017	1.0051	1.0024	1.0028	2034–2035	1.0030	1.0030	1.0000
2017–2018	1.0054	1.0024	1.0031	2035–2036	1.0030	1.0030	1.0001
2018–2019	1.0057	1.0024	1.0034	2036–2037	1.0031	1.0029	1.0002
2019–2020	1.0060	1.0024	1.0037	2037–2038	1.0038	1.0015	1.0023
2020–2021	1.0063	1.0024	1.0040	2038–2039	1.0041	1.0011	1.0030
2021–2022	1.0069	1.0025	1.0044	2039–2040	1.0045	1.0010	1.0034
2022–2023	1.0072	1.0026	1.0047	2040–2041	1.0052	1.0001	1.0052
2023–2024	1.0073	1.0025	1.0049	2041–2042	1.0056	0.9997	1.0059
2024–2025	1.0075	1.0024	1.0051	2042–2043	1.0057	0.9998	1.0059
2025–2026	1.0086	1.0024	1.0062	2043–2044	1.0060	0.9999	1.0061
2026–2027	1.0032	1.0024	1.0009	2044–2045	1.0063	1.0003	1.0060
2027–2028	1.0037	1.0023	1.0014	2045–2046	1.0066	1.0006	1.0060
2028–2029	1.0022	1.0027	0.9996	2046–2047	1.0074	1.0008	1.0066
2029–2030	1.0025	1.0029	0.9996	2047–2048	1.0083	1.0008	1.0075
2030–2031	1.0026	1.0075	0.9958	2048–2049	1.0096	1.0009	1.0087
2031–2032	1.0027	1.0111	0.9934	2049–2050	1.0115	1.0010	1.0106
2032–2033	1.0028	1.0031	0.9998				

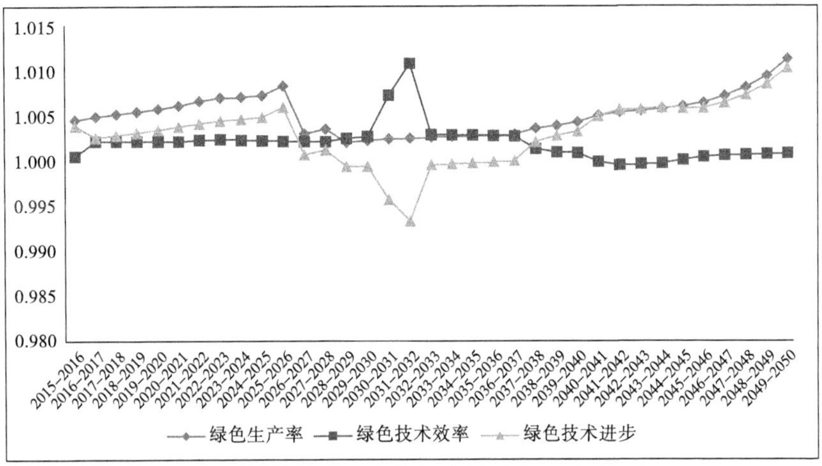

图 6.6　最优路径下工业全行业绿色全要素生产率及其分解的变化

表 6.6　最优路径下按生产特点划分的三大行业 GTFP 及其分解模拟结果

	技术效率变化			技术进步变化			生产率变化		
	资源类	轻纺工业	装备制造	资源类	轻纺工业	装备制造	资源类	轻纺工业	装备制造
2015–2016	1.0046	0.9970	0.9998	1.0072	1.0012	1.0033	1.0116	0.9982	1.0032
2016–2017	1.0068	0.9989	0.9999	1.0050	0.9998	1.0041	1.0117	0.9987	1.0040
2017–2018	1.0066	0.9991	0.9999	1.0053	0.9998	1.0050	1.0117	0.9989	1.0049
2018–2019	1.0064	0.9993	1.0000	1.0055	0.9998	1.0060	1.0117	0.9991	1.0059
2019–2020	1.0062	0.9994	1.0000	1.0056	0.9998	1.0071	1.0117	0.9992	1.0071
2020–2021	1.0061	0.9995	1.0000	1.0058	0.9999	1.0085	1.0118	0.9994	1.0086
2021–2022	1.0060	0.9997	1.0009	1.0064	0.9998	1.0092	1.0122	0.9995	1.0100
2022–2023	1.0059	0.9998	1.0013	1.0072	0.9999	1.0089	1.0130	0.9996	1.0101
2023–2024	1.0055	0.9999	1.0013	1.0086	0.9999	1.0069	1.0140	0.9997	1.0083
2024–2025	1.0053	0.9999	1.0014	1.0101	0.9999	1.0045	1.0153	0.9998	1.0060
2025–2026	1.0052	1.0000	1.0012	1.0131	1.0000	1.0038	1.0183	0.9999	1.0050
2026–2027	1.0052	1.0000	1.0010	0.9999	1.0000	1.0048	1.0051	1.0000	1.0057
2027–2028	1.0052	1.0001	1.0009	1.0000	1.0000	1.0071	1.0052	1.0001	1.0080
2028–2029	1.0060	1.0001	1.0008	0.9993	1.0000	0.9992	1.0052	1.0002	1.0000
2029–2030	1.0066	1.0002	1.0006	0.9991	1.0001	0.9996	1.0056	1.0002	1.0003
2030–2031	1.0066	1.0120	1.0005	0.9994	0.9900	0.9999	1.0059	1.0003	1.0004

续表

	技术效率变化			技术进步变化			生产率变化		
	资源类	轻纺工业	装备制造	资源类	轻纺工业	装备制造	资源类	轻纺工业	装备制造
2031–2032	1.0072	1.0205	1.0003	0.9988	0.9843	1.0001	1.0060	1.0004	1.0004
2032–2033	1.0071	1.0002	1.0002	0.9991	1.0002	1.0004	1.0061	1.0004	1.0006
2033–2034	1.0070	1.0003	1.0001	0.9992	1.0002	1.0006	1.0062	1.0004	1.0007
2034–2035	1.0070	1.0003	1.0001	0.9994	1.0002	1.0007	1.0063	1.0005	1.0008
2035–2036	1.0069	1.0002	1.0000	0.9995	1.0003	1.0009	1.0063	1.0005	1.0009
2036–2037	1.0069	1.0002	1.0000	0.9996	1.0005	1.0010	1.0064	1.0007	1.0010
2037–2038	1.0034	1.0002	1.0000	1.0044	1.0007	1.0011	1.0078	1.0008	1.0011
2038–2039	1.0025	1.0002	1.0000	1.0057	1.0009	1.0013	1.0082	1.0011	1.0012
2039–2040	1.0023	1.0003	1.0000	1.0060	1.0018	1.0014	1.0082	1.0021	1.0014
2040–2041	0.9999	1.0003	1.0000	1.0097	1.0021	1.0015	1.0096	1.0024	1.0015
2041–2042	0.9989	1.0004	1.0000	1.0113	1.0022	1.0016	1.0102	1.0026	1.0016
2042–2043	0.9990	1.0006	1.0000	1.0113	1.0022	1.0018	1.0103	1.0028	1.0018
2043–2044	0.9991	1.0006	1.0000	1.0115	1.0024	1.0019	1.0106	1.0030	1.0019
2044–2045	1.0001	1.0006	1.0000	1.0109	1.0027	1.0021	1.0109	1.0033	1.0021
2045–2046	1.0009	1.0005	1.0000	1.0104	1.0032	1.0023	1.0113	1.0037	1.0023
2046–2047	1.0013	1.0006	1.0001	1.0115	1.0035	1.0025	1.0127	1.0041	1.0025
2047–2048	1.0015	1.0006	1.0001	1.0121	1.0040	1.0045	1.0136	1.0046	1.0046
2048–2049	1.0016	1.0006	1.0001	1.0137	1.0048	1.0059	1.0153	1.0054	1.0060
2049–2050	1.0018	1.0006	1.0001	1.0170	1.0057	1.0064	1.0187	1.0063	1.0066

注：三大行业 GTFP 及其分解的预测结果为其对应的分行业预测结果的均值。

表 6.7 最优路径下按排放强度划分的三大行业 GTFP 及其分解模拟结果

	技术效率变化			技术进步变化			生产率变化		
	重度污染	中度污染	轻度污染	重度污染	中度污染	轻度污染	重度污染	中度污染	轻度污染
2015–2016	1.0023	1.0035	0.9949	1.0081	0.9996	1.0048	1.0103	1.0031	0.9996
2016–2017	1.0051	1.0033	0.9977	1.0057	0.9996	1.0032	1.0106	1.0029	1.0009
2017–2018	1.0051	1.0031	0.9979	1.0060	0.9996	1.0038	1.0109	1.0027	1.0017
2018–2019	1.0051	1.0030	0.9981	1.0062	0.9996	1.0046	1.0112	1.0025	1.0027
2019–2020	1.0051	1.0028	0.9983	1.0064	0.9996	1.0054	1.0114	1.0024	1.0037

续表

	技术效率变化			技术进步变化			生产率变化		
	重度污染	中度污染	轻度污染	重度污染	中度污染	轻度污染	重度污染	中度污染	轻度污染
2020–2021	1.0051	1.0026	0.9985	1.0067	0.9996	1.0064	1.0116	1.0022	1.0048
2021–2022	1.0051	1.0028	0.9989	1.0073	0.9993	1.0071	1.0123	1.0021	1.0060
2022–2023	1.0052	1.0026	0.9992	1.0083	0.9993	1.0069	1.0133	1.0019	1.0062
2023–2024	1.0049	1.0024	0.9994	1.0098	0.9994	1.0055	1.0146	1.0018	1.0050
2024–2025	1.0048	1.0023	0.9995	1.0117	0.9994	1.0039	1.0164	1.0017	1.0034
2025–2026	1.0049	1.0021	0.9995	1.0151	0.9995	1.0033	1.0199	1.0016	1.0028
2026–2027	1.0050	1.0019	0.9995	0.9999	0.9996	1.0039	1.0048	1.0015	1.0034
2027–2028	1.0050	1.0018	0.9996	1.0000	0.9996	1.0055	1.0050	1.0014	1.0051
2028–2029	1.0061	1.0017	0.9996	0.9992	0.9997	0.9999	1.0052	1.0014	0.9995
2029–2030	1.0068	1.0016	0.9996	0.9989	0.9998	1.0001	1.0057	1.0014	0.9996
2030–2031	1.0069	1.0141	0.9996	0.9993	0.9890	1.0002	1.0062	1.0014	0.9997
2031–2032	1.0078	1.0232	0.9996	0.9987	0.9830	1.0003	1.0064	1.0013	0.9998
2032–2033	1.0077	1.0012	0.9996	0.9990	1.0002	1.0003	1.0066	1.0013	0.9999
2033–2034	1.0077	1.0011	0.9996	0.9991	1.0002	1.0004	1.0067	1.0013	1.0000
2034–2035	1.0077	1.0010	0.9996	0.9993	1.0003	1.0005	1.0069	1.0013	1.0001
2035–2036	1.0077	1.0010	0.9995	0.9994	1.0003	1.0007	1.0070	1.0013	1.0001
2036–2037	1.0076	1.0009	0.9994	0.9995	1.0005	1.0008	1.0071	1.0014	1.0002
2037–2038	1.0037	1.0008	0.9995	1.0050	1.0006	1.0009	1.0087	1.0015	1.0004
2038–2039	1.0027	1.0008	0.9995	1.0066	1.0009	1.0010	1.0092	1.0017	1.0005
2039–2040	1.0024	1.0008	0.9996	1.0069	1.0019	1.0010	1.0093	1.0027	1.0006
2040–2041	0.9998	1.0007	0.9997	1.0112	1.0023	1.0011	1.0109	1.0030	1.0007
2041–2042	0.9987	1.0007	0.9997	1.0130	1.0025	1.0011	1.0116	1.0032	1.0008
2042–2043	0.9990	1.0007	0.9998	1.0129	1.0027	1.0012	1.0118	1.0034	1.0009
2043–2044	0.9991	1.0006	0.9998	1.0130	1.0030	1.0012	1.0121	1.0036	1.0010
2044–2045	1.0002	1.0006	0.9999	1.0124	1.0033	1.0013	1.0125	1.0039	1.0012
2045–2046	1.0011	1.0006	0.9999	1.0119	1.0038	1.0014	1.0129	1.0044	1.0013
2046–2047	1.0015	1.0006	1.0000	1.0131	1.0042	1.0014	1.0146	1.0048	1.0014
2047–2048	1.0017	1.0006	1.0001	1.0139	1.0057	1.0015	1.0156	1.0063	1.0016
2048–2049	1.0019	1.0006	1.0001	1.0160	1.0069	1.0016	1.0178	1.0075	1.0018
2049–2050	1.0020	1.0005	1.0002	1.0201	1.0078	1.0017	1.0221	1.0084	1.0019

注：三大行业 GTFP 及其分解的预测结果为其对应的分行业预测结果的均值。

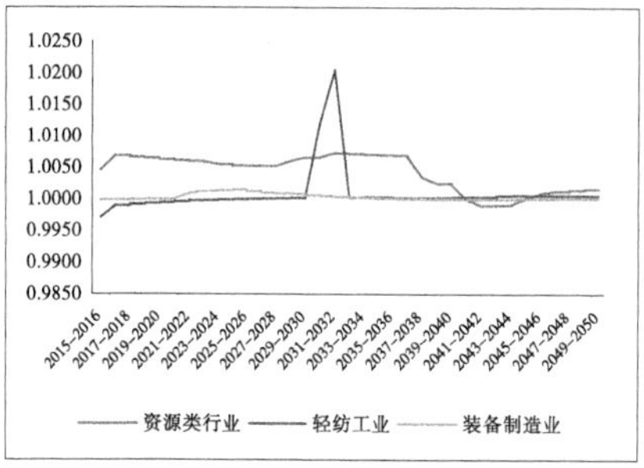

（a）按生产特点划分的三大行业技术效率

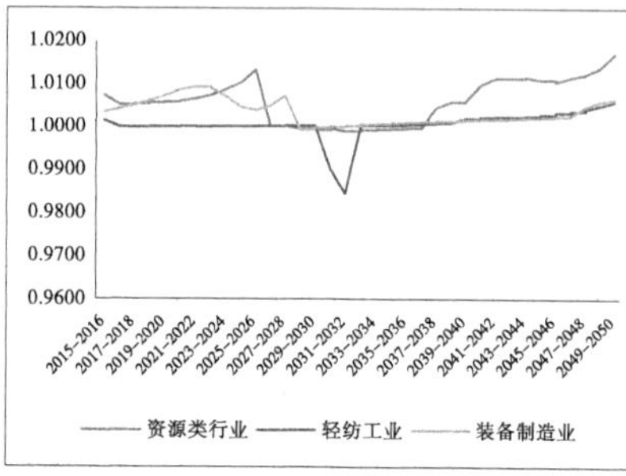

（b）按生产特点划分的三大行业技术进步

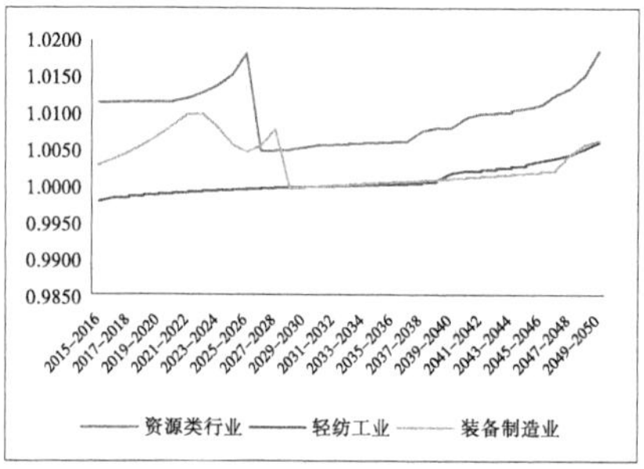

（c）按生产特点划分的三大行业绿色生产率

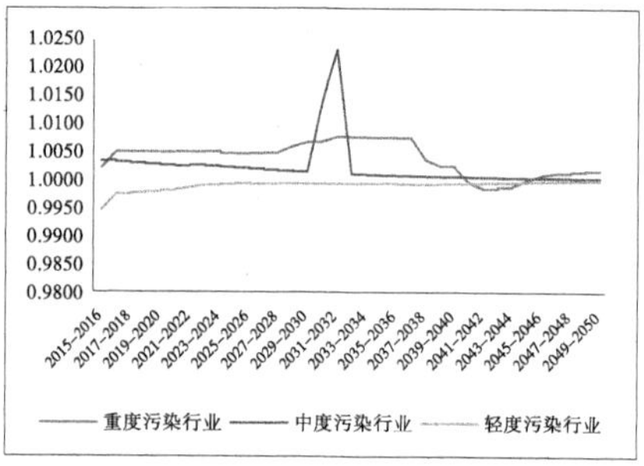

（d）按污染强度划分的三大行业技术效率

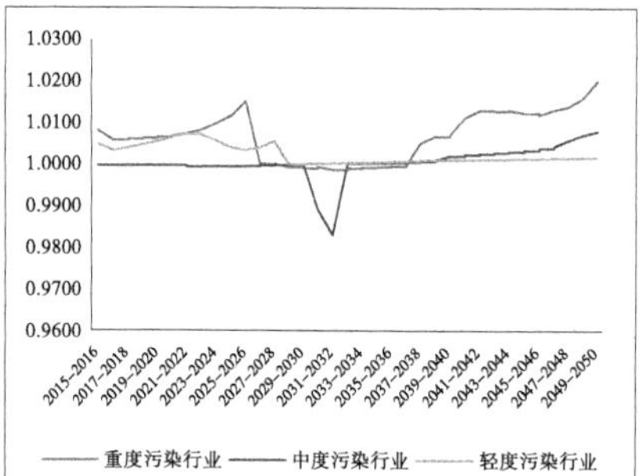

（e）按污染强度划分的三大行业技术进步

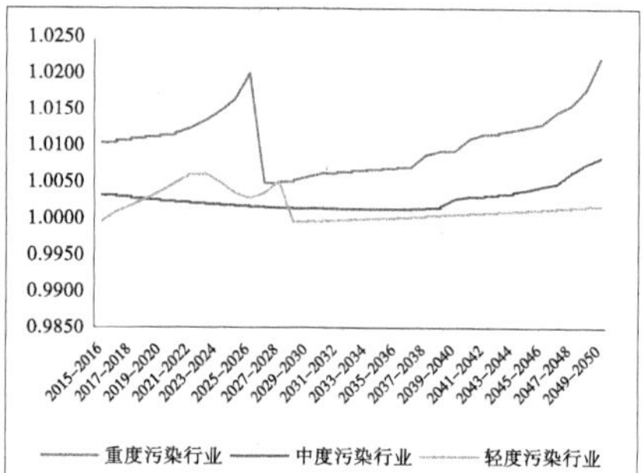

（f）按污染强度划分的三大行业绿色生产率

图（组）6.7　最优路径下各类行业绿色全要素生产率及其分解的变化

表6.6、表6.7、图（组）6.7（a）至图（组）6.7（f）报告了最优节能减排路径下各类行业的绿色全要素生产率及其分解的变化情况。从按行业生产特点划分的三大行业来看，在整个预测周期，资源类行业及装备制造业始终保持绿色生产率增长，而轻纺工业自2026年开始保持绿色生产率增长，在此之前绿色生产率出现倒退。但平均而言，三大行业在2015—2050年间，绿色生产率分别增长了1.01%、0.11%、0.36%。观察图表可以发现，

轻纺工业前期绿色生产率的下降主要由于技术进步明显的负向冲击，而该负面影响被持续高涨的技术效率追赶所抵消，因此使得轻纺工业绿色生产率整体呈现不断上升走势。资源类行业前期绿色生产率也有一次明显的下跌，该下跌也主要受技术进步下降的拖累，但由于前期技术效率水平颇高，因而保证了绿色生产率始终维持在 1 之上。相较轻纺工业，资源类行业技术效率的追赶周期更长，直到 2040 年开始才出现下降，而其技术进步则从 2037 年开始高涨，并成为推动行业绿色生产率提升的主要动力，所以在节能减排约束下，资源类行业整体的绿色生产率增长水平超过轻纺工业和装备制造业。装备制造业绿色生产率及其分解的走势与资源类行业较为相似，二者绿色生产率均在前期一次明显的下跌后，回落到一个稍低但更加稳健的增长路径上，但装备制造业整体的波动幅度比资源类行业小，原因是行业内部的差异较小，因此技术效率的追赶现象在装备制造业内部不明显，技术效率始终维持在较稳定的水平，而技术进步经过短期下降后也稳步上升，在预测末期和轻纺工业的绿色生产率接近。

从按行业污染排放特点划分的三大行业来看，重度污染、中度污染和轻度污染行业的绿色生产率及其分解项的走势与资源类、轻纺工业和装备制造业的走势非常类似。诚如前文提到的，虽然行业划分标准不同，但内部细分行业具有较大的重叠性。在 2015—2050 整个周期内，重度污染、中度污染和轻度污染行业的绿色生产率平均分别增长了 1.08%、0.27%、0.17%。同样，节能减排在期初对三大行业的技术进步造成了负面影响，且对中度污染行业的影响大于重度和轻度污染行业，但中度污染行业由于技术效率在同期出现高涨从而一定程度抵消了技术进步的负面冲击。整体而言，重度污染行业由于后期技术进步的不断累积和提升，推动了绿色生产率取得最快增长，中度和轻度污染行业也由于技术进步的拉动，使得绿色生产率经过下滑后保持更加平稳的上升趋势。综合分析，整体而言，与全行业一致，不论是哪一种行业分类方法，节能减排行为均在前期或中期对技术进步造成了负面影响，但刚好被同期技术效率的上升所抵消，使得二者合成的绿色生产率保持上升，而从中期开始，随着行业技术进步正向效应凸显，为绿色生产率持续增长提供了源源不断的动力支持。因此，我们可以判断，不论是按生产特点还是排放特点划分的各类行业，在最优节能减排路径下，绿色生产率整体均能保持上升态势，也就是说，各类行业在未来较长周期内，实现绿色增长的前景可期，意味着双赢发展在中国工业部门可以得到验证。

第六节　本章小结

本章构建了一个基于 DDF 的节能减排行为分析模型对中国工业绿色增长进行模拟预测。通过对工业增长、能源消耗 5 种情景，以及 9 条二氧化碳减排路径的设计，评估 45 种政策组合在 2015—2050 年对工业潜在产出和损失的影响，以此找寻节能减排的最优路径。在此基础上，模拟预测最优路径下，工业分行业、全行业以及各大类行业产出增长和生产率增长的变化情况，并以绿色生产率作为判断中国工业能否实现双赢发展的依据，得出的主要研究结论如下：

第一，2015—2050 年间，在 45 种节能减排政策组合中，节能减排行为均造成了工业整体产出的潜在损失，但由于产出增长的幅度较大，最终的增长净值均为正。经过综合评价，产出增速为 7%、能耗增速 3.8%，工业各行业在 2040 年达到二氧化碳排放峰值是最优的节能减排路径。

第二，在最优节能减排路径下，平均模拟和全周期模拟结果表明，各行业的潜在产出保持零增长或不同程度的增长。因此，中国工业分行业在最优路径下实现产出增长可期，且随着时间推移，行业生产率效率逐步提升，多数行业都能在预测周期末达到有效的生产状态。同时，在最优路径下，共有 29 个分行业的绿色生产率保持增长或至少不出现倒退，可以判断这些行业基本上能在未来较长的周期内实现工业的双赢发展，而其贡献来源主要为技术进步的改善。

第三，在最优节能减排路径下，工业全行业生产率在预测周期平均增长了 0.53%，因而在全行业层面工业绿色增长即实现双赢发展的前景是可以预期的。具体而言，期初绿色生产率提升主要依靠技术效率拉动，而在中期过后，技术效率由于追赶效应释放完成开始下降，技术进步在不断累积、消化、吸收中开始持续释放增长效应，自 2035 年开始，绿色生产率的提升主要靠技术进步的推动。

第四，从大类行业的表现来看，不论是按生产特点还是排放特点划分的各类行业，在最优节能减排路径下，绿色生产率整体均能保持上升态势，即各类行业在未来较长周期内，实现绿色增长的前景可期。其中，资源类行业、重度污染行业更是节能减排行为的受益者，而其他行业也并非节能减排行为的受损者。相较轻纺工业和装备制造业，资源类行业生产率增长最快；相较中度污染和轻度污染行业，重度污染行业的生产率增长最快。与全行业一致，各类行业生产率及其分解的走势也体现出前期技术进步负效应和技术效率正效应共同作用，而中后期技术进步成为生产率增长的主要贡献来源。

第七章　中国工业绿色增长的机制设计与战略对策

本书前几章中，我们已经就工业绿色增长的理论以及中国工业绿色增长的测度评价、动力因素和双赢前景进行了深入分析，这为我们更有针对性地设计中国工业绿色增长的机制与对策提供了必要的理论和经验依据。“十三五”时期，是中国工业结构调整、转型升级的重要战略机遇期，应当充分利用全球绿色工业革命的机遇，加强体制机制创新并完善相关的政策支持体系，以进一步推动工业绿色增长。因此，本章将立足新时代背景，首先应用博弈论方法构建数理模型，对促进中国工业绿色增长的机制进行设计，在机制设计的基础上，多角度提出中国工业绿色增长的战略对策，以期为培育工业增长新动能、促进工业可持续发展和国际竞争力提升提供可资借鉴的政策参考。需要说明的是，中国工业绿色增长机制设计和战略对策应当具有系统性和全面性，而前文在理论和实证研究中不可避免地存在一些空白，故本章提出的机制和对策主要来源两方面，其一是直接由前文理论及经验研究获得，其二是受前文研究的启发进行的拓展分析。

第一节　基于合作博弈的中国工业绿色增长机制分析

在中国工业绿色增长实践中，政府是主持者和推动者，相关利益主体是重要参与者，从而形成了多主体参与的博弈网络。在多主体博弈过程中，尽量要使利益各方能够获得的预期收益大于其所付出的成本，或者获得相对平均的收益，才能建立起各主体之间有效的合作机制。如果参与方获得的利益不平均，则很难将参与的意愿转化为参与的行动，导致工业绿色增长进展缓慢。在工业绿色增长的博弈网络中，参与主体大致可分为政府、产业界、企业、社会、公众等。本节将首先构建一个合作博弈模型，从整体上考察不同利益主体之间的博弈问题，厘清多主体合作博弈所需具备的充要条件，以便为后文建立多方博弈模型并设计中国工业绿色增长的实践机制奠定基础。

一、多参与主体的合作博弈机制

工业绿色增长能够顺利实施的最理想的状态就是不同的利益主体都能充分参与并建立起相互合作的博弈网络，缺少了其中任何一方的参与，都不能推动实践的深化。因此，借鉴蔡洁和宋英杰（2007）的研究方法，我们建立不合作与合作两种模型来比较政府、产业界、企业、社会、公众等多主体在工业绿色增长中非合作和合作博弈条件下的结果。首先，需要对模型进行如下的基本假定：

（1）假设参与工业绿色增长实践的博弈主体有 n 个，即博弈的参与人集合为 N，$N=(1, 2..., n)$，不同主体在参与中均需要投入一定的成本，这种成本可以视为一种投资（如政府对其他主体的经济激励、产业界环境治理、工业企业技术研发投资、公众购买绿色工业产品等），且参与主体的投资可以获得投资收益（经济收益、环境收益、其他外部收益等）。

（2）假设每个参与主体的战略空间选择是在工业绿色增长的不同领域进行投资，且可供选择的投资领域有 m 个，战略空间为：$j \in M$，$M=(1, 2, \cdots, m)$。如果第 i 个参与主体的投资量为 S，由此，S_{ij} 表示第 i 个参与主体在第 j 个领域中的投资量。

（3）假设每个参与主体的支付函数为其获得的利润 E_{ij}，$i=(1, 2, ..., n)$，$j=(1, 2, \cdots, m)$。如果信息充分畅通，资源优化配置，则有 $E_{ij}=(P_j-C_{ij})S_{ij}$，$P_j$ 为第 j 个领域的投资收益，C_{ij} 表示第 i 个参与主体在第 j 个领域投资时所耗费的成本。在以上三个变量中，可认为 C_{ij} 是基本确定的，参与主体 i 可以控制的变量是 S_{ij}，P_j 由市场及投资量决定。据此，i 主体的投资利润为：$E_i=\sum(P_j-C_{ij})S_{ij}$。

如果行业中各参与主体之间采取不合作策略，以自身利益最大化为目标来决定其在工业绿色增长实践中不同领域的投资量，决策问题为式（7–1）。

$$\begin{cases} MaxE_i, i=1,2...n \\ s.t.\sum_{i=1}^{n} S_{ij} \le S_i \end{cases} \tag{7–1}$$

如果各参与主体之间采取合作策略，坚持共同利益最大化原则，设合作主体之间制定的第 j 个投资领域的最低收益为 P_{jl}，最高收益为 P，则决策问题为式（7–2）。

$$\begin{cases} Max(\sum_{i=1}^{n} E_i) \\ s.t. \sum_{i=1}^{n} S_{ij} \le S_i \\ P_{j1} \le P_j \le P \end{cases} \tag{7–2}$$

为了简化问题，此时只考虑两个参与主体（政府、其他参与者）的非零和博弈情形。根据前文分析，设定参与主体的集合为 $N=\{1，2\}$，两个主体的投资量分别为 S_1，S_2，其选择的投资领域有两个，即 $m=2$。政府在两个投资领域中的投资量分别为 S_{11}，S_{12}，满足 $S_{11}+S_{12}=S_1$；其他利益主体在两个投资领域中的投资量分别为 S_{21}，S_{22}，满足 $S_{21}+S_{22}=S_2$。由此，我们可以得到两个主体的支付函数分别为 $E_1=f_1$（S_{11}，S_{12}），$E_2=f_2$（S_{21}，S_{22}）。那么，（S^*_{11}，S^*_{12}）就是当政府和其他主体之间不合作时的纳什均衡解，见式（7–3），对其进行求解得到式（7–4）。

$$\begin{cases} f_1(S_{11}^*, S_{12}^*) \ge f_1(S_{11}, S_{12}^*) \quad \forall S_{11} \in [0, S_1] \\ f_2(S_{11}^*, S_{12}^*) \ge f_2(S_{11}^*, S_{12}) \quad \forall S_{12} \in [0, S_2] \end{cases} \tag{7–3}$$

$$\begin{cases} \partial f_1(S_{11}, S_{12}) / \partial S_{11} = 0 \\ \partial f_2(S_{21}, S_{22}) / \partial S_{21} = 0 \end{cases} \tag{7–4}$$

式（7–3）、式（7–4）说明了在政府和其他参与者构成的博弈双方中，如果有任何一方不合作即独自偏离纳什均衡，那么只能产生对自身不利的结果；如果博弈双方均采取合作策略，那么就有可能进行有效磋商并达成一致的约束协议。

如果博弈双方完全合作，则博弈目标为式（7–5），即求解式（7–6）。

$$\underset{S_{11}, S_{21}}{\text{Max}}\, E = E_1 + E_2 = f_1(S_{11}, S_{12}) + f_2(S_{21}, S_{22}) \tag{7–5}$$

$$\begin{cases}\partial E / \partial S_{11} = 0 \\ \partial E / \partial S_{21} = 0\end{cases} \tag{7-6}$$

我们可以采取矩阵求解的方法对式（7–5）、式（7–6）进行求解，得到博弈双方在选择非合作博弈及合作博弈条件下的 S_{11}、S_{22} 值，并将两个值进行比较可以发现，相较于非合作博弈，合作博弈能够显著提高参与双方的投资量和投资收益，进一步使博弈双方的福利变好。这说明，在政府和其他主体的博弈过程中，非合作博弈得到的纳什均衡解仍存在改进余地，无法实现帕累托最优。而只有合作博弈才能使得各方的共同利益实现最大化，达到帕累托最优。

二、多参与主体合作博弈的充要条件

在上述分析中，我们通过建立合作与不合作两种博弈模型来讨论工业绿色增长实践中参与主体之间合作博弈的重要性，但未就合作博弈需要满足的条件进行分析。而在现实博弈中，离开了条件的约束，往往会使得合作无法有效展开。从现实来看，政府、产业界、企业、社会、公众在改革中的地位存在差别，因而多主体之间进行合作时，必然在分担的成本和获得的收益上存在差异。若想实现多主体之间稳定而持久的合作博弈，需要满足一系列的充分必要条件。

命题 1：在合作博弈中如果存在多个利益主体，那么各参与主体收益的提高和参与合作引起的收益损失至少应该持平。

证明：对于任意的 i，$j \in N$，N=（1，2，…，n），如果参与主体 j 在博弈中使得其他主体的收益提高却使自身的收益下降时，那么参与主体 i 的收益由此增加 δ_j^i，同时把参与主体 j 参与合作时的收益损失记为 π_i^j；如果参与主体 i 在博弈中使得其他主体的收益提高却使自身的收益下降时，那么参与主体 j 的收益由此增加 δ_i^j，同时把参与主体 j 参与合作时的收益损失记为 π_j^i。于是，$[(\delta_j^i - \pi_i^j) + (\delta_i^j - \pi_j^i)]$ 是参与主体 i 和参与主体 j 合作带来收益的净增量，$\sum [(\delta_j^i - \pi_i^j) + (\delta_i^j - \pi_j^i)]$ 是所有参与合作的主体收益的净增量。只有当 $(\delta_j^i - \pi_i^j) \geq 0$ 且 $(\delta_i^j - \pi_j^i) \geq 0$ 时，参与主体之间才会展开合作。

命题1说明，当多主体在工业绿色增长实践中进行合作时，合作的必要条件是各参与主体具有一定的互补性，充分条件是各参与主体之间能够通过有效协商对各方利益进行合理分配，对各方损失进行共同分担，最终形成一个对各方均有约束力的利益分配协议。如果满足了合作博弈的充要条件，那么政府、产业界、企业、社会、公众在合作博弈中一定会给各主体带来大于不合作时所能获得的利益。

命题2：如果工业绿色增长实践中各主体之间存在部分合作方，记为S，如果全体合作，记为S'，假设某主体不能同时参加S和S'，i主体参加S'收益的净增量大于参与S的收益净增量。

证明：设H为属于S'却不属于S的参与方。根据命题1，$\forall h \in N$，则参与方h收益的增量为$\left\{\left(\delta_h^i-\pi_i^h\right)+\left(\delta_i^h-\pi_j^i\right)\right\} \geq 0$，则$\sum_{i,h \in N}\left\{\left(\delta_h^i-\pi_i^h\right)+\left(\delta_i^h-\pi_j^i\right)\right\} \geq 0$，可以证明命题2。在此基础上，定义参与主体对$S$的边际贡献为$\{v(S)-v(S \backslash\{i\})\}$，且$\{v(S')-v(S' \backslash\{i\})\} \geq\{v(S)-v(S \backslash\{i\})\}$，则称合作博弈（$N$，$v$）为凸，可得引理1。

引理1：针对合作博弈（N，v），如果对i，$j \in N$，存在固定的数值g_j^i，使得对所有的$S \in N$和所有的$i \notin S$，$v(S \cup\{i\})=v(S)+v(i)+\sum_{j \in S}(g_i^j+g_j^i)$，则Shapley值为式（7–7）。

$$\varphi_i(N,v)=v(i)+\frac{1}{2}\sum_{j \in N}(g_i^j+g_j^i) \tag{7–7}$$

为了分析方便起见，我们假设各利益主体参与工业绿色增长的合作时，各主体的合作对不参与合作的主体没有影响。于是，定义式（7–8）的特征函数；如果$h \notin S$，则有式（7–9）。

$$v(S)=\sum_{i \in S}\left\{R_0^i+\sum_{j \in N} K_j^i-\sum_{j \notin S} \delta_j^i+\sum_{j \notin S} \pi_j^i\right\} \tag{7–8}$$

$$v(S \cup\{h\})=v(S)+v(h)+\sum_{j \notin S}\left[(\delta_h^j-\pi_h^j)+(\delta_j^h-\pi_j^h)\right] \tag{7–9}$$

令$h=i$，$g_i^j=\delta_i^j-\pi_i^j$，$g_j^i=\delta_j^i-\pi_j^i$，则有式（7–10）。

$$\varphi_i(N,v)=R_0^i+\sum_{j\in N}K_j^i-\sum_{j\neq i}\delta_j^i+\sum_{j\neq i}\pi_j^i+\frac{1}{2}\left[(\delta_i^j-\pi_i^j)+(\delta_j^i-\pi_j^i)\right]$$
$$=R_0^i+\sum_{j=1}^{n}K_j^i+\frac{1}{2}\sum_{j=1}^{n}\left[(\pi_j^i-\delta_j^i)-(\pi_i^j-\delta_i^j)\right]$$

（7–10）

对于政府和其他参与主体的合作博弈（N, v），Shapley 值由式（7–11）给出。

$$\varphi_i(N,v)=R_0^i+\sum_{j=1}^{n}K_j^i+\frac{1}{2}\sum_{j=1}^{n}\left[(\pi_j^i-\delta_j^i)-(\pi_i^j-\delta_i^j)\right] \tag{7–11}$$

如果没有效用转移发生，则参与主体 i 获益为式（7–12）：

$$R_0^1+\sum_{j=1}^{n}K_j^i, i=1,2\ldots n \tag{7–12}$$

由式（7–10）和式（7–11）可以看出，博弈中每个利益主体参与合作时的收益等于初始收益与非合作时收益之差的一半的总和。这说明，各参与主体之间长期、稳定合作时的收益要大于停止合作时的收益。命题 2 也反映出，在多利益主体参与工业绿色增长实践的博弈中，如果参与主体之间存在破坏合作的行为，就会使参与者的收益下降。相反，只有当所有的参与者之间都进行紧密而有效的合作，才能促进共同收益的提高，才能实现各方福利的最大化。

命题 3：当所有利益主体均采取合作策略，每个参与者所得到的利益补偿为式（7–13）。

$$T_i=\frac{1}{2}\sum_{j\neq 1}^{n}\left[(\pi_j^i-\delta_j^i)-(\pi_i^j-\delta_i^j)\right], i=1,2\ldots n \tag{7–13}$$

以上命题的启示是，在工业绿色增长实践中，要想实现各方之间的有效合作并建立相互认同的约束协议，获得收益较多的参与主体应该给予获益较少的主体以一定的利益补偿。通过比较博弈双方的利益补偿量，反映出的结论是：利益补偿应当从参与合作却获益较少的一方向不参与合作却获益较多的一方转移，这与各主体在工业绿色增长实践中进行合作的目标相违背。这说明，当博弈中存在多利益主体时，各参与方之间存在利益分配上的冲突，各方都想通过有效协商使自身的获益水平提高。因此，合作博弈至少提供了协商的可能，各主体之间应当尽可能形成一种彼此都愿意接受的利益分配方案，也就意味着在合作中获益较多的主体应当将一定量的利益补偿向获益较少的主体转移。

本节首先构建了一个多方参与的合作博弈模型从整体上讨论在工业绿色增长实践中各参与主体进行合作的重要性，以及维持各方合作所需要满足的条件。通过对政府、产业界、企业、社会、公众等不同参与主体的合作博弈分析，我们可以得到以下几点结论：首先，工业绿色增长应当充分动员各相关主体的参与，并在参与中建立行之有效的合作机制。从合作与非合作博弈的角度分析，只有各方均参与合作，深化默契和互信，才能促进共同利益的最大化。如果有任何一方不参与合作，不仅会损害自身的利益，也会使整体的利益下降。就目前来看，在中国工业绿色增长实践中，政府起着领导核心的作用，特别是在政策支持、环境监管、经济激励等方面进行了大量投资，这是工业绿色增长的关键。但产业界、工业企业、社会公众等其他主体参与的积极性还不够充分，尚缺乏有效的合作分工机制，经常会出现参与主体背离合作的选择，这也是目前我国工业绿色增长面临的瓶颈之一。其次，在实践中，每个参与主体都需要付出一定的成本，但能否维持稳定的合作关键在于参与各方能否在博弈中使自身获得的收益大于其付出的成本，如果合作不能带来成效，那么合作将被打破。例如，如果政府进行投资的收益小于成本，即政府的改革方案不完善、经济激励力度不足、环境监管存在漏洞等，导致其他参与主体的积极性和自觉性不能被充分调动，就会使得改革进展缓慢，政府投资成效甚微，政府将失去投资的动力。第三，在实践中，要平衡好各方利益，获得利益较多的参与方应当给予获利较少的参与方一定的补偿，才能使合作得以维系。特别是对于政府而言，应当充分考虑到运用价格、补贴、税收等手段给予不同利益主体一定的补偿，才能调动起参与各方的积极性。第四，在合作博弈中，各利益主体之间建立起行之有效的约束机制也是保证合作能够进行的关键。在现实中，当政府实施投资策略时，其他主体未必会按照政府的意愿积极参与，这时就需要政府采取强制手段，制定相关的约束制度，明确相关责任，加强考核及监管，才能有力推动绿色增长的顺利进行，实现整个社会利益的最大化。

第二节　多方博弈及中国工业绿色增长机制设计

通过前文合作博弈分析，我们已经从整体上把握了在工业绿色增长实践过程中，各个参与主体之间如何才能实现有效合作。为了对不同参与主体之间的博弈关系有更深层次的了解，并在此基础上设计中国工业绿色增长的实践机制，本节将构建多方博弈模型对主要博弈主体之间的博弈关系进行分析。在多方博弈模型中，我们将工业绿色增长的参与主体归为以下三大类：政府（包括中央及地方政府）、工业界（包括产业与企业）、社会（包括社会及公众）。本节主要考虑两个博弈即：政府与工业界、工业界与社会之间存在的博弈关系。

一、工业绿色增长中的多方博弈

1. 政府与工业界的博弈分析

我们知道，政府是工业绿色增长实践的推动者，工业界是绿色增长的核心执行主体，二者的博弈呈现出长期、动态的变化特征，以下将构建政府与工业界的两阶段博弈模型，探究影响政府和工业界在博弈策略选择中的关键因素。首先，需要对博弈模型进行基本假定。

第一，该博弈模型分为短期和长期两个阶段，在短期内，政府和工业界的初始经济收益分别为 R_g 和 R_e。短期内，政府为了推进工业绿色增长，考虑到工业界的环境治理成本，支付给工业界一定的补贴 S（例如，政府对工业污染治理的补贴或激励等），但在长期内，随着工业绿色增长实践的深化，工业界发展良好（即工业发展已经越过了“波特拐点”），政府补贴消失。而此时，如果工业界因为政府补贴激励的取消而不再参与工业绿色增长，政府将会承受一部分损失 C_g，同时工业界将会受到来自政府的处罚 F。短期内，工业界为了配合政府的工业绿色增长实践，也需要支付一定的成本 C_e，但政府会权衡利益，及时给予补贴 S，且 $S \leqslant C_e$，由于此时社会对工业绿色增长的认识还不够深入，不能使绿色增长顺利推进，工业界会承受一部分收益的减少 aR_e（$0<a<1$）。

第二，工业绿色增长如果取得明显成效，国家的绿色增长战略就会有突破进展，政府由此获得良好的外部效益 X_g；工业界努力配合政府的改革方案，推行工业绿色增长实践，也会获得良好的外部效益 X_e。如果二者都采取不作为策略，二者将失去这部分外部效益的获得。

第三，随着工业绿色增长的深入发展，工业界开始享受充分的经济回报（即前文所说的“创新补偿效应”），由此获得收益 bR_e（$b>1$），如果工业界没有很好地践行绿色增长，其只能获得收益 cR_e（$0<c<a<1$）。

第四，政府和工业界的收益函数均是由短期和长期两阶段加总得到，本模型假定信息是充分的、完全的，且不考虑金融参数的影响。基于以上基本假定，构建长期内政府和工业界双方的博弈矩阵，如表 7.1。

表 7.1　政府和工业界双方的博弈矩阵

		政府	
		推动	不推动
工业界	参与	$(aR_e+S+X_e-C_e)+(bR_e+X_e)$， $(R_g+X_g-S)+(R_g+X_g)$	$(aR_e+X_e-C_e)+(bR_e+X_e)$， $(R_g-X_g)+(R_g-X_g)$
	不参与	$R_e+(cR_e-F-X_e)$， $(R_g+X_{g-}C_g)+(R_g+F+X_g-C_g)$	$R_e+(cR_e-X_e)$， $(R_g-X_{g-}C_g)+(R_g-X_{g-}C_g)$

我们就上述模型的均衡条件进行分析，设 χ_{ij} 表示工业界选择 i 策略，政府选择 j 策略时工业界的收益；κ_{ij} 表示工业界选择 i 策略，政府选择 j 策略时政府的收益，四种策略的均衡分析如下。

第一，当政府选择推动工业绿色增长实践，工业界参与或不参与绿色增长实践的收益为式（7–14），计算此时工业界的收益差额如式（7–15）。

$$\chi_{11}=(aR_e+S+X_e-C_e)+(bR_e+X_e),\quad \chi_{21}=R_e+(cR_e-F-X_e) \tag{7–14}$$

$$\Delta_1=\chi_{11}-\chi_{21}=(a+b-c-1)R_e+3X_e+S+F-C_e \tag{7–15}$$

如果 $\Delta_1>0$，则有式（7–16）：

$$(a+b-c-1)R_e+3X_e+S+F>C_e \quad (7\text{–}16)$$

式（7–16）表明，首先，在工业绿色增长博弈中，在政府推动下，作为理性经济人，工业界参与与否的关键在其获得的收益是否大于参与博弈所付出的成本。由于 $0<c<a<1<b$，则 $(a+b-c-1)>0$，因此，工业界参与和不参与之间形成的利益差距越大，工业界参与的热情度就越高。其次，我们看到，工业界参与绿色增长的积极性还与机会成本 S、F 有关，也就是说，当政府给予工业界的补贴越大，工业界参与的总收益就越高；当政府给予工业界的惩罚力度越大，工业界承受的收益损失就越大。因此，当政府补贴 S 或政府惩罚 F 比较高时，工业界参与工业绿色增长的积极性就会增强。再次，工业界的社会收益也是其参与绿色增长实践的动力之一。如果工业界落实政府政策，就会取得良好的社会口碑和社会认同。如果社会和居民的节能减排意识强烈，对工业绿色增长的参与热情高，就会更加青睐绿色工业企业，从而使得企业获得的外部收益增加，那么参与或不参与工业绿色增长的收益差距就会进一步扩大，工业界的参与动力就会更强烈。

第二，当政府不选择推动工业绿色增长，工业界参与或不参与绿色增长实践的收益为式（7–17），计算此时工业界的收益差额如式（7–18）。

$$\chi_{12}=(aR_e+X_e-C_e)+(bR_e+X_e),\quad \chi_{22}=R_e+(cR_e-X_e) \quad (7\text{–}17)$$

$$\Delta_2=\chi_{12}-\chi_{22}=(a+b-c-1)R_e+3X_e-C_e \quad (7\text{–}18)$$

式（7–18）表明，当政府选择不推动工业绿色增长时，工业界选择策略的关键因素就只剩下其经济利益差额 $(a+b-c-1)$、社会收益 X_e 和参与成本 C_e。此时，工业界获得的经济利益差距越大、外部社会收益越高、支付的经济成本越低，其参与的动机就越强，反之则较弱。

第三，当工业界选择参与工业绿色增长，政府推动或不推动绿色增长实践的收益为式（7–19），计算此时政府的收益差额如式（7–20）。

$$\kappa_{11}=(R_g+X_g-S)+(R_g+X_g),\quad \kappa_{12}=(R_g-X_g)+(R_g-X_g) \quad (7\text{–}19)$$

$$\Delta_3=\kappa_{11}-\kappa_{12}=4X_g-S \quad (7\text{–}20)$$

式（7-20）表明，当工业界致力于参与绿色增长时，政府推动与否的关键在于两方面：最突出的一方面是政府的社会效益，如果政府强力推进工业绿色增长，就是对节能减排政策的深化落实，就是对可持续发展的长远打算。不仅能在社会中拥有政绩的好评，更能在国际上赢得良好的声誉，扮演负责任大国的形象，在此情形下，政府推工业绿色增长实践的主体意愿就十分强烈。当然，政府推进绿色增长的成本也是必须考虑的问题，如果政府采取的补贴等经济激励手段超过了政府负荷，那么其意愿就会相对较弱。

第四，当工业界选择不参与绿色增长，政府推动或不推动工业绿色增长的收益为式（7-21），计算此时政府的收益差额如式（7-22）。

$$\begin{aligned}\kappa_{21} &= (R_g + X_g - C_g) + (R_g + F + X_g - C_g) \\ \kappa_{22} &= (R_g - X_g - C_g) + (R_g - X_g - C_g)\end{aligned} \tag{7-21}$$

$$\Delta_4 = \kappa_{21} - \kappa_{22} = 4X_g + F \tag{7-22}$$

式（7-22）大于零是恒成立的，也就是说，即使工业界不参与绿色增长实践，政府也必然会推动工业绿色增长，落实节能减排方针和绿色发展的国家战略。这说明，政府作为管理机构承担主要责任，为了社会福利的增加，只能凭借自身力量推进工业绿色增长。

综合以上政府和工业界之间的博弈模型我们可以看到，政府（工业界）推动（参与）工业绿色增长的关键在于其所获得的收益能否大于支出的成本。除此之外，政府获得的外部社会收益和补贴支出也是影响政府推动工业绿色增长的重要因素，但当工业界不愿意参与时，政府为了提升社会福利水平，履行社会管理职能，也会推动工业绿色增长。另一方面，经济收益、政府补贴、政府惩罚以及外部社会收益是影响工业界参与绿色增长的关键因素。这是政府和工业界所具有的各自利益需求。

2. 工业界与社会的博弈分析

工业界和社会在绿色增长中需要紧密配合（例如，社会要对实施绿色增长的企业给予更多的支持、购买绿色产品和服务等）。特别是，工业界需要和社会共同承担绿色增长的成本（例如，工业企业可能将部分环境成本加入产品价格中，让消费者为其分担），并给予社会更多的经济激励，才能调动起社会参与的积极性。以下将构建工业界和社会之间的动态博弈模型。首先，需要对博弈模型的参与主体和参与行为进行基本假定。

第一，在构建的动态博弈模型中，有两类参与主体，分别为工业界（R）和社会（M）。参与主体之间的行动顺序为工业界首先行动，社会则在观察到工业界的行动之后再决定自身采取的行动。工业界和社会之间的博弈具有完全信息。

第二，工业界的行动空间选择有很多（如环境投资、技术研发、人力资本投资等），为了简化分析，我们把工业界的行为用投资 S_r 来表示，社会的行动空间为是否参与绿色增长，用 S_m 来表示。工业界的战略空间选择有一个信息集，两个可选择的行动，其战略空间为 S_r={ 投资，不投资 }；社会的战略空间选择有两个信息集，每个信息集上均有两个可选择的行动，其战略空间为 S_m={（参与，参与），（参与，不参与），（不参与，参与），（不参与，不参与）}。

第三，假设工业界的支付函数为 W，表示工业界在绿色增长博弈中的投资行为，$W=\{W_1, W_2\}$={ 投资，不投资 }；K 表示社会在工业绿色增长博弈中的参与行为，$K=\{K_1, K_2\}$={ 参与，不参与 }。工业界的投资产出（收益）为 P_r，其投资成本为 C_r，产出由工业界和社会的参与行为共同决定，即 $P_r=P_r\{W_i, K_i\}$，$C_r=C_r\{W_i, K_i\}$，其中 i=1，2。社会参与工业绿色增长博弈所付出的成本为 CM_i，由其自身的博弈策略选择所决定。

第四，工业界参与绿色增长博弈的效用函数为 U_r，社会的效用函数为 U_m，二者均由工业界和社会的参与策略共同决定，即 $U_r=U_r\{W_i, K_i\}$，$U_m=U_m\{W_i, K_i\}$，其中 i=1，2。需要说明的是，工业界只有在博弈中使社会参与行为所带来的净收益大于不参与的净收益时，社会的积极性才能被充分调动，因此必须满足：$C_r\{W_1, K_1\}-CM_1 \geq C_r\{W_1, K_2\}-CM_2$。

由此，工业界和社会之间的博弈符合完全信息动态博弈模型，如图 7.1 所示。

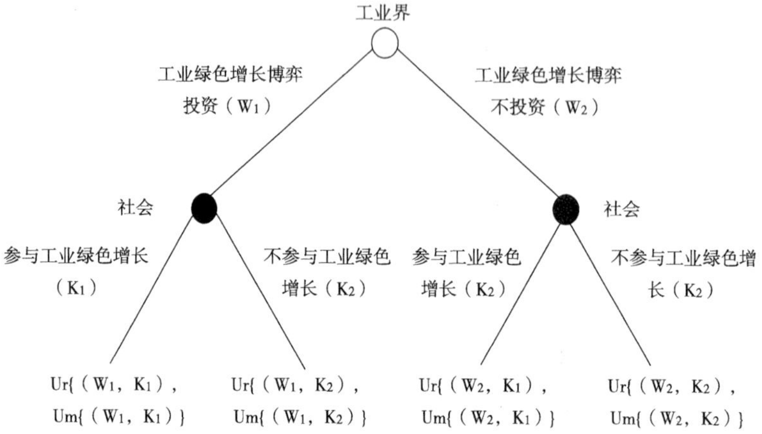

图 7.1　工业界和社会之间的博弈

基于以上博弈模型的基本假定，我们运用逆向归纳法求解子博弈精炼纳什均衡。

首先，当 $P_r(W_1,K_1)>C_r(W_1,K_1)$ 时，社会的最优选择记为 $\tilde{K}^*$。

对于工业界投资 W_1 而言，最优解如式（7–23）：

$$MAX\{U_m\}=MAX\{U_m(W_1,K_1),U_m(W_1,K_2)\}\Rightarrow \quad \tilde{K}^*(W_1)=K_1 \qquad (7\text{–}23)$$

对于工业界不投资 W_2 而言，最优解如式（7–24）：

$$MAX\{U_m\}=MAX\{U_m(W_2,K_1),U_m(W_2,K_2)\}\Rightarrow \quad \tilde{K}^*(W_2)=K_2 \qquad (7\text{–}24)$$

式（7–23）、式（7–24）说明，当工业界进行投资时，社会的最优选择是参与绿色增长实践，当工业界不对绿色增长进行投资时，社会的最优选择是不参与。这充分说明，社会的参与行为与工业界的行为紧密相关，如果工业界不对绿色增长进行投资，不能主动承担相关成本，那么社会将不会跟随其脚步落实绿色增长的实施方案。如果工业界投资的越多，能够使社会在参与行动中获益，那么社会参与的积极性就会提高。

对于工业界而言，其最优选择为式（7–25）：

$$MAX\{U_r\}=MAX\{U_r(W_1,K_1),U_r(W_2,K_2)\}\Rightarrow \quad W^*=W_1 \qquad (7\text{–}25)$$

由此，得到的精炼纳什均衡是{投资，（参与，不参与）}。即工业界在产出大于成本的情况下，最优选择是在工业绿色增长博弈中采取投资行为，对于社会而言，可能选择参与，也可能选择不参与，参与与否的关键在于工业界是否率先进行投资行动，且使社会获得的净收益大于参与所付出的成本。

其次，当 $P_r(W_1,K_1)\le C_r(W_1,K_1)$ 时，社会的最优选择记为 $\tilde{\tilde{K}}^*$。

对于工业界投资 W_1 而言，最优解如式（7–26）：

$$MAX\{U_m\}=MAX\{U_m(W_1,K_1),U_m(W_1,K_2)\}\Rightarrow\quad \tilde{\tilde{K}}^*(W_1)=K_1 \qquad (7\text{–}26)$$

对于工业界不投资 W_2 而言，最优解如式（7–27）：

$$MAX\{U_m\}=MAX\{U_m(W_2,K_1),U_m(W_2,K_2)\}\Rightarrow\quad \tilde{\tilde{K}}^*(W_2)=K_2 \qquad (7\text{–}27)$$

对于工业界而言，其最优选择为式（7–28）：

$$MAX\{U_r\}=MAX\{U_r(W_1,K_1),U_r(W_2,K_2)\}\Rightarrow\quad W^*=W_2 \qquad (7\text{–}28)$$

综合式（7–26）、式（7–27）、式（7–28），得到的精炼纳什均衡是{不投资,（参与，不参与）}。这意味着，工业界在投资中所得到的收益大于付出的成本时，只要其愿意投资，社会就会选择参与策略，而如果其不愿投资，则社会应对的策略为不参与。工业界的投资行为不仅关系到自身利益，还会对社会参与积极性产生重要影响。但如果工业界在投资中没有调动起社会的积极性，使得投资的收益甚微，则其最优选择策略则是不投资。

综合以上分析，可得到以下几点结论：首先，工业界是否选择投资的关键在于能否在博弈中使自身获得的收益大于其付出的成本。如果工业界投资策略的效果明显，不管社会如何选择，其都会愿意选择对绿色增长进行投资。其次，如果工业界进行投资的产出小于成本，即工业界的实施方案不能调动社会参与的积极性，从而使绿色增长进展缓慢，投资成效甚微，工业界也将失去投资的动力。第三，当工业界实施投资策略时，社会未必会按照工业界的意愿参与实践，这时候就需要政府介入，采取强制手段，明确工业界、社会等的相关责任，并给予有力的经济激励，还需加强考核及监管，才能有力推动绿色增长的顺利进行，实现整个社会利益的最大化。

二、中国工业绿色增长机制设计

本节将在总结前文博弈模型的基础上，从参与主体的利益需求出发，结合中国工业绿色增长的实际，设计中国工业绿色增长的实践机制。中国工业绿色增长的实践机制需要综合性、体系化、开放式的战略框架以及来自政府、产业界、企业、社会公众的广泛参与。在这一进程中，每个参与主体都具有自身的责任和作用，同时也具有自身的利益诉求，各主体间相互配合、相互协调、相互影响，共同推进工业绿色增长的实践，见图 7.2。

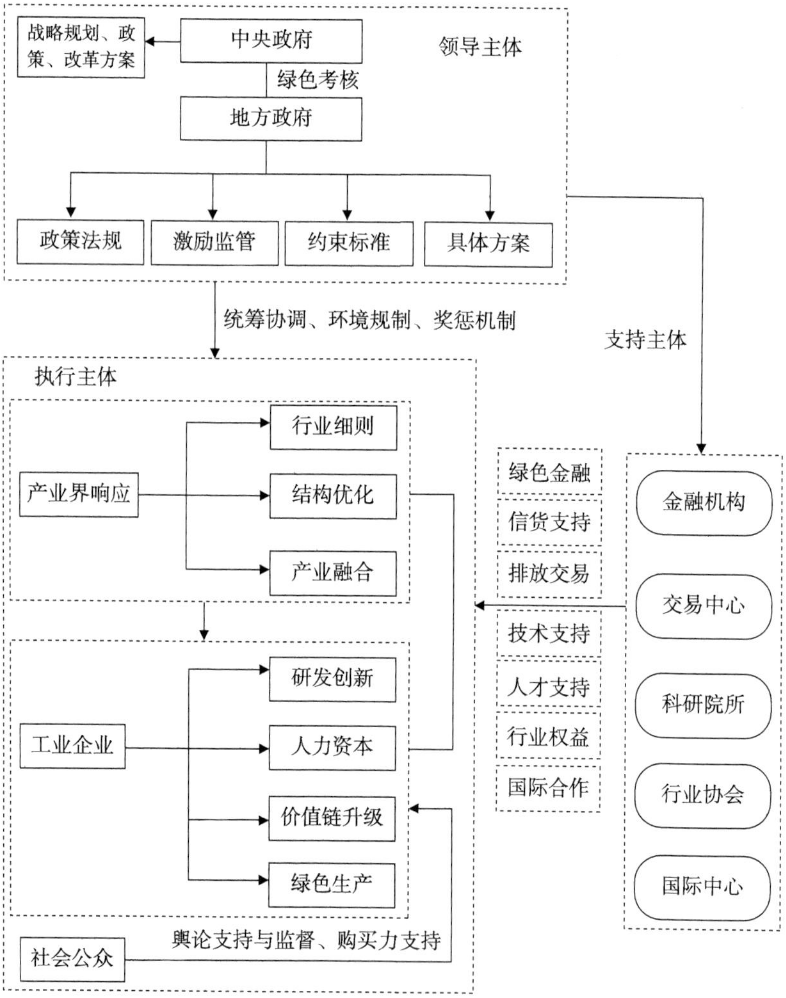

图 7.2　中国工业绿色增长的机制设计框架

1. 领导主体：政府

在中国工业绿色增长实践中，政府扮演着领导主体的角色，这一实践机制需要由政府进行推动。其中，中央政府是最高行政领导者，负责国家战略和方针的制定，地方政府受中央政府领导，负责根据中央政府的战略制定和执行符合地方实际的具体战略。从博弈模型中可以看出，政府期望利益各方都能广泛参与到工业绿色增长实践中，形成合力，同时需要制定能够对利益主体形成约束力的协议，以保证博弈各方之间能维系稳定的合作。从现实来看，从国家到地方，政府大力推动工业绿色转型，颁布了各类法律、规划、政策、条例，希望能够以此形成推动工业绿色增长的基石。例如，国家“十三五”规划及各类产业发展的专项规划都提出加快工业转型升级和绿色发展，工信部、环保部等国家部委也出台了工业绿色发展的相关指导方案，各地方政府更是陆续颁布了一系列实施细则。政府通过这些政策法规、管理条例等，一方面加强了对工业的管理和约束，明确了工业绿色增长的标准和规范，另一方面也完善了对工业绿色增长的奖惩机制，使得工业界在激励和约束双重作用下更好地实现预期目标。但就目前而言，政府政策的执行成效恐未达预期，这种执行效果的偏差有政策制定与工业行业发展实际不完全匹配的原因，也有地方政府为了政绩需要，放松相关环境管制标准，使得政策执行力出现偏差的原因。我们知道，如果各参与主体没有很好地在政府的监管体系下有效运作，这会在很大程度上违背了政府的利益诉求。在博弈模型中，我们看到，如果政府的政策执行或者投资成效甚微，将会严重挫伤政府主体参与的积极性，各类参与主体不能充分落实政府的政策会使得工业绿色增长进展缓慢。因此，工业绿色增长的实践机制有赖于各参与主体在政府的领导下积极合作、密切联系，共同形成绿色增长的强大合力。

同时，从多方博弈模型中我们看到，政府推动工业绿色增长需要耗费大量的人力、物力、财力，如果政府投入的成本过大，而取得的收益不高，也会挫伤政府的积极性。这就需要各参与主体在以政府为主力的情况下，也能够分担一部分成本。就目前来看，工业绿色增长依然主要依靠政府的财政资金推动各项工作的展开，产业界、工业企业、社会公众、金融机构等多渠道筹措资金的机制尚未建立完善。如果仅仅以政府财政推动改革不仅会使政府压力巨大，而且也无法使工业绿色增长的市场潜力得到充分释放。因此，全社会需要广泛参与到工业绿色增长实践中，建立多渠道的融资机制，以分担政府改革的成本。多方博弈模型同样表明，本国社会、国际社会对政府的支持是至关重要的。中国政府已将绿色发展放在国家战略的高度上，政府推动绿色发展的目的是保护生态环境，维系经济的可持续发展，并在国际社会中扮演好负责任大国的形象。本国社会要予以大力支持，响应政府的号召，国际社会也需要对中国的绿色发展实践予以肯定。这不仅仅有利于当前政府国际地位提升，更是为后代人谋福利的题中之义。

2. 执行主体：产业界、工业企业、社会公众

绿色增长的顺利实施，产业界和工业企业是最重要的执行和推动主体，产业界的响应包括制定行业绿色增长实施细则、结构优化和产业融合等方面。每一个工业行业绿色增长的任务与目标存在差异，对政府政策的响应灵敏性也存在不同，这迫切需要产业界针对不同行业的特点和发展实际，根据政府政策制定有差异化的行业标准和实施细则。产业结构优化包括传统产业的“绿色化”、绿色产业发展、产权结构优化等方面。只有产业界从整体上推动内部结构调整和优化，才能激励每一个工业企业加快自主行动。因此，加快工业结构调整，构建符合时代要求的绿色工业体系是产业界的重要责任。产业融合符合新型工业化的根本要求。当前的重点是推动工业化与信息化的深度融合，全面提升工业生产中能源、资源、环境的智慧化管理水平，实现生产方式的绿色精益化，在有效提升产出价值的同时，促进绿色增长。对于工业企业来说，其实践机制主要包括技术研发、人力资本培育、价值链提升和绿色生产四个部分。广大工业企业是推动绿色增长的核心微观主体，绿色技术研发是企业绿色转型的根本保障。工业企业只有逐步完善绿色技术体系，才能尽快越过“波特拐点”，激发创新热情，拥有可持续竞争力，在这一过程中，人力资本培育是技术研发与创新的核心支撑。此外，工业企业通过现代制造技术促进制造业及其产品向技术链高端延伸，以降低技术链低端产品的比重，相应提高技术链高端产品的比重，这也是推动工业绿色增长的题中之义。绿色生产，即实现工业企业生产全过程的绿色化。工业企业可通过加强产品生态设计、推动技术创新和商业模式创新，提供更多的绿色产品和服务。博弈模型表明，工业界（产业和企业）是工业绿色增长实践的主力军，要想充分发挥其主力军作用，就必须满足工业界的本质需求即对经济利益的追逐。如果工业界参与绿色增长实践不能

获得良好的经济收益或是其付出的成本超过收益，工业界的积极性就无法被调动。现实来看，工业界推动绿色增长需要付出较高的成本，不论是传统行业的改造升级还是新兴绿色产业的投资都使得企业的成本负担较重。因此，在推进绿色增长实践的开始阶段，需要国家给予工业界一定的补贴或是税收优惠，以帮助企业获得良好的经济效益。与此同时，在实践中，工业界需要付出大量的成本进行技术研发，而单个企业无法拿出足够的资金来完成这项系统工程。因此，迫切需要政府不仅在政策上，还需要在资金上充分支持。就目前而言，国家给予工业企业资金扶持力度不足，主要依靠企业自筹，工业绿色增长的投融资体系也没有建立完善。

社会公众参与工业绿色增长可通过舆论支持与监督、购买力支持来实现。社会公众对工业绿色增长的关注和支持是推动企业绿色转型实践的重要一环。多方博弈模型表明，来自外部社会的认可是企业参与绿色增长的助推剂。良好的社会外部效益能够激励工业企业更好地参与改革，加强技术的研发和创新，发挥好企业的主力军作用。在国家深化绿色发展战略的背景下，全社会应当形成良好的舆论氛围，要充分关注和支持工业企业的转型和发展，通过宣传报道、鼓励典型等方式树立工业企业的良好口碑和形象，同时也应该借助网络及新媒体手段，对政府及工业企业的绿色增长实践予以监督。另一方面，社会公众对工业绿色增长的支持还表现在对绿色产品和服务的购买上，工业企业的价值归根到底需要通过销售产品和服务来实现，社会对于绿色工业产品的购买力越强，也就越能推动工业企业转变发展思路，激励工业界深化绿色增长的实践。

3. 支持主体：金融机构、市场化交易中心、科研院所、行业协会、国际中心等

工业绿色增长的实践除了上述重要的参与主体之外，还有一系列支持性主体，这些主体虽然不是工业绿色增长的直接参与者，但对于保障绿色增长具有重要的支撑意义。金融机构应在政府领导下为工业绿色增长提供绿色金融支持。金融机构要给予绿色技术项目更多的信贷优惠，政府可利用金融机构从财政角度对绿色技术采用的融资进行差别贴现，提高企业的预期收益，从而推动工业企业采用绿色技术；政府还可以搭建多种形式的

科技金融合作平台，引导金融机构参与绿色技术开发，鼓励金融机构加强对绿色技术企业的金融服务。同时，除了银行金融机构外，还应当完善我国的金融市场服务体系，促进绿色工业投融资方式的多样化。政府可引导保险公司、证券公司、基金管理公司、租赁公司等为绿色企业的发展提供多元化的融资渠道，同时借助市场的力量，鼓励机构和私人投资者关注绿色企业的发展，将更多的投资机会向这些企业倾斜。交易中心主要是针对工业污染排放权进行交易的市场化场所，排污权交易作为以市场为基础的经济制度安排，它对工业企业的经济激励在于排污权的卖出方由于超量减排而使排污权剩余，之后通过出售剩余排污权获得经济回报，这实质是市场对工业企业环保行为的补偿，常见的交易中心有碳排放交易中心等。科研院所能为工业绿色增长提供重要的技术支持和人才支持。工业界、科研机构、高等院校需要共同构建一个广泛的技术和人才合作网络，在理论创新、科技研发、技术进步、信息网络、资源共享等方面展开全面合作，以保障工业企业有足够的研发动力和创新热情，这不仅增强了企业绿色技术研发实力，也提高了绿色产品的孵化及产出效率，有利于实现利益共享和多方共赢。此外，科研院所也为工业界输送绿色人才，这些人力资本将覆盖“新能源”“新材料”“新装备”等绿色工业的各个领域，是工业经济可持续发展的智力基础。行业协会代表了工业行业的整体利益，能够制定行业统一的制度标准，通过制度创新和有效管理，充分调动工业企业的积极性。行业协会还起到企业代言人的作用，反映工业企业在绿色增长过程中的问题和瓶颈，维护工业企业的合法利益。国际中心的设立主要是推进能源、环境、应对气候变化等领域的全球治理与国际协调，营造良好的外部环境。此外，中国作为一个高度开放、负责任的大国，应积极参与全球绿色治理，在这一领域的国际合作中，既要争取维护国家利益和产业发展空间，又应为推动全球绿色工业发展付出更多的努力，这些职责可由政府领导下的国际中心来实现。

第三节　中国工业绿色增长的战略对策

在上一节，我们已经设计了中国工业绿色增长的实践机制，但机制设计相对较为宏观，理论性较强。作为全书的收尾章节，我们将结合前文理论研究和实证分析的主要结论，在机制设计的基础上，进一步细化、完善推进工业绿色增长的战略对策，以期为政府有关部门及工业行业和企业提供有价值、可操作、前瞻性的对策建议。

一、推进制度改革与建设

1. 完善官员晋升的绿色考评体系

长期以来，晋升竞标赛是中国官员重要的激励模式，经济增长的总量和速度是各级政府在绩效考核时关注的重点，因此作为经济主体的工业指标自然也是政绩考核的关键。尽管当前国家层面对可持续发展、绿色发展高度重视，但在地方层面，由于缺乏有效的约束力，资源、能源利用效率和环境质量改善等经济发展质量指标还未能成为政府绩效考核的主体指标，这种考评体系容易造成地方政府脱离实际、不顾资源环境承载能力，通过重化工业等大型项目，刺激经济发展，从而导致资源过度开发、环境污染加剧等问题。在对中国工业绿色全要素生产率进行测度和评价后我们发现，事实上考虑了资源和环境要素后，中国工业增长远不如想象的美好，或者说更多的是以牺牲资源和环境为代价换来的高速增长。因此，要推动工业绿色增长，就必须形成有利于绿色发展的领导体制和机制，建立起一套适用于中央和地方政府的绿色绩效考评体系，即采用一套能够充分体现资源和环境价值的综合指标来评价真实的经济增长水平。例如，可将资源消耗及利用效率、环境治理与投资、生态改善、公众满意度等纳入官员晋升的综合评价体系中，可考虑建立以绿色全要素生产率为主的考评体系。这样，绿色发展对各级官员的行为就能形成正向激励。同时，也只有形成完善的绿色政绩考评体系，各级政府才会更加关注工业资源消耗、环境污染等问题，才能逐步形成推动工业绿色增长的长效机制。

2. 科学设定环境规制的强度和形式

环境规制是中国环境管理正式制度中最为重要的政策体系，从整体来看，现行的环境规制体系在一定程度上推动了工业绿色增长，因而在合理的范围内适度加大规制强度能够对工业节能减排和技术创新起到正面的激励。在环境规制工具的选择中，尽管命令控制型规制工具的短期效果较好，但从长期来看，要想实现工业在节能减排约束下竞争力的提升，应当更多地采用基于市场的经济激励型规制工具。同时，由于工业行业具有明显的异质性，在制定环境规制时要避免行业统一的静态标准和盲目提高规制强度，而应当根据不同行业的特点和发展实际，采用灵活和滚动规制标准，并综合运用多种规制形式，才能使环境规制能够持续起到刺激作用。具体而言，对于重度污染行业来说，由于承受的规制力度偏大，因此一方面应当谨慎放松规制强度，以避免对企业经营空间和研发投入过多的挤压，从而走向倒“U”型曲线的右端，但仍要加强对环境规制执行力度的监管，避免产生机会主义行为。对于中度污染行业来说，现行的环境规制强度较为合理，且命令控制型和经济激励型两类规制的协调度较好，因此在保持适度稳定的规制强度的同时，应当更多采用经济激励型规制。对于轻度污染行业来说，由于其具有知识技术密集型和清洁生产的特点，因而政府容易放松对该行业的环境管制，造成当前的规制力度偏低。因此，可以有差异化地提升轻度污染行业的规制力度，但重点应当放在激发企业的绿色技术创新上，推动该行业成为清洁生产和先进工艺的领跑者。综合而言，重度污染行业应当采用组合化的规制工具，并适度放松命令控制型规制的力度，而中度和轻度污染行业的规制重点则是主要依靠经济激励型规制工具，除了排污费之外，可进一步采用环境税、排污交易、可交易排污许可等市场化方式，更好地诱导企业承担环境责任，拉升“N”型曲线右端的动力，特别是要让规制强度不足的行业变被动为主动，从被迫的环境压力产生的创新成果演变为主动承担清洁、绿色的创新项目，更好地推动企业实现绿色增长。

3. 深化要素价格形成机制改革

正确考虑资源环境因素后的工业真实生产率之所以比不考虑资源环境因素的传统生产率低很多，主要原因在工业产出扩张是以牺牲资源和环境为代价的，而这种代价产生的重要原因之一就是生产要素价格形成机制不合理。长期以来，我国的要素价格形成机制基本以非市场化定价为主，要素价格扭曲无法实现资源的优化配置，因而难以引导工业企业提升资源利用效率和推动污染减排。因此，深化要素价格形成机制改革对于实现工业绿色增长意义重大。首先，应当进一步放松政府对煤、电、油、水等资源产品的价格管制，积极推进要素价格形成机制的市场化改革，结合政府的财税政策，逐步建立起能够充分反映稀缺程度和市场供求关系的资源价格形成机制，从而有效抑制因资源价格扭曲而造成的资源浪费，如推动电力体制改革形成竞价上网机制、加快成品油市场体系建设、深化水资源价格改革等。同时，对于不能或者不能完全由市场决定其价格的部分资源性产品，政府应当建立尽可能反映各方利益并具有透明度的价格管理机制。其次，在理顺资源价格的过程中，还应当充分考虑环境成本，如资源开采带来的生态环境破坏等。为此，应当进一步建立和完善区域和流域的生态补偿机制，根据“受益者付费和破坏者付费”原则，通过将生态环境成本内部化以实现对生态环境的修复和保护。

4. 完善市场支持制度和政策体系

工业企业的生存发展离不开各类市场参与主体的支持，在推进工业绿色增长进程中，市场主体能够与工业企业形成紧密配合，引导企业的节能减排行为，并让企业在节能减排的过程中获益。首先，构建多渠道的绿色金融支持体系。绿色金融是绿色发展的间接性政策工具，能够通过金融手段促进资本流向绿色工业部门，例如通过利率优惠引导金融资本对高技术产业、节能环保产业、循环经济产业等提供信贷支持，通过信贷配额限制高能耗、高排放企业的产能扩张，从而达到提升资源利用效率和减少生态环境风险的目的。除了银行金融机构外，还应当促进绿色工业投融资方式的多样化。政府可引导证券公司、保险公司、基金管理公司、租赁公司等为企业的绿色发展提供多元化的融资渠道，同时借助市场力量，鼓励机构和私人投资者关注绿色企业的发展，将更多的投资机会向这些企业倾斜。其次，建立以市场为基础的污染排放交易体系。建设针对污染排放权进行交易的市场化场所，如碳排放交易中心等，目的是使企业能够出售剩余排污权或排放权获得经济回报，能够对工业节能减排起到有效的经济激励。第三，形成由节能环保服务公司、能源管理平台和第三方测评机构组成的节能环保服务体系。在政府引导和市场运作下，创新节能环保服务的商业运作模式，大力推广合同能源管理，推动第三方治理业态逐步完善。

二、增强自主创新能力

1. 加大节能减排研发投入并促进节能减排技术扩散

未来，中国工业在节能减排约束下能够实现双赢发展的前景，与技术进步的逐步累积和推动效应密不可分，而研发投入则是实现技术进步的重要渠道。因此，一方面，应当继续强化研发投资，进一步提高研发支出占企业营业收入的比重，从而提升技术节能和技术减排的贡献度。为了诱发企业进行节能减排技术创新，政府应加大公共财政的支持力度和科技成果示范的补贴力度，并多渠道、多层次地筹集社会资金，通过资金引导、贷款贴息、研发补助、风险补偿等手段，增加节能减排领域的资金投入。对于煤炭、电力、石油、化工等高耗能和高排放行业，应当重点加强节能减排共性关键技术的研发投入，对纺织、印刷、文教体育等轻纺工业，应当重点加强节能环保产品的研发投入，对交运、机械、计算机等先进装备制造行业，应当重点加强先进清洁生产技术工艺及装备的研发投入。同时，针对我国节能减排技术研发现状，应当尽快完善节能减排的技术标准体系，并进行产业化的示范和推广，推动节能减排技术信息共享机制的建立。另一方面，应当加快节能减排技术扩散，通过技术筛选及评定，以发布目录及召开推广会等形式向社会推广节能减排技术及装备，以进一步缩小同质行业之间的技术差距，促进行业内部绿色全要素生产率逐步收敛。

2. 增强自主创新能力并加快技术成果转化力度

在驱动工业绿色增长的各动力因素中，技术创新特别是自主创新无疑起到了至关重要的作用。然而，长期以来工业领域的许多关键装备、核心零部件和基础软件严重依赖进口，不利于培育核心竞争力。因此，除了增强研发投入之外，中国工业还应特别重视自主创新能力的提升。首先，应当积极推动绿色技术研发，逐步形成绿色技术体系，尤其是在资源再利用技术、环境治理技术、清洁生产技术、生态恢复技术、新能源技术、新材料技术等领域要加强研发力度和自主创新，有效发挥先进技术在工业节能减排中的关键作用，并推动工业及其产品向全球技术链高端延伸，提升中国工业在绿色技术领域的话语权。在提升自主创新能力的过程中，要进一步增强产学研的联动，支持企业与高等院校、科研机构、产业园区联合设立研发机构和试验平台，在基础研究、理论创新、技术创新、信息网络、资源共享等方面展开全面合作，以保障工业企业有足够的研发动力和创新热情，这不仅增强了企业绿色技术研发实力，也提高了绿色产品的孵化及产出效率，有利于实现优势互补、利益共享和风险共担。其次，要加大技术成果的转化力度。绿色技术在中国工业领域存在应用障碍的重要原因是技术标准和设备类型不同，因此要大力推动一批绿色技术创新成果的示范和推广，可通过设立绿色工业示范园区，为行业共性技术提供价值评估、技术交易和成果应用等服务，通过示范效应将自主创新成果更好地推广到工业企业的生产过程中。

3. 培育和壮大绿色人才队伍

智力资本支撑是提升工业技术创新能力进而实现绿色增长的重要保障。因此，从国家层面来说，应当大力发展绿色教育，培养和开发绿色人才，绿色人才的培养应当着眼于工业绿色发展的重点领域，着重加强新能源、新工艺、新材料、节能环保、高端装备制造等领域的人才队伍的建设，形成专业全面、基础扎实、梯度适当的人才储备。同时，应当围绕与绿色发展相关的技术研发和示范推广，通过设立绿色工业技术创新研发中心、重点实验室、科技产业园区等人才集聚载体，打造人才集聚的高地。要针对束缚人才创新活力的关键问题，加快推进人才发展的制度创新，保障人才的知识、技能、管理等要素都能获得合理的市场价值回报。从行业及企业层面来说，应当加强内部人才的培养和外部高层次人才的引进，从内部来说，建立不同部门、不同员工之间的交流合作机制，实现知识流动、知识创新和知识转化，从而衍生出企业异质性创新能力。从外部来说，应着重加强企业紧缺的高层次高技能人才的引进，为研发人才创造良好的工作环境，提供优厚的工作待遇，对自主创新研发的重要成果予以奖励。同时，进一步与科研院所、高等院校、创新基地实现人才资源的交流共享，打造高等人才资源输出的绿色通道。

4. 推动绿色制造与互联网的深度融合

中国的工业化进程与“第三次工业革命”重叠，而新一轮工业革命的显著标志就是基于互联网的一系列新技术、新创造和新发明。当前，工业领域正在深入推进“中国制造 2025”战略，努力构建高效、清洁、低碳、循环的绿色制造体系正是其中浓墨重彩的一笔。实现绿色制造与互联网的融合发展，是大数据时代工业化与信息化融合的升华，也是创新驱动工业绿色增长的主要体现，能有效提升工业绿色智能水平。首先，工业企业应当充分利用移动互联、大数据、云计算、物联网、先进过程控制等现代技术，提升能源、资源、环境的智慧化管理水平，实现生产方式的绿色精益化；其次，工业企业应当借助分享经济，通过信息共享平台建设、数字资产运用等方式，促进生产资料、人才、技术装备等生产要素实现优化整合、高效配置与共享利用，推动企业生产方式转型和资源回收利用方式创新；第三，通过互联网下的智能技术和模式，为工业绿色产品的设计、制造、销售提供新的研发理念、技术手段和商业模式，提升企业的绿色经济效益。

三、优化工业内部结构

1. 推动传统产业改造升级

长期以来，由于劳动力和资源价格低廉，我国传统工业一直被锁定在全球价值链的低端环节，处于“微笑曲线”的底端，随着劳动力成本优势逐步下降、资源要素价格上涨、产能过剩等因素，传统行业的竞争优势在逐步丧失。同时，诸如煤炭、钢铁、石油、化工等传统工业多数为高能耗、高污染及高排放行业，粗放型的扩张使生态环境付出了沉痛代价。然而，由于我国尚未完成工业化、城镇化进程，因此在工业结构中传统产业仍占据了相当大的比重，特别是在经济相对落后的地区传统产业仍是主导。因此，推进工业绿色增长，仅仅着眼于增量部分即绿色产业的发展是不够的，改造及提升传统产业才能让存量部分重新焕发活力，从而有效协调工业增长与资源环境的关系。一方面，要通过技术手段推动传统产业提质增效，推动传统产业由要素驱动型、资本驱动型向创新驱动型转变，不断提升全要素生产率对工业产出的贡献。应当在传统行业中大力推广节能减排共性技术和先进适用性技术，促进工艺流程升级、产品升级、功能升级和价值链升级。由于传统产业大多属于重度污染行业，因而推动环境末端治理技术的提升相较建立清洁生产机制更加符合现实。另一方面，应当加快落后产业和过剩产能的淘汰力度，进一步整合产业优势要素和资源。虽然去产能短期内使不少企业面临阵痛，但长期来看能够激发整个传统行业的增长活力。落后过剩产能多与资源环境格格不入，淘汰化解这些产能有利于优化工业内部结构，助力工业绿色增长。

2. 大力发展战略性新兴产业和绿色工业

战略性新兴产业代表了新一轮科技革命和产业革命的方向，是典型的技术密集型和知识密集型产业，具有市场前景广阔、资源能耗低、污染排放少、就业机会多和综合效益高等特点，是推动结构升级、培育增长新动能和实现工业由大变强的关键领域。因此，一方面，要大力推动新一代信息技术、高端装备制造、新能源、新能源汽车、新材料、节能环保等战略性新兴产业的快速发展，攻克关键领域的核心技术，形成一批重大产业技术创新平台，保护创新成果和知识产权，实现价值链环节向全球价值链中枢跃进。另一方面，着力打造一批具有国际影响力的领先企业，并以领军企业为主体打造特色鲜明的新兴产业集群，汇集人才和技术等各类创新要素，从而形成若干国际知名的新兴产业发展策源地和技术创新中心。在战略性新兴产业体系中，新能源、新材料、电动汽车、节能环保等产业属于典型的绿色工业，而从更广的意义上说，具有低能耗及低排放特征的战略性新兴产业都属于绿色工业的范畴。因此，建立以战略性新兴产业为主导的工业体系正是工业绿色增长的题中之义。聚焦到绿色工业层面，则应该着力打造建立绿色工业体系，实现工业生产全产业链的绿色化，主要包括四个方面：一是按照集约、循环、清洁、低碳原则建设绿色工厂；二是以企业集聚发展、产业生态链接和建设服务平台为重点，发展绿色工业园区；三是按照产品全生命周期绿色管理理念，开发绿色产品；四是以核心企业为依托，以绿色标准和制度为支撑，打造集采购、生产、营销、回收和物流为一体的绿色供应链。

3. 深化所有制结构改革

多种所有制经济的协调发展能够形成合理的产权结构，激发企业活力，推进生产要素的有序流动和优化配置，在市场竞争中改善行业整体的生产率水平。首先，要进一步深化工业领域的国有企业改革，建立产权清晰、权责明确、政企分开、管理科学的现代企业制度，形成更加符合社会主义市场经济要求的国有企业管理体制和经营机制，提高国有资产回报率、改善国有资产运行效率，让国有企业在市场竞争机制中创造价值，在市场的监督中更好地履行节能环保的社会责任。处于充分竞争行业和领域中的国有企业可进行混合所有制改革，通过与具有创新精神、研发实力、良好治理结构、节能环保标准的非公有制经济的强强联合，实现优势互补，进一步提高国企管理创新、体制创新和技术创新能力。其次，在增强国有企业控制力和影响力的基础上，降低工业领域公有制经济的比重，同时鼓励民营企业、合资企业、外资企业等非国有企业的发展壮大，营造公平竞争的市场经济环境，形成多种所有制企业有序发展的格局，进一步推动工业发展的市场化和外向化。培育和扶持一批知识技术密集型的中小型高新技术企业、节能环保企业，激励企业在组织管理、商业模式、绿色技术等领域进行创新，为绿色工业的发展贡献力量。

4. 进一步优化工业能源消费结构

能源结构改善是推动中国工业绿色增长的重要动力因素。在中国已探明的能源储量中，煤炭占94%，石油占5.4%，天然气占0.6%，这种“富煤、贫油、少气”的结构条件，决定了我国以煤为主的能源消费结构。尽管经济在增速换挡和结构调整中对能源的需求放缓，但能源消费总量的增加不可避免，特别是对于尚未完成工业化的中国来说，对传统化石能源的需求仍然较大，在未来，有效控制能源消费总量及尽快达到二氧化碳排放峰值的目标依然艰巨。因此，要想从源头上对工业节能减排进行控制，推进工业能源消费结构优化是必由之路。首先，应当削减传统化石能源消费比重，提升清洁能源消费比重。当前，中国在清洁能源上的投入是全球最大的，发展也是最快的，但整体利用程度和效率仍然较低，水电、核电、光伏、风电在电力装机中的占比偏小，燃煤发电仍在总发电量中占最大比重。为此，应当在降低化石能源消费的同时，大力开发新能源和可再生能源，加快企业分布式能源中心建设，提高电力特别是清洁电力在整个工业能源消费中的比重，逐步让清洁电力和新能源成为主导能源。其次，在新能源利用尚未成熟阶段，还应着手推动化石能源的“绿色利用”，例如在煤炭利用过程中，实现脱硫脱硝除尘，推进煤炭的清洁高效利用。

四、培育绿色发展理念

1. 培育公众的绿色理念和文化

绿色增长不单是宏观或中观层面的战略任务或是微观企业可持续发展的必然选择，而是事关人类福祉的未来之路。虽然由于行业视角的局限，本书在经验研究部分未考虑绿色文化及理念的影响，但在理论模型部分，我们得出公众的绿色发展理念、消费者的代际观念以及社会的环境偏好都是推动工业绿色增长实现的重要条件。因此，绿色发展要想在实践层面顺利展开，离不开对其理念和文化的宣传和推广。绿色发展理念是对传统发展观的修正，在绿色发展过程中能够起到引导、动员、规范和激励作用。只有将绿色发展的理念融入各行业、企业、部门的发展规划中，才能推动整个工业的全面绿色化。同时，只有引导公众树立人与自然和谐共生的发展理念，才能为整个社会推动绿色发展营造良好的氛围，只有公众对生态环境的重视程度不断上升，才能对工业企业的生产活动产生引导与约束，才能最终实现人类有质量的生活、有尊严的生活。社会公众还可以自觉参与工业污染治理行动，自觉抵制环境污染行为，在生产和生活中做到节能减排，形成“绿色工业，绿色城市”的社会文化认同体系，通过公众认同潜移默化地提升工业节能减排的成效，发挥文化非正式制度的协同效应。

2. 引导公众形成绿色消费

公众绿色发展观念树立的重要表现之一就是培养正确、环保的生活消费模式。引导公众使用节能环保的工业产品与服务，是从购买力角度对工业绿色增长的最大支持，其能够通过市场调节的方式实现环境保护的目的，对于企业提升绿色产品设计能力、减少有毒有害原料的使用、推进清洁生产技术改造具有重要作用。因此，社会公众应当积极使用带有绿色标志的工业产品，而绿色产品是指生产过程及其本身具有节能、节水、低污染、低毒、可再生、可回收特性的一类产品，它是企业绿色科技应用的最终体现。如果公众以购买绿色产品为时尚，企业就会更加倾向生产绿色产品，对企业而言，绿色标志可谓是产品的绿色身份证，是企业获得政府支持、获得消费者信任、顺利开展绿色营销的主要保证。同时，公众形成绿色消费的习惯，也有助于培育一批中小科技型节能环保中介和企业的发展，能进一步助推绿色产业的成长。

3. 完善社会对政府和企业的监督职能

公众文化和理念的培育将以非正式制度的形式作用于绿色发展的实践中，从这个意义上来说，社会监督也可以视为一种公众参与型的环境规制。因此，一方面，新闻媒体应充分发挥其在环境保护中的作用，积极宣传有利于绿色发展的各种法律法规和政策条例，为工业绿色增长营造良好的社会氛围。同时发挥舆论监督的力量，对高能耗、高排放、环境治理不当、生态破坏严重的工业企业予以及时的曝光、批评，对政府环境职能履行中的成绩与不足予以表扬和披露，形成社会对政府、企业履行职能的多向反馈机制。另一方面，政府可以主导社会掀起“环保风暴”，关注环境事件投诉、公众的来信和来访情况，通过严厉惩处污染行业和企业、问责官员、鼓励支持环保 NGO 行动、召开环境大会、开展公众满意度调查等形式，激励社会和公众共同约束政府和企业的环境行为。

五、深化全球合作

1. 引进国外先进的绿色技术

除了自主研发外，技术引进也是提升技术创新能力的重要渠道，而经验研究表明，技术引进发挥的边际正效应并不理想。由于中国工业在资源利用及环境保护领域的技术成果与国外尚存在较大差距，因此把握全球绿色工业革命的浪潮，加快对先进环保技术的引进仍然十分重要。在技术引进过程中，首先，各行业应当提升对先进技术的甄别能力，尽可能减少对落后及淘汰技术的引进，要加强对引进技术进行消化、吸收和再创新，避免出现引进、模仿、再引进、再模仿的被动局面。工业行业应当改进及创造出与国内工业生产及排放标准相适应的技术成果，通过技术成果转化、产业应用、示范、关联等途径推动自主创新能力的提升。本土有实力的工业企业可充当“绿色技术引进代理人”的角色，参与全球价值链分工，与国际先进企业密切合作，改善全行业绿色技术创新能力。其次，技术引进还应重视风险防范，当前许多国际前沿的绿色技术也尚处于研发阶段，技术风险和市场不确定性较大，在引进技术过程中要注重对风险的评估和考量。第三，要完善相关技术配套、规模配套和管理能力配套等软硬件环境，为技术引进搭建良好的制度平台、产业平台、人才平台等，这对技术引进的正效应能否发挥、发挥程度存在很大影响。适宜的软硬件环境将推动引进技术开花结果，反之，新技术将会由于缺乏相关配套环境而通过各种关联产业延伸到外部经济体，从而出现“乘数效应外溢”的现象。

2. 吸引国外绿色资本流入

构建全方位的对外开放新格局是新时期中国开放发展的重要战略，积极吸引国外资本的流入对于中国工业充分利用全球要素和资源起到了重要作用。经验研究表明中国工业整体的引资质量仍然不高，特别是在重度污染和中度污染行业中表现得尤为明显，这说明过去中国工业生产在一定程度上成为外商的“环境避难所”。当前，全球产业分工格局发生了新变化，发达国家大力推进“再工业化”战略，中国工业正面临着发达国家“高端回流”和发展中国家“中低端分流”的双向挤压，中国工业亟需在更大范围和更高质量上吸引国外资本流入，以进一步加快产业转型升级步伐，提升中国工业在全球产业链和价值链中的地位。根据最新的《外商投资产业指导目录》，工业应当以提升引资质量为重点，促进外商投资使用新技术、新工艺、新材料、新设备，特别是为了促进工业绿色转型，应着重引进先进制造、节能环保、新能源等绿色资本，形成工业发展的绿色布局。在吸引外商投资中，可重点以自贸试验区、经济技术开发区、高新技术产业园区、生态园区为重点，完善软硬件设施，为外商投资搭建良好的平台，要充分利用外商投资的技术溢出效应，充分吸收和借鉴外资企业在绿色发展方面的先进理念、技术成果和管理经验。

3. 增强全球绿色工业合作

面对全球经济危机，联合国环境规划署提出了发展绿色经济和绿色新政的倡议，美国、欧盟、日本等发达经济体纷纷出台相应的刺激计划以促进绿色经济发展，中国、俄罗斯、巴西、韩国等发展中国家也主动调整产业布局，积极规划新兴产业发展。包括联合国、世界银行、经合组织在内的国际组织和团体相继提出“绿色增长”“绿色经济”等一系列报告和倡议，旨在为全球推动绿色增长提供切实有效的指导。在近年来举办的G20等一系列全球高端峰会和论坛中，绿色增长都是各国政要讨论的核心议题。可以说，绿色增长已经成为这个时代最鲜明的旗帜，它不仅带领全球有效面对生态环境挑战，同时也带给了面临经济艰难复苏的世界各国新的机遇。为此，中国工业应当主动融入全球绿色增长的浪潮，加强与国际组织、先进国家和地区、国际企业和机构等的交流合作，为本国实现工业绿色增长创造良机。一方面，作为高度开放、负责任的大国，要切实履行国际社会达成的一系列应对全球环境变化的框架协定，为全球生态安全做出贡献；另一方面，要通过搭建跨国合作平台，积极参与全球绿色治理，提升绿色话语权，努力推进能源、环境、应对气候变化等领域的全球合作与国际协调。在绿色工业领域，加强与国际社会在知识、技术、人才、资源等方面的互换与合作，融入全球绿色产业链和创新链，为中国传统工业的绿色化改造和升级，以及绿色产业的发展壮大提供更多的国际支持。

第四节　本章小结

本章首先基于合作博弈视角，从整体上考察了工业绿色增长实践中不同利益主体之间的博弈问题，厘清了多主体合作博弈所需具备的充要条件，进而构建多方博弈模型对主要博弈主体之间的博弈关系进行分析，在此基础上设计多主体参与的中国工业绿色增长实践机制，最后总结理论、实证及机制设计结论，提出新时期中国工业绿色增长的战略对策，得出的主要研究结论如下：

第一，在中国工业绿色增长实践中，通过多主体参与的工业绿色增长合作博弈模型及各利益主体之间的多方博弈模型，我们发现，只有所有参与主体的积极性都被充分调动起来，坚持在博弈中进行合作，深化默契和信任，并建立起行之有效的约束激励机制才能推动工业绿色增长的顺利进行。在绿色增长进程中，要想达成多主体的合作博弈并非易事，由于不同利益主体在博弈中具有各自的利益诉求，如果不能对各参与主体的利益诉求进行有效的权衡，满足不同利益主体的客观需要，就无法充分发挥各参与主体的力量，在政府、产业界、工业企业、社会、公众等关键参与主体中，只要有任何一方不能参与改革合作，都无法保障工业绿色增长实践的顺利进行。

第二，在中国工业绿色增长实践机制中，政府扮演着领导主体的角色，中央政府是最高行政领导者，负责国家战略和方针的制定，地方政府受中央政府领导，负责根据中央政府的战略制定和执行符合地方实际的具体战略。产业界、工业企业和社会公众是工业绿色增长的执行和推动主体，产业界的实践机制包括制定行业绿色增长实施细则、结构优化和产业融合等方面。工业企业的实践机制主要包括技术研发、人力资本培育、价值链提升和绿色生产等。社会公众可通过舆论支持与监督、购买力支持来参与工业绿色增长。此外，金融机构、市场化交易中心、科研院所、行业协会、国际中心等是工业绿色增长重要的支持性主体，这些主体虽然不是工业绿色增长的直接参与者，但对于保障绿色增长具有重要的支撑意义。

第三，中国工业绿色增长的战略对策主要包括五大方面：一是推进制度改革与建设。包括完善绿色考评体系、科学设定环境规制、深化要素价格形成机制改革、完善市场支持制度和政策体系；二是增强自主创新能力。包括加大节能减排研发投入、增强自主创新能力、培育和壮大绿色人才队伍、推动绿色制造与互联网的深度融合；三是优化工业内部结构。包括推动传统产业改造升级、大力发展战略性新兴产业和绿色工业、深化所有制结构改革、优化工业能源消费结构；四是培育绿色发展理念。包括培育公众的绿色理念、引导公众形成绿色消费、完善社会对政府和企业的监督职能；五是深化全球合作。包括引进国外先进的绿色技术、吸引国外绿色资本流入、增强全球绿色工业合作。

研究结论及展望

经过改革开放以来近40年的工业化，中国已经成为毫无争议的工业大国，但由于中国工业化推进的方式具有明显的粗放型和外延式特点，导致高强度的资源消耗和环境污染问题日益严重，加之前一轮刺激消化政策为部分行业的落后产能提供了生存空间，使得工业结构内部调整的难度进一步加大。经济新常态下，中国工业发展的资源环境承载力已经逼近上线，工业增长模式及动能亟待转换。因此，推进工业绿色增长无疑是新常态下破解资源环境约束并创造具有可持续竞争力的工业经济的有效途径。当前，学术界对绿色增长的研究尚处起步阶段，特别是对作为中国经济主体的工业部门的绿色增长研究更为匮乏，缺乏一个成体系的研究框架。基于此，本书尝试对中国工业绿色增长进行全局研究，首先在理论层面阐明工业绿色增长的内涵，并通过理论模型论证工业绿色增长实现的可能性及其条件，然后在经验层面基于2000—2014年36个两位数行业面板数据对中国工业绿色增长的水平、动力因素及双赢前景进行了实证分析，最后立足新时代背景提出中国工业绿色增长的实践机制和战略对策。全书研究的主要结论如下：

（1）从内涵来看，工业绿色增长是指在不以牺牲自然体系和人类健康为代价的前提下，以技术创新和制度创新为核心，在实现工业经济增长的同时显著改善资源效率、持续提升环境绩效、不断增进社会福利的可持续发展模式。基于熊彼特产品垂直创新框架的工业绿色增长模型表明，在资源消耗及环境污染成为内生变量后，如果智力资本的积累速度快过有形资本且足以抵消环境质量及资源利用的不可逆转下降，那么工业产出的增长将是可持续的。在稳态均衡条件下，存在工业绿色增长的最优路径，在该路径下，工业增长率为正，且污染排放及资源消耗的增长率为负。为了达到这一最优均衡状态，应满足智力资本的生产率大于时间贴现率、消费的跨期替代弹性小于1、不可再生资源消耗速度为负、环境系统的自净能力足够大四个条件。同时，比较静态分析表明，如果要进一步促进稳态条件下增长率的提升，应当进一步提高知识积累和技术水平，提升消费者的代际观念、社会对环境质量的偏好以及环境管制标准。

（2）工业绿色全要素生产率能充分体现出工业增长中的质量贡献，是衡量中国工业绿色增长水平的重要依据。研究期内，工业全行业的传统全要素生产率年均增长 9.1%，而在考虑能源消耗及污染排放情况下，中国工业实际的全要素生产率年均倒退 0.02%，说明我国工业增长在一定程度上牺牲了资源和环境，如果扣除这部分成本，工业真实的全要素生产率并没有想象的乐观。中国工业绿色全要素生产率的增长主要得益于技术进步而非技术效率的改善，且技术进步恶化也是造成绿色全要素生产率倒退的主要原因。同时，工业绿色全要素生产率具有明显的行业异质性，只有装备制造业的绿色全要素生产率实现了增长，而资源类行业和轻纺工业的绿色全要素生产率均出现一定程度的倒退，在具体行业中，共有 19 个行业的绿色全要素生产率呈现增长，2 个持平、15 个出现倒退。在绿色生产率贡献方面，交通运输、计算机、专用设备、通用设备等行业的生产率对产出增长的贡献度较高，然而，所有行业的绿色生产率贡献距离 50% 的目标值相距甚远。此外，除了轻纺工业的绿色全要素生产率具备条件收敛特征，工业整体及其他行业均不具备收敛特征，工业绿色增长水平或将随时间推移呈现发散走势。基于此，本书研究认为，中国工业真正意义上的绿色增长才刚刚起步，新常态下的工业绿色增长仍然具有很大的潜力。

（3）制度创新、技术创新和结构优化是中国工业绿色增长的三大动力。在一系列制度改革与创新中，环境规制是中国环境管理正式制度中最为重要的政策体系，现行的环境规制体系在一定程度上改善了工业绿色全要素生产率，但环境规制通过技术创新渠道促进绿色全要素生产率改善的效果并不理想，这使得环境规制的驱动作用受阻。不同类型行业的环境规制效应不尽相同，对重度污染行业来说，环境规制与绿色全要素生产率之间具有倒“U”型特征，对中度和轻度污染行业来说，命令控制型规制系数呈上升走势，而经济激励型规制、环境规制综合指数与 GTFP 之间符合“N”型关系。环境规制最优区间的检验表明，重度污染行业的环境规制力度过大不利于提升工业绿色全要素生产率；中度污染行业命令控制型和经济激励型环境规制的协调度较好，环境规制的组合较为理想；而轻度污染行业当前的规制力度偏低。技术创新的实现途径包括自主创新和技术引进，自主创新对改善工业绿色全要素生产率效果明显，特别是对中度和轻度污染行业的推动效应较强，但在重度污染行业中表现不佳；技术引进对工业绿色增长的驱动效应较为薄弱，这可能与发达国家的技术垄断和技术引进过程中缺乏对先进技术的甄别有关。结构调整与优化是实现行业生产要素合理流动与优化配置、激发行业增长潜力、促进行业创新发展的重要举措。具体而言，禀赋结构对改善工业绿色全要素生产率起到了积极影响，重度污染行业禀赋结构的正效应得益于期望产出增长抵消了非期望产出增加，而轻度污染行业则得益于高技术资本的流入；资本结构对工业绿色增长的负效应印证了外商直接投资的"污染天堂"假说，而这一特征在重度和中度污染行业中表现得更为突出；产权结构在整个周期内的驱动效应明显而在短周期内的驱动效应并不显著，随着国企占比下降及现有国企结构性改革步伐加快，对于促进工业绿色增长具有重要意义；能源结构对工业绿色增长的影响不佳，这与当前工业电力消费比重仍然偏低及电力消费结构中火电占比偏高有关，因此调整优化能源结构仍然任重道远。

（4）如何有效落实节能减排行动并保持工业经济有质量的增长向来就是两难命题，节能减排约束下工业绿色增长的前景预测能够为未来长期战略的制定提供重要的经验支持。研究表明，2015—2050 年间，在本书设计的 45 种节能减排政策组合中，节能减排行为均造成了工业产出损失，但由于产出增长的幅度较大，最终产出增长净值为正。经过综合评价，产出增速为 7%、能耗增速 3.8%，工业各行业在 2040 年达到二氧化碳排放峰值是最优的节能减排路径。在最优节能减排路径下，工业全行业生产率在预测周期内平均增长了 0.53%，因而在全行业层面工业绿色增长即实现双赢发展的前景是可以预期的。具体而言，期初生产率提升主要依靠技术效率拉动，而在中期过后，技术效率由于追赶效应释放完成开始下降，技术进步在不断累积、消化、吸收中开始持续释放增长效应，自 2035 年开始，绿色生产率的提升主要靠技术进步的推动。其中，资源类行业、重度污染行业更是节能减排行为的受益者，而其他大类行业也并非节能减排行为的受损者。在具体行业层面，工业分行业实现产出增长可期，且随着时间推移，多数行业都能在预测周期末达到有效的生产状态。同时，共有29个分行业的绿色生产率保持增长或至少不出现倒退，可以判断这些行业基本上能在未来较长的周期内实现工业的双赢发展，而其贡献来源主要为技术进步的改善。

（5）中国工业绿色增长过程中形成了多主体参与的合作网络。只有所有参与主体的积极性都被充分调动起来，坚持在博弈中进行合作，深化默契和信任，并建立起行之有效的约束激励机制才能推动工业绿色增长的顺利进行。在合作网络中，政府扮演着领导主体的角色，产业界、工业企业和社会公众是工业绿色增长的执行和推动主体，金融机构、交易中心、科研院所、行业协会、国际中心等是工业绿色增长重要的支持性主体。中国工业绿色增长战略对策的提出能够为新时期破除工业增长的资源环境约束、培育工业增长新动能、促进工业国际竞争力的提升提供政策参考。具体而言包括五大方面：一是推进制度改革与建设。包括完善绿色考评体系、科学设定环境规制、深化要素价格形成机制改革、完善市场支持制度和政策体系；二是增强自主创新能力。包括加大节能减排研发投入并促进技术扩散、增强自主创新能力、培育和壮大绿色人才队伍、推动绿色制造与互联网的深度融合；三是优化工业内部结构。包括推动传统产业改造升级、大力发展战略性新兴产业和绿色工业、深化所有制结构改革、优化工业能源消费结构；四是培育绿色发展理念。包括培育公众的绿色理念、引导公众形成绿色消费、完善社会对政府和企业的监督职能；五是深化全球合作。包括引进国外先进的绿色技术、吸引国外绿色资本流入、增强全球绿色工业合作。

通过以上对全书主要研究结论的归纳，令笔者欣慰的是，本书已经在工业绿色增长研究中取得了一些有价值的成果，但这还远远不够。事实上，由于绿色增长的研究方兴未艾，目前的探讨以战略和政策居多，而对于工业绿色增长的研究更为匮乏，学术界并没有可资借鉴的完整理论体系，在经验研究方面，学者们虽在某些问题上达成默契，但研究成果仍较为零散。同时，虽然本书尝试对中国工业绿色增长进行全局性研究，但由于知识储备和资料数据的局限，本书仍存在一定不足，但这未能阻挡今后笔者对工业绿色增长进行更加全面、深入的探索。结合本书的主要研究方法和研究结论，我们认为，本书存在的不足以及可以拓展的空间如下：

（1）在理论研究方面，本书虽然尝试对于工业绿色增长的内涵和本质进行界定和归纳，但限于国内外尚无统一的工业绿色增长定义，这使得本书对工业绿色增长的理解可能存在不足和局限，对其本质的归纳也可能存在片面性。在理论模型部分，本书构建的基于产品垂直创新框架的绿色内生增长模型虽然能够较好解释在资源环境约束下依靠创新驱动的工业增长内在机理，但基础模型并没有考虑制度因素即环境政策以及生产过程中的效率因素对于产出的影响，在未来，可以考虑对模型进行两方面的修正：其一是为了包含市场失灵和经济可能达不到最优均衡的情况，在模型中引入生产效率，为此可将生产前沿替代生产函数；其二是纳入环境政策因素，环境政策可以通过增加生产性资本、提升效率水平以及促进技术进步共同创造工业增长的协同效应。此外，虽然本书尽可能地通过理论模型为后文的经验分析提供依据，但在结构因素分析等问题中，理论模型尚未能够提供有关解释，尽管将经验研究中的所有问题都纳入单一理论模型并不现实，但今后笔者可以尝试通过对基础模型的拓展分析，以期对工业绿色增长中的结构因素等问题形成理论指导。

（2）在经验分析方面，本书基于中国工业 36 个两位数行业的样本数据，对中国工业绿色增长水平、动力因素和双赢前景进行了分析，在宏观及中观层面取得了一定研究成果。但由于资源环境、制度、技术等因素对工业绿色增长的影响机制十分复杂，仅仅从宏观及中观层面进行探讨是不够的，待数据资料充实后，今后的研究可考虑从工业三位数、四位数行业或从微观企业角度入手，有助于得到更加全面、精确的研究结论。同时，本书研究基于的是工业行业视角，尚未涉及区域层面的分析，这使得本书虽考虑到了某些工业绿色增长的关键因素，但限于研究角度无法将这些因素纳入实证模型。不论是单纯的行业视角或区域视角分析都是不够完整的，今后的研究可考虑将区域与行业相结合，构建能够体现二者交互效应的双重差分模型，从而解决区域层面变量对行业层面变量的影响。此外，本书从制度创新、技术创新和结构优化三个层面研究工业绿色增长的动力因素，但在每一个维度考虑的变量恐不全面，特别是在制度创新层面，一方面，由于对制度因素的客观度量本就颇具难度和主观性，加之现实经济运行中政府的环境规制模式并不固定，且环境规制工具类型也在不断拓展，故本书研究不可避免地受限于依靠有限的数据来衡量环境规制水平，这样就给通过实证分析探讨环境规制对绿色生产率的影响带来了挑战，未来的研究力求更为全面地考察及衡量环境规制，在数据可得情况下，特别需要将不断拓展的新的环境规制工具和手段纳入到环境规制体系中。另一方面，本书仅仅考察了环境规制的推动效应，但诸如资源环境价格机制、环境分权制度、环境补偿机制以及理论模型中论证的社会观念等非正式制度都尚未在实证分析中有所体现，当然，这与行业及区域视角不同有关，同时，笔者也考虑在未来的研究中通过生产前沿分析等方法测度资源的影子价格，由此可以反映资源环境的价格机制，以期对制度创新有更加全面的度量和解释。

（3）在模拟预测方面，限于设计各类污染物减排路径非常复杂，故本书仅考虑了二氧化碳的减排方案，因此模拟预测结果仅针对节能约束和二氧化碳减排下的中国工业增长。显然，仅考虑一种排放物的情景是不够的，且情景设计整体仍略显粗糙，今后的研究将考虑更加复杂的节能与减排方案，力争对国家节能减排规划中列明的 SO_2、COD 等主要污染物的减排情景均进行设计，并考虑一个更加全面细致的综合性节能减排方案。模拟预测方法方面，本书构建的基于 DDF 的节能减排行为分析模型（AAM）尚未能对节能减排的绿色生产率效应进行更加细致的分解，即分别考虑节能绩效和减排绩效对绿色生产率的贡献。为此，今后研究拟采用基于绿色卢恩伯格生产率指标的双重分解，对节能减排行为进行更详尽地解释。此外，今后研究也考虑采用动态可计算的一般均衡模型（CGE）进行模拟预测，这将更好地分析节能减排政策对整个工业经济的冲击和影响。

（4）在机制设计及战略对策方面，一方面，本书尝试通过博弈模型对中国工业绿色增长的实践机制进行了初步设计，但所构建的合作博弈及多方博弈模型仍较为粗糙，通过模型所获得的信息量仍然较少，特别是在多方博弈中只考虑了工业界和政府、工业界和社会的博弈，尚未就各类主体在博弈中的互动机制进行深入考察。由此，基于博弈模型的机制设计也显得较为宏观，对机制设计中的信息节省和激励相容等问题的回应也较为有限。未来研究力图在机制设计上有更大突破，通过构建更加精细的、能反映各主体全面互动的博弈模型，将机制设计由宏观向中观和微观延伸，进一步探讨在合作网络中不同主体的实践和互动机制。另一方面，中国工业绿色增长战略对策的研究主要基于本书的研究结论展开，缺乏一个更加体系化、战略化的对策框架，这也是未来研究的主要着力点之一。

参考文献

[1] Acemoglu D, Aghion P, Bursztyn L, et al. The environment and directed technical change [J]. The American Economic Review, 2012, 102 (1): 131–166.

[2] Aghayi N, Maleki B. Efficiency measurement of DMUs with undesirable outputs under uncertainty based on the directional distance function: Application on bank industry [J]. Energy, 2016 (112): 376–387.

[3] Aghion P, Howitt P, Brant–Collett M, et al. Endogenous growth theory [M]. MIT press, Boston, 1998.

[4] Aghion P, Howitt P. A Model of Growth Through Creative Destruction [J]. Econometrica, 1992, 60 (2), 323–351.

[5] Aguirre M, Ibikunle G. Determinants of renewable energy growth: A global sample analysis [J]. Energy Policy, 2014 (69): 374–384.

[6] Ahmed E M. Green TFP intensity impact on sustainable East Asian productivity growth [J]. Economic Analysis and Policy, 2012, 42 (1): 67–78.

[7] Aigner D, Lovell C A K, Schmidt P. Formulation and estimation of stochastic frontier production function models [J]. journal of Econometrics, 1977, 6 (1): 21–37.

[8] Albornoz F, Cole M A, Elliott R J R, et al. In search of environmental spillovers [J]. The World Economy, 2009, 32 (1): 136–163.

[9] Alton T, Arndt C, Davies R, et al. Introducing carbon taxes in South Africa [J]. Applied Energy, 2014, 116 (3): 344 – 354.

[10] Ambec S, Barla P. A theoretical foundation of the Porter hypothesis [J]. Economics Letters, 2002, 75 (3): 355–360.

[11] Ananda J, Hampf B. Measuring environmentally sensitive productivity growth: An application to the urban water sector [J]. Ecological Economics, 2015 (116): 211–219.

[12] Arellano M, Bond S. Some tests of specification for panel data: Monte Carlo evidence and an application to employment equations [J]. The review of economic studies, 1991, 58 (2): 277–297.

[13] Arellano M, Bover O. Another look at the instrumental variable estimation of error–

components models [J]. Journal of econometrics, 1995, 68 (1): 29-51.

[14] Banker R D, Charnes A, Cooper W W. Some models for estimating technical and scale inefficiencies in data envelopment analysis [J]. Management science, 1984, 30 (9): 1078-1092.

[15] Barnes P. Herbage yields and quality in four woody forage plants in a subhumid environment in Ghana [J]. Agroforestry systems, 1998, 42 (1): 25-32.

[16] Barro R J, Sala-I-Martin X. Technological Diffusion, Convergence, and Growth [J]. Journal of Economic Growth, 1997, 2 (1): 1-26.

[17] Barro R J. Government spending in a simple model of endogeneous growth [J]. Journal of political economy, 1990, 98 (5): S103-S125.

[18] Battese G E, Coelli T J. A model for technical inefficiency effects in a stochastic frontier production function for panel data [J]. Empirical economics, 1995, 20 (2): 325-332.

[19] Beaumont N J, Tinch R. Abatement cost curves: a viable management tool for enabling the achievement of win - win waste reduction strategies? [J]. Journal of environmental management, 2004, 71 (3): 207-215.

[20] Blundell R, Bond S. Initial conditions and moment restrictions in dynamic panel data models [J]. Journal of econometrics, 1998, 87 (1): 115-143.

[21] Böhringer C, Moslener U, Oberndorfer U, et al. Clean and productive? Empirical evidence from the German manufacturing industry [J]. Research Policy, 2012, 41 (2): 442-451.

[22] Bovenberg A L, Smulders S A. Transitional Impacts of Environmental Policy in an Endogenous Growth Model [J]. International Economic Review, 1996, 37 (37): 861-893.

[23] Bovenberg A L, Smulders S. Environmental quality and pollution-augmenting technological change in a two-sector endogenous growth model [J]. Journal of Public Economics, 1995, 57 (3): 369-391.

[24] Boyd G A, McClelland J D. The impact of environmental constraints on productivity improvement in integrated paper plants [J]. Journal of environmental economics and management, 1999, 38 (2): 121-142.

[25] Boyd G A, Tolley G, Pang J. Plant level productivity, efficiency, and environmental performance of the container glass industry [J]. Environmental and Resource Economics, 2002, 23 (1): 29-43.

[26] Bradbury I, Kirkby R. Development and Environment: The Case of Rural Industrialization and Small-Town Growth in China [J]. Ambio, 1996, 25 (3): 204-209.

[27] Brundtland Commission. Our common future: Report of the World Commission on Environment and Development [R]. United Nations, New York, 1987.

[28] Brunnermeier S B, Cohen M A. Determinants of environmental innovation in US manufacturing industries [J]. Journal of environmental economics and management, 2003, 45 (2): 278–293.

[29] Cao J. Measuring green productivity growth for China's manufacturing sectors: 1991–2000 [J]. Asian Economic Journal, 2007, 21 (4): 425–451.

[30] Cao J, Ho M S, Jorgenson D W, et al. Industrial and aggregate measures of productivity growth in China, 1982 - 2000 [J]. Review of Income and Wealth, 2009, 55 (s1): 485–513.

[31] Carson R. Silent spring [M]. Houghton Mifflin Harcourt, Boston, 2002.

[32] Cass D. Optimum growth in an aggregative model of capital accumulation [J]. The Review of economic studies, 1965, 32 (3): 233–240.

[33] Caves D W, Christensen L R, Diewert W E. The Economic Theory of Index Numbers and the Measurement of Input, Output, and Productivity [J]. Econometrica, 1982, 50 (6): 1393–1414.

[34] Chambers R G, Chung Y, Färe R. Benefit and distance functions [J]. Journal of economic theory, 1996, 70 (2): 407–419.

[35] Chang H J. Bad Samaritans: The guilty secrets of rich nations and the threat to global prosperity [M]. Random House, New York, 2008.

[36] Charnes A, Cooper W W, Rhodes E. Measuring the efficiency of decision making units[J]. European journal of operational research, 1978, 2 (6): 429–444.

[37] Chen C F, Han J. Energy conservation, emission reduction and win - win development of China' s industry: 2013 - 2050 - MDI analysis framework based on directional distance function [J]. Applied Economics Letters, 2016, 23 (17): 1187–1191.

[38] Chen C, Han J, Fan P. Measuring the Level of Industrial Green Development and Exploring Its Influencing Factors: Empirical Evidence from China' s 30 Provinces [J]. Sustainability, 2016, 8 (2): 1–20.

[39] Chen S, Golley J. 'Green' productivity growth in China's industrial economy [J]. Energy Economics, 2014 (44): 89–98.

[40] Chen S, Jefferson G H, Zhang J. Structural change, productivity growth and industrial transformation in China [J]. China Economic Review, 2011, 22 (1): 133–150.

[41] Chenery H B, Robinson S, Syrquin M. Industrialization and growth [M]. World Bank, Washington, 1986.

[42] Chenery H B. Patterns of industrial growth [J]. The American Economic Review, 1960, 50 (4): 624–654.

[43] Chung Y H, Färe R, Grosskopf S. Productivity and undesirable outputs: a directional distance function approach [J]. journal of Environmental Management, 1997, 51 (3):

229–240.

[44] Chung Y, Heshmati A. Measurement of environmentally sensitive productivity growth in Korean industries [J]. Journal of Cleaner Production, 2015 (104): 380–391.

[45] Coelli T J, Rao D S P, O'Donnell C J, et al. An introduction to efficiency and productivity analysis [M]. Springer Science & Business Media, New York, 2005.

[46] Colby M E. Environmental management in development: the evolution of paradigms [J]. Ecological Economics, 1991, 3 (3): 193–213.

[47] Cole M A, Elliott R J R, Shimamoto K. Why the grass is not always greener: the competing effects of environmental regulations and factor intensities on US specialization [J]. Ecological Economics, 2005, 54 (1): 95–109.

[48] Costanza R. Ecological economics: the science and management of sustainability [M]. Columbia University Press, New York, 1992.

[49] Cropper M L, Oates W E. Environmental economics: a survey [J]. Journal of economic literature, 1992, 30 (2): 675–740.

[50] Daly H E. Steady–state economics: concepts, questions, policies [J]. Gaia–Ecological Perspectives for Science and Society, 1992, 1 (6): 333–338.

[51] Dasgupta C. Reflections on the relationship between the "green economy" and sustainable development [J]. UNCTAD. The road to rio, 2011 (20): 33–5.

[52] Dasgupta P. Optimal development and the idea of net national product [M]. The Economics of Sustainable Development Cambridge University Press, Cambridge, 1994.

[53] Digalwar A. R, Tagalpallewar A K, Sunnapwar V. Green manufacturing performance measures: an empirical investigation from Indian manufacturing industries [J]. Measuring Business Excellence, 2013, 17 (4): 59–75.

[54] Domazlicky B R, Weber W L. Does environmental protection lead to slower productivity growth in the chemical industry? [J]. Environmental and Resource Economics, 2004, 28 (3): 301–324.

[55] Dornfeld D, Yuan C, Diaz N, et al. Introduction to green manufacturing [M].Green Manufacturing. Springer US, 2013: 1–23.

[56] Emerson J W, Hsu A, Levy M A, et al. Environmental performance index and pilot trend environmental performance index [J]. New Haven: Yale Center for Environmental Law and Policy, 2012.

[57] Eskeland G S, Harrison A E. Moving to greener pastures? Multinationals and the pollution haven hypothesis [J]. Journal of development economics, 2003, 70 (1): 1–23.

[58] Esty D C, Geradin D. Market access, competitiveness, and harmonization: Environmental protection in regional trade agreements [J]. Harv. Envtl. L. Rev., 1997 (21): 265–336.

[59] Fan M, Shao S, Yang L. Combining global Malmquist – Luenberger index and generalized

method of moments to investigate industrial total factor CO2 emission performance: a case of Shanghai (China) [J]. Energy Policy, 2015 (79): 189–201.

[60] Färe R, Grosskopf S, Norris M. Productivity Growth, Technical Progress, and Efficiency Change in Industrialized Countries: Reply [J]. 1994, 84 (1): 66–83.

[61] Färe R, Grosskopf S, Pasurka C A. Environmental production functions and environmental directional distance functions [J]. Energy, 2007, 32 (7): 1055–1066.

[62] Färe R, Grosskopf S, Pasurka Jr C A. Accounting for air pollution emissions in measures of state manufacturing productivity growth [J]. Journal of regional science, 2001, 41 (3): 381–409.

[63] Färe R, Grosskopf S. Malmquist productivity indexes and Fisher ideal indexes [J]. The Economic Journal, 1992, 102 (410): 158–160.

[64] Fowlie M, Reguant M, Ryan S P. Market–based emissions regulation and industry dynamics [J]. Journal of Political Economy, 2016, 124 (1): 249–302.

[65] Frankel J A, Rose A K. Is trade good or bad for the environment? Sorting out the causality [J]. Review of economics and statistics, 2005, 87 (1): 85–91.

[66] Freeman C, Clark J, Soete L. Unemployment and technical innovation: a study of long waves and economic development [M]. Burns & Oates, London, 1982.

[67] Ghosal V, Stephan A, Weiss J. Decentralized Regulation, Environmental Efficiency and Productivity [R]. Royal Institute of Technology, CESIS–Centre of Excellence for Science and Innovation Studies, 2014.

[68] Global Reporting Initiative (GRI). The Global Reporting Initiative–Sustainability Reporting Guidelines[R]. GRI, Boston, 2006.

[69] Goodstein E. Jobs and the environment: an overview [J]. Environmental Management, 1996, 20 (3): 313–321.

[70] Govindan K, Rajendran S, Sarkis J, et al. Multi criteria decision making approaches for green supplier evaluation and selection: a literature review [J]. Journal of Cleaner Production, 2015 (98): 66–83.

[71] Gradus R, Smulders S. The trade–off between environmental care and long–term growth—pollution in three prototype growth models [J]. Journal of Economics, 1993, 58 (1): 25–51.

[72] Gray W B. The cost of regulation: OSHA, EPA and the productivity slowdown [J]. The American Economic Review, 1987, 77 (5): 998–1006.

[73] Green Economy Coalition (GEC). Surveying the 'green economy' and 'green growth' landscapes [EB/OL].http: //www.greeneconomycoalition.org/sites/greeneconomycoalition.org /files/GEC%20background%20paper_final%20.pdf, 2012.

[74] Grimaud A, Roug é L. Non–renewable resources and growth with vertical innovations:

optimum, equilibrium and economic policies [J]. Journal of Environmental Economics and Management, 2003, 45 (2): 433–453.

[75] Grossman G M, Helpman E. Innovation and Growth in the Global Economy [M]. MIT Press, Boston, 1991.

[76] Grossman G M, Krueger A B. Economic growth and the environment [J]. The quarterly journal of economics, 1995, 110 (2): 353–377.

[77] Gylfason T. Natural resources, education, and economic development [J]. European economic review, 2001, 45 (4): 847–859.

[78] Hallegatte S, Heal G, Fay M, et al. From growth to green growth–a framework [R]. National Bureau of Economic Research Working Paper, 2012.

[79] Hamamoto M. Environmental regulation and the productivity of Japanese manufacturing industries [J]. Resource and energy economics, 2006, 28 (4): 299–312.

[80] Hansen B E. Threshold effects in non–dynamic panels: Estimation, testing, and inference [J]. Journal of econometrics, 1999, 93 (2): 345–368.

[81] Hockenstein J B, Stavins R N, Whitehead B W. Crafting the next generation of market–based environmental tools [J]. Environment: Science and Policy for Sustainable Development, 1997, 39 (4): 12–33.

[82] Hung V, Chang P, Blackburn K. Endogenous Growth, Environment and R&D [A].1n. Carraro, C. (ed.). Trade, innovation and environment [C]. Kluwer Academic Press, Dordrecht, 1994.

[83] Hurwicz L. Optimality and informational efficiency in resource allocation processes [M]. Stanford, CA: Stanford University Press, 1960.

[84] Hurwicz L. Organizational structures for joint decision making: a designer' s point of view [J]. Interorganizational Decision Making, 1972: 37–44.

[85] Intergovernmental Panel on Climate Change (IPCC). 2006 IPCC guidelines for national greenhouse gas inventories [EB/OL]. http: //www.ipcc–nggip.iges.or.jp/public/2006gl/chinese/ pdf/2_Volume2/V2_6_Ch6_Reference_Approach.pdf, 2006.

[86] International Union for Conservation of Nature, Natural Resources, World Wildlife Fund. World conservation strategy: living resource conservation for sustainable development[M]. IUCN, Gland, 1980.

[87] Jacobs M. Green growth: economic theory and political discourse [R]. Centre for climate change economics and policy working paper, 2012.

[88] Jaffe A B, Palmer K. Environmental regulation and innovation: a panel data study [J]. Review of economics and statistics, 1997, 79 (4): 610–619.

[89] Jaffe A B. The US patent system in transition: policy innovation and the innovation process [J]. Research policy, 2000, 29 (4): 531–557.

[90] Janicke M. "Green growth" : From a growing eco–industry to economic sustainability [J]. Energy Policy, 2012 (48) : 13–21.

[91] Jefferson G H, Rawski T G, Zhang Y. Productivity growth and convergence across China's industrial economy [J]. Journal of Chinese Economic and Business Studies, 2008, 6 (2) : 121–140.

[92] Jefferson G H, Su J. Privatization and restructuring in China: Evidence from shareholding ownership, 1995 – 2001 [J]. Journal of Comparative Economics, 2006, 34 (1) : 146–166.

[93] Jones R, Yoo B. Korea's Green Growth Strategy: Mitigating Climate Change and Developing New Growth Engines [R]. OECD Economics Department Working Papers, OECD Publishing, Paris, 2011.

[94] Jorgenson, Dale W. and Kevin J. Stiroh. U.S. Economic Growth at the Industry Level [J]. American Economic Review, 2000. 90 (2) : 161–167.

[95] Kander A, Schön L. The energy–capital relation—Sweden 1870 – 2000 [J]. Structural Change and Economic Dynamics, 2007, 18 (3) : 291–305.

[96] Kaneko S, Managi S. Environmental productivity in China [J]. Economics Bulletin, 2004, 17 (2) : 1–10.

[97] Kim J I, Lau L J. The sources of economic growth of the East Asian newly industrialized countries [J]. Journal of the Japanese and International Economies, 1994, 8 (3) : 235–271.

[98] Koch M J, McGrath R G. Improving labor productivity: Human resource management policies do matter [J]. Strategic management journal, 1996: 335–354.

[99] Koopmans T C. On the Concept of Optimal Economic Growth [J]. Cowles Foundation Discussion Papers, 1963, 28 (1) : 225–300.

[100] Krugman P. The myth of Asia's miracle [J]. Foreign Affairs, 1994 (73) : 62–78.

[101] Kuan C, Hongchang W, Yuxin Z, et al. Productivity change in Chinese industry: 1951985 [J]. Journal of Comparative Economics, 1988, 12 (4) : 570–591.

[102] Kumar S. Environmentally sensitive productivity growth: a global analysis using Malmquist – Luenberger index [J]. Ecological Economics, 2006, 56 (2) : 280–293.

[103] Kumbhakar S C, Denny M, Fuss M. Estimation and decomposition of productivity change when production is not efficient: a paneldata approach [J]. Econometric Reviews, 2000, 19 (4) : 312–320.

[104] Kuosmanen T, Bijsterbosch N, Dellink R. Environmental cost – benefit analysis of alternative timing strategies in greenhouse gas abatement: A data envelopment analysis approach [J]. Ecological Economics, 2009, 68 (6) : 1633–1642.

[105] Kuznets S. Modern economic growth: findings and reflections [J]. The American

economic review, 1973, 63（3）: 247-258.

[106] Lai K, Wong C W Y. Green logistics management and performance: Some empirical evidence from Chinese manufacturing exporters [J]. Omega, 2012, 40（3）: 267-282.

[107] Lall S. Technological change and industrialization in the Asian newly industrializing economies: achievements and challenges [J]. Technology, learning and innovation: Experiences of newly industrializing economies, 2000: 13-68.

[108] Lanjouw J O, Mody A. Innovation and the international diffusion of environmentally responsive technology [J]. Research Policy, 1996, 25（4）: 549-571.

[109] Lanoie P, Patry M, Lajeunesse R. Environmental regulation and productivity: testing the porter hypothesis [J]. Journal of Productivity Analysis, 2008, 30（2）: 121-128.

[110] Lau L J, Park J. The sources of East Asian economic growth revisited [C].Conference on International and Development Economics in Honor Henry Y. Wan, Jr., Cornell University, Ithaca. 2003.

[111] Lee C F, Lin S J, Lewis C, et al. Effects of carbon taxes on different industries by fuzzy goal programming: A case study of the petrochemical-related industries, Taiwan [J]. Energy Policy, 2007, 35（8）: 4051-4058.

[112] Levinson A, Taylor M S. Unmasking the pollution haven effect [J]. International economic review, 2008, 49（1）: 223-254.

[113] Lewis J I. Green innovation in China: China's wind power industry and the global transition to a low-carbon economy [M]. Columbia University Press, New York, 2013.

[114] Li K, Lin B. Impact of energy conservation policies on the green productivity in China' s manufacturing sector: Evidence from a three-stage DEA model [J]. Applied Energy, 2016（168）: 351-363.

[115] Li K, Lin B. Measuring green productivity growth of Chinese industrial sectors during 1998 - 2011 [J]. China Economic Review, 2015（36）: 279-295.

[116] Ligthart J E, van der Ploeg F. Pollution, the cost of public funds and endogenous growth [J]. Economics Letters, 1994, 46（4）: 339-349.

[117] Liu G, Wang B, Zhang N. A coin has two sides: Which one is driving China' s green TFP growth? [J]. Economic Systems, 2016, 40（3）: 481-498.

[118] Liu Z, Guan D, Crawford-Brown D, et al. Energy policy: A low-carbon road map for China [J]. Nature, 2013, 500（7461）: 143-145.

[119] Lucas R E. On the mechanics of economic development [J]. Journal of monetary economics, 1988, 22（1）: 3-42.

[120] Machiba T. Eco-innovation for enabling resource efficiency and green growth: development of an analytical framework and preliminary analysis of industry and policy practices [J]. International Economics and Economic Policy, 2010, 7（2-3）: 357-

370.

[121] Malmquist S. Index numbers and indifference surfaces [J]. Trabajos de estad í stica, 1953, 4 (2): 209-242.

[122] Managi S, Kaneko S. Economic growth and the environment in China: an empirical analysis of productivity [J]. International Journal of Global Environmental Issues, 2006, 6 (1): 89-133.

[123] Mani M, Wheeler D. In search of pollution havens? Dirty industry in the world economy, 1960 to 1995 [J]. The Journal of Environment & Development, 1998, 7 (3): 215-247.

[124] Marshak J, Radner R. The theory of teams [M]. Yale University Press, New Haven, 1972.

[125] Maskin E. On indescribable contingencies and incomplete contracts [J]. European Economic Review, 2002, 46 (4-5): 725-733.

[126] Meadows D H, Meadows D H, Randers J, et al. The limits to growth: a report to the club of Rome (1972) [M]. Universe Books, New York, 1972.

[127] Meeusen W, van Den Broeck J. Efficiency estimation from Cobb-Douglas production functions with composed error [J]. International economic review, 1977, 18 (18): 435-444.

[128] Meng Bin, Cui G. Evaluation index system of green industry based on maximum information content [J]. The Singapore Economic Review, 2017, 62 (2): 1-20.

[129] Meyer B, Meyer M, Distelkamp M. Modeling green growth and resource efficiency: new results [J]. Mineral Economics, 2012, 24 (2-3): 145-154.

[130] Milani B. Designing the Green Economy: The Post-Industrial Alternative to Corporate Globalization [M]. Rowman & Littlefield Publishers, Lanham, 2000.

[131] Mitra A, Jha A K. Innovation and employment: a firm level study of Indian industries[M]. Technology. Springer Singapore, 2016 (9): 113-140.

[132] Mohr R D. Technical change, external economies, and the Porter hypothesis [J]. Journal of Environmental economics and management, 2002, 43 (1): 158-168.

[133] Munisamy S, Arabi B. Eco-efficiency change in power plants: using a slacks-based measure for the meta-frontier Malmquist - Luenberger productivity index [J]. Journal of Cleaner Production, 2015 (105): 218-232.

[134] Myerson R B. Mechanism design: Allocation, Information and Markets [M]. Palgrave Macmillan, London, 1989.

[135] Oh D. A global Malmquist-Luenberger productivity index [J]. Journal of productivity analysis, 2010, 34 (3): 183-197.

[136] Oh D. A metafrontier approach for measuring an environmentally sensitive productivity

growth index [J]. Energy Economics, 2010, 32 (1): 146–157.

[137] Organization for Economic Co–operation and Development (OECD). Declaration on Green Growth [R]. Adopted at the Council Meeting at Ministerial Level, 24 June, 2009.

[138] Organization for Economic Co–operation and Development (OECD). OECD core set of indicators for environmental performance reviews [J]. Environment Monographs, 1993: 83.

[139] Organization for Economic Co–operation and Development (OECD). Towards Green Growth: Monitoring progress [R]. OECD, Paris, 2011.

[140] Organization for Economic Co–operation and Development (OECD). Green Growth: Overcoming the Crisis and Beyond [R]. OECD, Paris, 2009.

[141] Otsuka A, Goto M, Sueyoshi T. Energy efficiency and agglomeration economies: the case of Japanese manufacturing industries [J]. Regional Science Policy & Practice, 2014, 6 (2): 195–212.

[142] Owen A L, Videras J R. Culture and public goods: The case of religion and the voluntary provision of environmental quality [J]. Journal of Environmental Economics and Management, 2007, 54 (2): 162–180.

[143] Özer B, Görg ü n E, İncecik S. The scenario analysis on CO2 emission mitigation potential in the Turkish electricity sector: 2006 - 2030 [J]. Energy, 2013 (49): 395–403.

[144] Panayotou T. Empirical tests and policy analysis of environmental degradation at different stages of economic development [R]. International Labour Organization, Geneva, 1993.

[145] Pastor J T, Lovell C A K. A global Malmquist productivity index [J]. Economics Letters, 2005, 88 (2): 266–271.

[146] Pegels A et al. Green industrial policy in emerging countries [M]. Routledge, New York, 2014.

[147] Perkins D H, Rawski T G. Forecasting China' s economic growth to 2025 [J]. China' s great economic transformation, 2008: 829–886.

[148] Perman R. Natural resource and environmental economics [M]. Pearson Education, New York, 2003.

[149] Pezzey J, Withagen C A. The Rise, Fall and Sustainability of Capital - Resource Economies [J]. The Scandinavian Journal of Economics, 1998, 100 (2): 513–527.

[150] Porter M E, Van der Linde C. Toward a new conception of the environment–competitiveness relationship [J]. The journal of economic perspectives, 1995, 9 (4): 97–118.

[151] Porter M E. Towards a dynamic theory of strategy [J]. Strategic management journal, 1991, 12 (S2): 95–117.

[152] Prais S J, Mansfield E. Industrial Research and Technological Innovation: An Econometric Analysis [J]. Economic Journal, 1968, 78 (311): 676.

[153] Prescott E C. Lawrence R. Klein lecture 1997: Needed: A theory of total factor productivity [J]. International economic review, 1998: 525–551.

[154] Quah D T. Twin Peaks: Growth and Convergence in Models of Distribution Dynamics[J]. Economic Journal, 1996, 106 (437): 1045–1055.

[155] Reddy B S, Assenza G B. Climate change – a developing country perspective [J]. Current Science, 2009, 97 (1): 50–62.

[156] Reilly J M. Green growth and the efficient use of natural resources [J]. Energy Economics, 2012, 34: S85–S93.

[157] Reinert E S. How rich countries got rich and why poor countries stay poor [M]. Constable Limited, London, 2007.

[158] Ren S, Yuan B, Ma X, et al. International trade, FDI (foreign direct investment) and embodied CO 2 emissions: a case study of Chinas industrial sectors [J]. China Economic Review, 2014 (28): 123–134.

[159] Romer P M. Endogenous technological change [J]. Journal of political Economy, 1990, 98 (5): S71–S102.

[160] Romer P M. Increasing returns and long–run growth [J]. Journal of political economy, 1986, 94 (5): 1002–1037.

[161] Rostow W W. The take–off into self–sustained growth [J]. The Economic Journal, 1956, 66 (261): 25–48.

[162] Sala–I–Martin X X. The Classical Approach to Convergence Analysis [J]. Economic Journal, 1995, 106 (437): 1019–1036.

[163] Sanstad A H, Roy J, Sathaye J A. Estimating energy–augmenting technological change in developing country industries [J]. Energy Economics, 2006, 28 (5): 720–729.

[164] Sarkar A N. Promoting Eco–innovations to Leverage Sustainable Development of Eco–industry and Green Growth [J]. European Journal of Sustainable Development, 2013, 2 (1): 171–224.

[165] Schumpeter J A. Socialism, capitalism and democracy [M]. Harper and Brothers, New York, 1942.

[166] Scoones I. Sustainability [J]. Development in Practice, 2007, 17 (4–5): 589–596.

[167] Selvakkumaran S, Limmeechokchai B, Masui T, et al. Low carbon society scenario 2050 in Thai industrial sector [J]. Energy Conversion and Management, 2014 (85): 663–674.

[168] Slotkin R. The fatal environment: The myth of the frontier in the age of industrialization, 1800–1890 [M]. University of Oklahoma Press, Norman, 1998.

[169] Smith M H, Hargroves K, Desha C. Cents and sustainability: securing our common future by decoupling economic growth from environmental pressures [M]. Earthscan, London, 2010.

[170] Smulders S, Toman M, Withagen C. Growth theory and 'green growth' [J]. Oxford Review of Economic Policy, 2014, 30 (3): 423–446.

[171] Smulders S, Withagen C. Green growth—lessons from growth theory [R]. World Bank Policy Research Working Paper, 2012 (6230).

[172] Solow R M. A contribution to the theory of economic growth [J]. The quarterly journal of economics, 1956, 70 (1): 65–94.

[173] Solow R M. Technical Change and the Aggregate Production Function [J]. Review of Economics and Statistics, 1957 (39): 312–320.

[174] Stamm A. Sustainability–oriented innovation systems: Towards decoupling economic growth from environmental pressures? [J]. Discussion Paper, 2009 (11): 1–35.

[175] Stern N. What is the economics of climate change? [J]. WORLD ECONOMICS–HENLEY ON THAMES, 2006, 7 (2): 1–10.

[176] Stiglitz J. Growth with exhaustible natural resources: efficient and optimal growth paths [J]. The review of economic studies, 1974 (41): 123–137.

[177] Stokey N. Are There Limits to Growth? International Economic Review, 1998, 39 (1): 1–31.

[178] Sun Q, Tong W H S. China share issue privatization: the extent of its success [J]. Journal of financial economics, 2003, 70 (2): 183–222.

[179] Swan T W. Economic growth and capital accumulation [J]. Economic record, 1956, 32 (2): 334–361.

[180] Tao F, Zhang H, Hu J, et al. Dynamics of green productivity growth for major Chinese urban agglomerations [J]. Applied energy, 2017 (196): 170–179.

[181] Telle K, Larsson J. Do environmental regulations hamper productivity growth? How accounting for improvements of plants' environmental performance can change the conclusion [J]. Ecological Economics, 2007, 61 (2): 438–445.

[182] Tian J, Liu W, Lai B, et al. Study of the performance of eco–industrial park development in China [J]. Journal of Cleaner Production, 2014 (64): 486–494.

[183] Tietenberg T H, Lewis L. Environmental and natural resource economics [M]. Routledge, New York, 2016.

[184] Tone K. A slacks–based measure of efficiency in data envelopment analysis [J]. European journal of operational research, 2001, 130 (3): 498–509.

[185] Trappey A J C, Trappey C, Hsiao C T, et al. An evaluation model for low carbon island policy: The case of Taiwan's green transportation policy[J]. Energy Policy, 2012(45):

510–515.

[186] Trianni A, Cagno E, Thollander P, et al. Barriers to industrial energy efficiency in foundries: a European comparison [J]. Journal of Cleaner Production, 2013 (40): 161–176.

[187] United Nations Commission on Sustainable Development (UNCSD). Indicators of Sustainable Development Framework & Methodologies [M]. UNCSD, New York, 1996.

[188] United Nations Development Programme (UNDP). Unleashing Entrepreneurship: Making Business Work for the Poor [R]. UNDP, New York, 2004.

[189] United Nations Environment Programme (UNEP). Green Economy Indicators–Brief Paper [R]. UNEP, Geneva, 2012.

[190] United Nations Environment Programme (UNEP). Towards a Green Economy, Pathways to a Sustainable Development and Poverty Eradication [R]. UNEP, Nairobi, 2011.

[191] United Nations Industrial Development Organization (UNIDO). A Greener Footprint for industry: Opportunities and challenges of sustainable industrial development [R]. UNIDO, Vienna, 2010.

[192] United Nations Industrial Development Organization (UNIDO). Green Growth: From labour to resource productivity [R]. UNIDO, Vienna, 2013.

[193] United Nations Industrial Development Organization (UNIDO). UNIDO Green Industry Initiative for Sustainable Industrial Development [R]. UNIDO, Vienna, 2011.

[194] United Nations Industrial Development Organization (UNIDO). UNIDO Green Industry Policies for supporting Green Industry [EB/OL].http: //www.unido.org/fieleadmin/user_med ia/Services/Green_Industry/web_policies_green_industry.pdf, 2012.

[195] Van de Kerk G, Manuel A R. A comprehensive index for a sustainable society: The SSI—the Sustainable Society Index [J]. Ecological Economics, 2008, 66 (2): 228–242.

[196] Voet E, Oers L, Nikolic I. Dematerialization: not just a matter of weight [J]. Journal of Industrial Ecology, 2004, 8 (4): 121–137.

[197] Vogler J. The European contribution to global environmental governance [J]. International Affairs, 2005, 81 (4): 835–850.

[198] Von Weizsacker E U, Hargroves C, Smith M H, et al. Factor five: Transforming the global economy through 80% improvements in resource productivity [M]. Routledge, New York, 2009.

[199] Wang Q, Su B, Zhou P, et al. Measuring total–factor CO_2 emission performance and technology gaps using a non–radial directional distance function: a modified approach[J]. Energy Economics, 2016 (56): 475–482.

[200] Wang Y, Shen N. Environmental regulation and environmental productivity: The case of China [J]. Renewable and Sustainable Energy Reviews, 2016 (62): 758–766.

[201] Wang Z, Feng C. Sources of production inefficiency and productivity growth in China: a global data envelopment analysis [J]. Energy Economics, 2015 (49): 380–389.

[202] Watanabe M, Tanaka K. Efficiency Analysis of Chinese Industry: A Directional Distance Function Approach[J]. Energy Policy, 2007 (35): 6323–6331.

[203] Windmeijer F. A finite sample correction for the variance of linear efficient two–step GMM estimators [J]. Journal of econometrics, 2005, 126 (1): 25–51.

[204] World Bank (WB). Inclusive green growth: the pathway to sustainable development[R]. World Bank, Washington, 2012.

[205] World Wide Fund for Nature or World Wildlife Fund (WWF). LIVING PLANET REPORT 2016[R]. WWF International, Gland, 2016.

[206] Worrell E, Laitner J A, Ruth M, et al. Productivity benefits of industrial energy efficiency measures [J]. Energy, 2003, 28 (11): 1081–1098.

[207] Yan W, Yudong Y. Sources of China's economic growth 1952 – 1999: incorporating human capital accumulation [J]. China Economic Review, 2003, 14 (1): 32–52.

[208] Young A. Gold into base metals: Productivity growth in the People' s Republic of China during the reform period [J]. Journal of political economy, 2003, 111 (6): 1220–1261.

[209] Young A. Lessons from the East Asian NICs: a contrarian view [J]. European economic review, 1994, 38 (3): 964–973.

[210] Young A. The tyranny of numbers: confronting the statistical realities of the East Asian growth experience [J]. The Quarterly Journal of Economics, 1995, 110 (3): 641–680.

[211] Zeng S X, Meng X H, Yin H T, et al. Impact of cleaner production on business performance [J]. Journal of Cleaner Production, 2010, 18 (10): 975–983.

[212] Zhang N, Choi Y. Total–factor carbon emission performance of fossil fuel power plants in China: a metafrontier non–radial Malmquist index analysis [J]. Energy Economics, 2013 (40): 549–559.

[213] Zhang Y, Jin P, Feng D. Does civil environmental protection force the growth of China's industrial green productivity? Evidence from the perspective of rent–seeking [J]. Ecological Indicators, 2015 (51): 215–227.

[214] Zhou P, Ang B W, Han J Y. Total factor carbon emission performance: A Malmquist index analysis [J]. Energy Economics, 2010, 32 (1): 194–201.

[215] Zhou Y, Xing X, Fang K, et al. Environmental efficiency analysis of power industry in China based on an entropy SBM model [J]. Energy Policy, 2013 (57): 68–75.

[216] Zhu Q, Sarkis J, Lai K. Green supply chain management: pressures, practices and performance within the Chinese automobile industry [J]. Journal of cleaner production,

2007, 15 (11): 1041–1052.

[217] Zhu X, Chen Y, Feng C. Green total factor productivity of China's mining and quarrying industry: A global data envelopment analysis [J]. Resources Policy, 2018.

[218] 卜国琴. 排污权交易市场机制设计的实验研究 [J]. 中国工业经济，2010 (3): 118–128.

[219] 蔡昉. 中国经济增长如何转向全要素生产率驱动型 [J]. 中国社会科学，2013 (1): 56–71.

[220] 陈超凡. 中国工业绿色全要素生产率及其影响因素——基于 ML 生产率指数及动态面板模型的实证研究 [J]. 统计研究，2016，33 (3): 53–62.

[221] 陈德敏，张瑞. 环境规制对中国全要素能源效率的影响——基于省际面板数据的实证检验 [J]. 经济科学，2012 (4): 49–65.

[222] 陈强. 高级计量经济学及 Stata 应用 (第二版) [M]. 北京：高等教育出版社，2014.

[223] 陈茹，王兵，卢金勇. 环境管制与工业生产率增长：东部地区的实证研究 [J]. 产经评论，2010 (2): 74–83.

[224] 陈诗一. 节能减排与中国工业的双赢发展：2009—2049 [J]. 经济研究，2010，45 (3): 129–143.

[225] 陈诗一. 能源消耗，二氧化碳排放与中国工业的可持续发展 [J]. 经济研究，2009 (4): 41–55.

[226] 陈诗一. 中国的绿色工业革命：基于环境全要素生产率视角的解释 [J]. 经济研究，2010 (11): 21–34.

[227] 陈诗一. 中国工业分行业统计数据估算：1980—2008 [J]. 经济学 (季刊)，2011，10 (3): 735–776.

[228] 陈勇，李小平. 中国工业行业的面板数据构造及资本深化评估：1985—2003 [J]. 数量经济技术经济研究，2006，23 (10): 57–68.

[229] 陈勇，唐朱昌. 中国工业的技术选择与技术进步：1985—2003 [J]. 经济研究，2006 (9): 50–61.

[230] 成刚. 数据包括分析法与 MaxDEA 软件 [M]. 北京：知识产权出版社，2014.

[231] 程丹润，李静. 环境约束下的中国省区效率差异研究：1990—2006 [J]. 财贸研究，2009，20 (1): 13–17.

[232] 大卫 · 皮尔斯等著. 绿色经济的蓝图 [M]. 何晓军，译. 北京：北京师范大学出版社，1996.

[233] 菲利普 · 阿吉翁等著. 内生增长理论 [M]. 陶然等，译. 北京：北京大学出版社，2004.

[234] 傅京燕，李丽莎. 环境规制，要素禀赋与产业国际竞争力的实证研究——基于中国制造业的面板数据 [J]. 管理世界，2010 (10): 87–98.

［235］傅志寰，宋忠奎，陈小寰等. 我国工业绿色发展战略研究［J］. 中国工程科学，2015，17（8）：16–22.
［236］工业和信息化部节能与综合利用司. 工业绿色发展规划（2016—2020 年）解读之一——绿色发展：中国迈向工业强国的必由之路［EB/OL］.http：//www.miit.gov.cn/n1146295/n1652 858/n1653018/c5 201469/content.html，2016.
［237］辜胜阻，王敏，李洪斌. 转变经济发展方式的新方向与新动力［J］. 经济纵横，2013（2）：1–8.
［238］郭玲玲，卢小丽，武春友，等. 中国绿色增长评价指标体系构建研究［J］. 科研管理，2016，37（6）：141–150.
［239］国家发展改革委，国家能源局. 能源发展“十三五”规划［EB/OL］. http：//www.sdpc. gov.cn/zcfb/zcfbtz/201701/t20170117_835278.html，2016.
［240］国务院发展研究中心课题组. 全球温室气体减排：理论框架和解决方案［J］. 经济研究，2009（3）：4–13.
［241］韩晶，陈超凡，施发启. 中国制造业环境效率，行业异质性与最优规制强度［J］. 统计研究，2014（3）：61–67.
［242］何小钢，王自力. 能源偏向型技术进步与绿色增长转型——基于中国 33 个行业的实证考察［J］. 中国工业经济，2015（2）：50–62.
［243］何小钢，张耀辉. 技术进步，节能减排与发展方式转型——基于中国工业 36 个行业的实证考察［J］. 数量经济技术经济研究，2012（3）：19–33.
［244］贺俊. 基于内生增长理论的可持续发展研究［D］. 合肥：中国科学技术大学，2007.
［245］胡鞍钢，郑京海，高宇宁，等. 考虑环境因素的省级技术效率排名（1999—2005）［J］. 经济学（季刊），2008，7（3）：933–960.
［246］胡鞍钢，周绍杰. 绿色发展：功能界定，机制分析与发展战略［J］. 中国人口资源与环境，2014，24（1）：14–20.
［247］胡鞍钢. 绿色 GDP，低碳发展［J］. 人民论坛，2012（1）：25.
［248］黄茂兴，林寿富. 污染损害，环境管理与经济可持续增长——基于五部门内生经济增长模型的分析［J］. 经济研究，2013（12）：30–41.
［249］黄群慧. 新常态，工业化后期与工业增长新动力［J］. 中国工业经济，2014（10）：5–19.
［250］霍文慧，杨运杰. 工业化理论研究新进展［J］. 经济学动态，2010（3）：103–108.
［251］金碚. 经济发展新常态下的工业使命［J］. 中国工业评论，2015（2）：10–14.
［252］金碚. 中国工业的技术创新［J］. 中国工业经济，2004（5）：5–14.
［253］金碚. 中国工业的转型升级［J］. 中国工业经济，2011（7）：5–14.
［254］景维民，张璐. 环境管制，对外开放与中国工业的绿色技术进步［J］. 经济研究，2014，49（9）：34–47.

[255] 蓝庆新，陈超凡. 制度软化，公众认同对大气污染治理效率的影响 [J]. 中国人口资源与环境，2015，25（9）：145–152.

[256] 蓝庆新，韩晶. 中国工业绿色转型战略研究 [J]. 经济体制改革，2012（1）：24–28.

[257] 李斌，彭星，欧阳铭珂. 环境规制，绿色全要素生产率与中国工业发展方式转变——基于 36 个工业行业数据的实证研究 [J]. 中国工业经济，2013（4）：56–68.

[258] 李广明，韩林波. 排污收费对异质性行业就业的影响 [J]. 产经评论，2016（2）：120–131.

[259] 李君安. 基于创新驱动的中国工业绿色化发展研究 [J]. 改革与战略，2014（1）：97–100.

[260] 李玲，陶锋，杨亚平. 中国工业增长质量的区域差异研究——基于绿色全要素生产率的收敛分析 [J]. 经济经纬，2013（4）：10–15.

[261] 李玲，陶锋. 污染密集型产业的绿色全要素生产率及影响因素——基于 SBM 方向性距离函数的实证分析 [J]. 经济学家，2011，12（12）：32–39.

[262] 李玲，陶锋. 中国制造业最优环境规制强度的选择——基于绿色全要素生产率的视角 [J]. 中国工业经济，2012（5）：70–82.

[263] 李玲. 中国工业绿色全要素生产率及影响因素研究 [D]. 广州：暨南大学，2012.

[264] 李平（中国社会科学院工业经济研究所课题组）. 中国工业绿色转型研究 [J]. 中国工业经济，2011（4）：5–14.

[265] 李树，陈刚. 环境管制与生产率增长——以 APPCL2000 的修订为例 [J]. 经济研究，2013（1）：117–31.

[266] 李树，翁卫国. 我国地方环境管制与全要素生产率增长——基于地方立法和行政规章实际效率的实证分析 [J]. 财经研究，2014，40（2）：19–29.

[267] 李小平，朱钟棣. 中国工业行业的全要素生产率测算——基于分行业面板数据的研究 [J]. 管理世界，2005（4）：56–64.

[268] 李晓西等. 中国绿色发展指数 [M]. 北京：北京师范大学出版社，2010.

[269] 梁俊. 环境约束下中国工业增长与节能减排双赢绩效研究：一个非径向 DEA 模型分析框架 [J]. 产业经济研究，2014（2）：93–102.

[270] 林伯强，李江龙. 环境治理约束下的中国能源结构转变——基于煤炭和二氧化碳峰值的分析 [J]. 中国社会科学，2015（9）：84–107.

[271] 林伯强，姚昕，刘希颖. 节能和碳排放约束下的中国能源结构战略调整 [J]. 中国社会科学，2010（1）：58–71.

[272] 林毅夫，刘明兴. 经济发展战略与中国的工业化 [J]. 经济研究，2004（7）：48–58.

[273] 林毅夫，张鹏飞. 后发优势，技术引进和落后国家的经济增长 [J]. 经济学（季

刊），2005，5（1）：53-74.
[274] 卢强，吴清华，周永章，等. 广东省工业绿色转型升级评价的研究［J］. 中国人口资源与环境，2013，23（7）：34-41.
[275] 苗圩. 打造新常态下工业升级版［EB/OL］. http：//news.xinhuanet.com/2015-01/07/c_13389 6785.htm，2015.
[276] 潘士远，史晋川. 内生经济增长理论：一个文献综述［J］. 经济学（季刊），2002，1（4）：753-786.
[277] 庞瑞芝，李鹏，路永刚. 转型期间我国新型工业化增长绩效及其影响因素研究——基于"新型工业化"生产力视角［J］. 中国工业经济，2011（4）：64-73.
[278] 彭水军，包群. 环境污染，内生增长与经济可持续发展［J］. 数量经济技术经济研究，2006，23（9）：114-126.
[279] 彭水军，包群. 资源约束条件下长期经济增长的动力机制——基于内生增长理论模型的研究［J］. 财经研究，2006，32（6）：110-119.
[280] 彭星，李斌. 不同类型环境规制下中国工业绿色转型问题研究［J］. 财经研究，2016，42（7）：134-144.
[281] 彭星，李斌. 贸易开放，FDI 与中国工业绿色转型——基于动态面板门限模型的实证研究［J］. 国际贸易问题，2015（1）：166-176.
[282] 彭星. 中国工业绿色转型进程中的激励机制与治理模式研究［D］. 长沙：湖南大学，2015.
[283] 屈小娥. 行业特征，环境管制与生产率增长——基于"波特假说"的检验［J］. 软科学，2015，29（2）：24-27.
[284] 任保平，钞小静，师博，等. 经济增长理论史［M］. 北京：科学出版社，2014.
[285] 单豪杰. 中国资本存量 K 的再估算：1952—2006 年［J］. 数量经济技术经济研究，2008，25（10）：17-31.
[286] 沈能. 环境效率，行业异质性与最优规制强度——中国工业行业面板数据的非线性检验［J］. 中国工业经济，2012（3）：56-68.
[287] 宋马林，王舒鸿. 环境规制，技术进步与经济增长［J］. 经济研究，2013（3）：122-134.
[288] 苏利阳，郑红霞，王毅. 中国省际工业绿色发展评估［J］. 中国人口资源与环境，2013，23（8）：116-122.
[289] 唐浩. 中国特色新型工业化的新认识［J］. 中国工业经济，2014（6）：5-17.
[290] 唐玲，杨正林. 能源效率与工业经济转型——基于中国 1998—2007 年行业数据的实证分析［J］. 数量经济技术经济研究，2009（10）：34-48.
[291] 滕玉华. 自主研发，技术引进与能源消耗强度——基于中国工业行业的实证分析［J］. 中国人口资源与环境，2011，21（7）：169-174.
[292] 涂正革，刘磊珂. 考虑能源，环境因素的中国工业效率评价——基于 SBM 模型的

省级数据分析［J］. 经济评论，2011（2）：55–65.
［293］涂正革，肖耿. 中国的工业生产力革命［J］. 经济研究，2005（3）：4–15.
［294］涂正革. 环境、资源与工业增长的协调性［J］. 经济研究，2008（2）：93–105.
［295］万伦来，朱琴. R&D 投入对工业绿色全要素生产率增长的影响——来自中国工业 1999—2010 年的经验数据［J］. 经济学动态，2013（9）：20–26.
［296］王兵，刘光天. 节能减排与中国绿色经济增长——基于全要素生产率的视角［J］. 中国工业经济，2015（5）：57–69.
［297］王兵，王昆. 环境管制下广东省工业全要素生产率增长的实证分析［J］. 暨南学报（哲学社会科学版），2010（6）：48–56.
［298］王兵，吴延瑞，颜鹏飞. 环境管制与全要素生产率增长：APEC 的实证研究［J］. 经济研究，2008（5）：19–32.
［299］王兵，吴延瑞，颜鹏飞. 中国区域环境效率与环境全要素生产率增长［J］. 经济研究，2010（5）：95–109.
［300］王国印. 论循环经济的本质与政策启示［J］. 中国软科学，2012（1）：26–38.
［301］王建敏. 绿色工业发展的现状、问题与对策研究——法律层面的思考［C］. 决策与管理研究（2007—2008）——山东省软科学计划优秀成果汇编（第七册·上），2009.
［302］王津港. 动态面板数据模型估计及其内生结构突变检验理论与应用［D］. 武汉：华中科技大学，2009.
［303］王茂祯，冯之浚. 循环经济创新评价指标体系研究［J］. 中国人口资源与环境，2012，22（4）：163–166.
［304］王明荣，王明喜. 基于帕累托最优配置的碳排放许可证拍卖机制［J］. 中国工业经济，2012（5）：96–108.
［305］王小鲁，樊纲. 我国工业增长的可持续性［J］. 北京：经济科学出版社，2000.
［306］王宜虎，陈雯. 工业绿色化发展的动力机制分析［J］. 华中师范大学学报（自然科学版），2007，41（1）：125–129.
［307］魏楚，沈满洪. 结构调整能否改善能源效率：基于中国省级数据的研究［J］. 世界经济，2008（11）：77–85.
［308］吴军，笪凤媛，张建华. 环境管制与中国区域生产率增长［J］. 统计研究，2010（1）：83–89.
［309］吴军. 环境约束下中国地区工业全要素生产率增长及收敛分析［J］. 数量经济技术经济研究，2009（11）：17–27.
［310］吴延兵. R&D 与生产率——基于中国制造业的实证研究［J］. 经济研究，2006（11）：60–71.
［311］吴延兵. 自主研发，技术引进与生产率［J］. 经济研究，2008（8）：51–64.
［312］吴延瑞. 生产率对中国经济增长的贡献：新的估计［J］. 经济学（季刊），2008，7

（3）：827-842.
［313］肖利平，谢丹阳. 国外技术引进与本土创新增长：互补还是替代——基于异质吸收能力的视角［J］. 中国工业经济，2016（9）：75-92.
［314］谢红彬，林明水，黄柳婷. 工业绿色化评价指标体系框架设计［J］. 福建师范大学学报（自然科学版），2006，22（4）：117-120.
［315］谢千里，罗斯基，张轶凡. 中国工业生产率的增长与收敛［J］. 经济学（季刊），2008，7（3）：809-826.
［316］新华社. 强化应对气候变化行动——中国国家自主贡献［EB/OL］. http：//www.scio.gov.cn/xwfbh/xwbfbh/wqfbh/2015/20151119/xgbd33811/Document/1455864/1455864.htm，2015.
［317］修静. 节能减排视角下的中国工业增长动力因素研究［D］. 吉林：吉林大学，2015.
［318］徐嵩龄，沈可挺. 不同方案下中国 CDM 的成本效益分析：基于 CGE 的实证模拟［J］. 气候变化研究进展，2006，2（6）：286-291.
［319］鄢哲明，邓晓兰，陈宝东. 绿色技术进步对中国产业结构低碳化的影响［J］. 经济社会体制比较，2016（4）：25-39.
［320］严成樑. 政府研发投资与长期经济增长［J］. 经济科学，2009（2）：45-59.
［321］杨果，陈瑶. 新型农业经营主体参与低碳农业发展的激励机制设计［J］. 中国人口资源与环境，2016，26（6）：94-99.
［322］杨文举. 技术效率，技术进步，资本深化与经济增长：基于 DEA 的经验分析［J］. 世界经济，2006，29（5）：73-83.
［323］杨振兵，邵帅，杨莉莉. 中国绿色工业变革的最优路径选择——基于技术进步要素偏向视角的经验考察［J］. 经济学动态，2016（1）：76-89.
［324］原毅军，谢荣辉. FDI，环境规制与中国工业绿色全要素生产率增长——基于 Luenberger 指数的实证研究［J］. 国际贸易问题，2015（8）：84-93.
［325］原毅军，谢荣辉. 环境规制与工业绿色生产率增长——对"强波特假说"的再检验［J］. 中国软科学，2016（7）：144-154.
［326］张彩霞，麻东露. 工业发展效益绿色评价指标体系研究［J］. 河北经贸大学学报（综合版），2014（1）：42-45.
［327］张成，陆旸，郭路，等. 环境规制强度和生产技术进步［J］. 经济研究，2011（2）：113-124.
［328］张健华，王鹏. 中国全要素生产率：基于分省份资本折旧率的再估计［J］. 管理世界，2012（10）：18-30.
［329］张江雪，蔡宁，毛建素，等. 自主创新，技术引进与中国工业绿色增长——基于行业异质性的实证研究［J］. 科学学研究，2015（2）：185-194.
［330］张江雪，蔡宁，杨陈. 环境规制对中国工业绿色增长指数的影响［J］. 中国人口资

源与环境，2015，25（1）：24–31.
[331] 张军，陈诗一，Jefferson G H. 结构改革与中国工业增长［J］. 经济研究，2009（7）：4–20.
[332] 张军，章元. 对中国资本存量 K 的再估计［J］. 经济研究，2003（7）：35–43.
[333] 张亮. 促进我国经济发展绿色转型的政策优化设计［J］. 发展研究，2012（4）44–46.
[334] 张培刚，曾启贤，万典武. 农业与工业化［M］. 武汉：华中科技大学出版社，2002.
[335] 张培刚. 工业化的理论［J］. 社会科学战线，2008（7）：221–228.
[336] 张旭，李伦. 绿色增长内涵及实现路径研究述评［J］. 科研管理，2016，37（8）：85–93.
[337] 赵文军，于津平. 贸易开放，FDI 与中国工业经济增长方式［J］. 经济研究，2012（8）：18–31.
[338] 赵玉民，朱方明，贺立龙. 环境规制的界定，分类与演进研究［J］. 中国人口资源与环境，2009，19（6）：85–90.
[339] 赵跃龙，刘燕华. 脆弱生态环境与工业化的关系［J］. 经济地理，1996，16（2）：86–90.
[340] 郑国诜. 生态工业发展机制研究［D］. 福州：福建师范大学，2009.
[341] 钟世川. 技术进步偏向与中国工业行业全要素生产率增长［J］. 经济学家，2014，7（7）：46–54.
[342] 钟伟. 我国工业的绿色化发展策略之探析［D］. 成都：四川师范大学，2004.
[343] 周五七. 行业特征对低碳约束下工业绿色 TFP 增长的影响［J］. 中国人口资源与环境，2014，24（5）：66–71.
[344] 周阳敏，韩玉. 经济新常态与社会新红利：制度红利的创造与分享［J］. 河南社会科学，2015（2）：1–5.
[345] 朱平芳，李磊. 两种技术引进方式的直接效应研究［J］. 经济研究，2006（3）：90–102.
[346] 诸大建. 绿色经济新理念及中国开展绿色经济研究的思考［J］. 中国人口资源与环境，2012，22（5）：40–47.
[347] 邹庆，陈迅，吕俊娜. 我国经济增长与环境协调发展研究——基于内生增长模型和 EKC 假说的分析［J］. 中央财经大学学报，2014（9）：89–97.

致谢

书稿付梓之际，落笔至此，眼望这本薄薄的小书，心中顿生无限感慨。这本书不仅凝聚了自己有限的学识、探索与汗水，同时也离不开成长路上无数人的关爱和支持，这些诚挚的感谢绝非在此处敲打下粗浅的只言片语所能表达。

从上大学至今，十年的光阴弹指一挥间。要问这些年来最大的收获是什么？叩问心扉，开阔的眼界格局、扎实的专业基础、良好的研究能力固然重要，但学会坚守一份孤独才是学术路上的最大感受。在无数个不眠的夜里，守着一盏孤灯，陪伴我的始终是那层层堆叠的书籍与论文，它们是清贫的岁月里点燃希望与梦想的火焰，是让我保持平静的内心，摈弃浮躁与喧嚣的良药。

本书是在我博士论文的基础上，结合当前研究进一步修正和完善的成果，因此在此处我首先要感谢我的硕博导师韩晶教授。韩老师渊博的知识，严谨的治学态度，精益求精的工作作风，诲人不倦的高尚师德，平易近人的人格魅力对我影响深远。身为经济学者，在我和老师多次的交流中，我们既为中国经济发展取得的成就感到骄傲，也为窗外浓浓的雾霾感到忧愁。虽然绿色发展已经纳入了国家战略，但真正意义上实现绿色中国还任重而道远。正是怀带着这样一份责任感，近年来，我一直致力于绿色经济相关领域的研究工作。本书从选题到完成，无不凝聚着韩老师的心血和智慧结晶，正是因为老师的帮助，才使我能够攻克一个个学术难点，顺利完成博士论文和本书的创作。同时，我也要特别感谢我的博士后导师北京师范大学统计学院邱东教授给予我的帮助。作为有着顶尖学术造诣的经济统计大师，邱老师多次为我的学术之路指点迷津，他对当前经济问题的深入解读启迪我更加全面、深刻地思考现实经济问题和难题，更为我从统计学视角审视当前的绿色经济问题打开了新的思路，感谢他在我迎来崭新的人生阶段时给予我的支持、关心和帮助。我还要感谢我在美国密歇根州立大学进行联合培养期间，我的国外导师范蓓蕾副教授对我的关心和帮助，感谢她对我的学术指导，是她开拓了我经济学研究的国际视野，是她给予了我一段珍贵的海外留学经历。

巍巍师大，木铎金声世所崇。我要感谢母校北京师范大学给予我的求学机会和任教机会，感谢师大“学为人师，行为示范”校训给予我的道德情操准则，更要感谢经济与资源管理研究院给我提供的一流的研究平台。感谢院长关成华教授对我的帮助，感谢他给予我学术研究的机会和对我的信任、鼓励和支持，在课题研究中，关老师对绿色发展问题的真知灼见让我对绿色发展研究有了许多新观点和新思路，他更是亲自开课为本科生讲授绿色发展经济学理论，普及和推广绿色发展理念，他通博的视野与经世情怀始终是我学习的榜样和标杆。在经资院的工作是幸福和快乐的，感谢经资院各位老师对我的关怀和帮助，感谢名誉院长李晓西教授给予我的指导和肯定，身为著名经济学家，李老师无私奉献的高尚师德、博大睿智的学者风范、大气超脱的处世方式深深感染和影响着我。感谢在我博士论文写作、答辩和本书形成的各阶段中，张琦教授、陈浩教授、涂勤教授、潘浩然教授对我的无私指导和帮助；感谢颜振军教授、张生玲教授、林永生副教授、周晔馨副教授、赵峥副教授、邵晖副教授、张江雪副教授、郑艳婷副教授、王诺副教授、宋涛副教授给予我知识的传授和专业技术的指导；感谢范丽娜老师、王颖老师、杨柳老师、徐佳佳老师、李菲琳老师的辛劳付出，为我营造了良好的工作环境。我还要感谢我的博士后流动站统计学院的各位老师给予我的帮助，特别感谢宋旭光院长、赵楠副院长、吕光明教授、谢言老师等为我博士后研究工作提供的便利的科研条件和各项学术支持。

同时，我要感谢在我博士论文修改及书稿写作中，为我提供帮助的对外经济贸易大学国际经济贸易学院蓝庆新教授、中国人民大学经济学院孙久文教授、北京师范大学政府管理学院卫志民教授、中央编译局经济社会体制比较期刊主编丁开杰研究员。感谢蓝教授对我书稿写作和整个修改过程的全面关注，蓝教授是绿色经济和产业经济的研究专家，是他不断激励并监督我完成书稿的创作。蓝教授对我的整个学术生涯给予了莫大支持，与他的交流让我深深感受到学术研究和创作的快乐，他乐观向上、博学睿智、谦和包容的学者风范时刻感染和激励着我。孙教授是著名的区域经济学家，感谢他对我博士论文提出的宝贵修改建议，并支持鼓励我深入开展绿色经济领域的研究。卫教授是公共管理研究领域的专家，感谢他给予我的学术指导并为我的博士后研究工作指点迷津。丁主编在我的博士论文写作中提供了许多重要的案例支持和新颖观点，他关于当前经济问题的不少真知灼见给书稿的写作带来了许多新的启发。

感谢本书参考文献所涉及的各位专家学者，特别是国内著名学者：复旦大学陈诗一教授、暨南大学王兵教授、厦门大学林伯强教授、湖南大学李斌教授等，他们带领团队所取得的各项研究成果为我打开了绿色经济、工业经济、能源经济等相关领域的研究窗口，他们的学术成果为我书稿的创作提供了重要的学术启发和理论支撑。

最后，我要感谢我伟大而平凡的父母和家人。父母的养育之恩当涌泉相报，是你们一次次电话中的嘘寒问暖，一次次对我的包容与体谅，才让我一次次在温暖和幸福中坚持北漂的梦想。感谢你们在我求学和工作生涯中给予我无微不至的关怀，感谢你们对我悉心的呵护和照料，感谢你们教会我成长和成熟，感谢你们对我人生每一次重大选择的尊重和理解，是你们让我知道，即便我一无所有，我依然有一个可以避风和依靠的港湾。感谢我的妻子对我事业的全力支持，感谢你对家庭无私和默默的付出，感谢你一路以来与我共享喜悦、共担风雨。

此外，本书的顺利完成，得益于我的工作单位北京师范大学经济与资源管理研究院、北京师范大学统计学院的大力支持，同时，还要特别感谢为本书出版提供支持和资助的经济日报出版社、中国博士后科学基金项目（2017M620026）、中央高校基本科研业务费专项资金资助项目（310422107）、国家社会科学基金重点项目（18AJY010）、教育部人文社会科学研究一般项目（17YJA790025），特此致谢！

短短千字小文，不足以表达我心中的感激之情，谨以此向所有为我传道授业解惑的各位老师致以崇高的敬意，向所有在我求学、工作和生活中给予我帮助的家人、老师和朋友表达真诚的谢意。“雄关漫道真如铁，而今迈步从头越”，学习的道路永不能尽，奋斗的脚步永不能止。身为一名光荣的人民教师和经济学者，我将始终肩负一种使命感和社会责任感，秉“经”世致用之理，扬“济”民安邦之道，把所学知识应用到经济社会发展实践中去，为国家变得强大而奉献青春，为社会的进步而燃尽力量。行文至此，特赋诗一首：苍茫华土多辽阔，辈出人才吾中藏，不叙江湖多风雪，谈笑相望扬帆航！

陈超凡

2018年5月于北京师范大学后主楼